岩 波 文 庫

33-626-4

人倫の形而上学

第一部　法論の形而上学的原理

カ　ン　ト著
熊野純彦訳

岩 波 書 店

Immanuel Kant

DIE METAPHYSIK DER SITTEN

1797

凡　例

一、本書『人倫の形而上学』は、I. Kant, *Die Metaphysik der Sitten*, 1797 の全訳である。この第一部には Erster Teil. Metaphysische Anfangsgründe der Rechtslehre の全訳を、続く第二部には Zweiter Teil. Metaphysische Anfangsgründe der Tugendlehre の全訳を、それぞれ収録する。この凡例は、第一部と第二部に共通のものである。

一、底本には、アカデミー版カント全集第六巻に収録されたテクストを使用したが、哲学叢書版の旧版(一九五九年)および新版(二〇一八年/二〇一七年)を適宜参照した。

一、原文の( )は( )、〝 〟は《 》、[ ]は【 】で示し、強調(ゲシュペルト、隔字体)の箇所は傍点によって、強調(太字)の箇所は**太字**によってあらわす。〔 〕は訳者による補足である。ただし底本原文にある人名・書名へのゲシュペルトによる強調は再現しない。

一、原注は(＊)によって示し、各段落の直後に訳出した。訳注は(1)(2)のように示して、巻末にまとめて置いた。

一、原文中のラテン語はイタリックで表記した。

目　次

第二部　徳論の形而上学的原理　目次

人倫の形而上学　第一部　法論の形而上学的原理

序　文

実践理性の「批判」を引きつぐべきものといえば、それは一箇の「体系」、すなわち**人倫**の形而上学となるはずである。その体系は法論の形而上学的な原理と、おなじく徳論に対する原理とに分けられる(これが、すでに刊行されている『自然科学の形而上学的原理』の対をなすわけである)[1]。この(法論と徳論の)両者に対して、以下につづく「序論」が双方にわたる体系の形式を呈示し、部分的にそれを明らかにすることになる。

さて**法論**には、かくて人倫論の第一部として、理性から生じる体系が必要とされるのであって、ひとはこれを法の形而上学と名づけることができよう。ところで法の概念は純粋[2]なものであるとはいえ、やはり実践を(つまり経験中に立ちあらわれる諸事例への適用を)目ざした概念であり、かくて当の概念の形而上学的体系はその区分にあってまた、くだんのさまざまな事例が経験的に多様であることを考慮するものでなければならないはずである。これは、区分が完全なものとなる必要があるからであるが(この件は、およそ理性の体系を構築するにさいして不可欠な要請なのだ)、いっぽう経験的なものを完全に区分することは不可能であって、そのうえそうした完全性が求められる場合でも〔あるいはすくなくとも完全性へと接近することが試みられるときであれ〕、そうした〔経験的な〕諸概念は体系を構成する部分としてそのうちに入りこむことはできず、かえってひとえに例示というかたちで注解のうちに繰りいれられうるにすぎない。以上のような理由からして、人倫の形而上学の第一部に対して与えられるのに唯一ふさわしい表題は、法論の形而上学的原理というものとなるだろう。その理由は、適用される事例のさまざまを顧慮するならば、体系への接近が期待されるだけであって、体系そのものを期待することはできない、ということにある。それゆえ〔以前あつかった〕自然科学の形而上学的原理の場合とおなじく当面の場合でも、ことはひとしく進むはこびとなるだろう。すなわち法そのものは、それがア・プリオリに構想された体系に属するかぎりでは本文のなかで取りあつかい、いっぽう特殊な経験的事例にかかわる法のさまざまは注釈にまわして、ときとして詳細に論じる、ということである。そのようにしなければ、ここで形而上学〔の内容〕となるものを、経験に属する法的な実践からじゅうぶん区別することができなくなるだろうからである。

哲学的な議論に対し往々にして向けられがちな批難は、晦渋であるとか、それどころか故意に、外見からして深遠な洞察であるかのように見せかけて、曖昧さを好んでいる、とかいったものである。そうした批難を避けたり、防いだりしようと思うなら、私としては、語の真の意味で一箇の哲学者であるガルヴェ氏(3)に従う以上に好適なすべを知らない。つまり氏があらゆる物書き、とりわけ哲学的な著作家に義務として課したところを欣《よろこ》んで受けいれる、ということである。ただじぶんとしては、この要求にひとつだけ条件を付して、その要求に従うのは学の本性がそれを許すかぎりにおいてである、としておきたい。学の本性とはみずから訂正し、また拡張するものなのである。

この賢人が(『雑纂』と題されたその著書の三五二頁以下で)求めている正当な要求は、以下のとおりである。すなわち、あらゆる哲学的学説は、それを説く者自身、みずからの使用する概念が晦渋なものであるとする嫌疑をかけられたくないならば――通俗性(一般に共有されるのに充分な感性的な具体性)を具えるべく仕上げられうるのでなければならない、ということだ。私としても慶んでこの件を認めるが、ただし例外として理性能力そのものの批判の体系、ならびにこの批判が規定するところによってはじめて明らかにされうるいっさいはべつである。その理由は、問題がそこでは、私たちの認識における感性的なものと、超感性的なものでありながら理性に属するものとの区別に帰着する、という点にある。そうした体系の場合には通俗的なものとなることがだんじてできないのであって、総じて形式的形而上学は、それがどのようなものであれ通俗的たりえないのと同様である。ただし当の形而上学の成果が、健全な理性にとって（そうとは知らずにひとりの形而上学者である者の健全な理性にとって、ということだ）じゅうぶん明らかにされることはありうるだろう。批判の体系にあってはおよそ通俗性（日常言語〔を使用すること〕）など考えることすらできず、スコラ的な厳密さが追求されざるをえないのであって、たとえその厳密さが煩瑣であると批難されようとこの事情は変わらない（じっさい学術用語とはそういうものだからである）。なぜならかくてはじめて性急な理性が撓《たわ》められて、みずからの独断的な主張の数々に先だち、まずはじぶん自身を理解するに至るからである。

たほう学を衒う者たちが偽りの倨傲《きょごう》をもって、公衆に向けて（講壇や通俗本で）ひたすら学校という場にのみふさわしい学術用語を用いて語りかけることがあったとしても、その件によって批判哲学者を責めたてるわけにはいかない。それはちょうど文法学者を責めるのに、字句の詮索を事とする者（*logodaedalus*）の無分別をもってするようなものなのだ。ここで嗤《わら》われるべきは特定の人物であって学ではない。

傲慢とも自惚れとも聞こえ、じぶんたちの従来の体系をなお断念していないひとびとにとっては誹謗とも響くことだろうが、あえて主張するとすれば、批判哲学が成立するまではなんらの哲学もいまだ存在していなかったのである。――さてしかし、一見したところ僭越なものともみえるこうした主張を批難することができるかどうかは、つぎの問いにどう答えるかにかかっている。つまり、哲学というものがひとつ以上ありうるかどうか、ということである。さまざまな仕方で哲学し、かくて理性の第一原理へとさかのぼって、その原理のうえに、どこまで成功するかはともあれ一箇の体系を樹立すること、そういったことがかつて企てられてきたというばかりではない。そうした種類の試みのうちには、それぞれまた現在の試行に対しても貢献するところのあるものが数多く存在していたにちがいない。それにしても客観的に見るならば、存在しうるのはただひとつの人間理性だけなのであるから、多数の哲学なるものが存在するというわけにもいかない。すなわち真の体系はただひとつ、原理にもとづく哲学として可能なのであって、それはどれほど多様な仕方、また往々にして相反するかたちでひとびとが一箇同一の命題をめぐって哲学してきたにしても揺らぐことがない。それゆえ道徳論者ならば、ただひとつの徳と徳論が、つまり唯一の体系が存在して、それがいっさいの徳義務をひとつの原理をつうじて結合していると語るだろうし、そう語るのは正当なことである。たほう化学者なら、(ラヴォアジェに従う)ただひとつの化学が存在すると言い、医学者であれば、ただひとつの原理のみが病気分類の体系には存在する(ブラウンによるものだ)と、口にするはずである。(4)それでもこの場合、あらたな体系が他のあらゆる体系を排除するからといって、それ以前のひとびと（道徳論者であれ、化学者、医学者であれ）の功績が貶められるわけではない。そうした者たちの発見あるいはまた失敗した実験すら、それらがなければ私たちは、哲学の全体を真の原理によってあのように統一して、一箇の体系へともたらすに到らなかっただろうからである。――したがってだれであれ、一箇の哲学体系をじぶん自身の制作物と公言するならば、それは、みずからの哲学以前にはなおまったくなんの哲学も他に存在しなかった、と語るのにひとしい。なぜならばその者が譲って、他の（くわえて真の）哲学も存在していたことを認めるとすれば、おなじ対象にかんしてふたとおりの真の哲学が存在していたことになり、それは自己撞着というものだからである。――したがってまた、批判哲学がみずから真の哲学であると称して、それ以前にはなお総じていかなる哲学も存在していなかったのだ、と主張するとしても、批判哲学はなにか特別なことがらを主張しているわけではない。それは、じぶん自身の構想に従ってなんらかの哲学を企てるすべてのひとびとが主張してきて、これからも主張するであろう、いな主張せざるをえないものとひとしいのである。

これに比べるなら意義はよりちいさいけれども、まったく重要でないわけでもないだろう批難について述べておこう。それは、この〔批判〕哲学を〔他の哲学から〕本質的に区別する部分が、それでも当の哲学に固有な所産というわけではなく、なんらか他の哲学

（あるいは数学）から借りてこられたものである、とするものである。そういったところが、チュービンゲンの或る書評子が発見した、と自称するものなのだ。その発見によれば、哲学一般の定義にかんして、『純粋理性批判』の著者はそれがじぶん自身の些少とはいえない業績であると称しているけれども、くだんの定義はすでに何年もまえに、べつの人物によってほとんど同一の表現で与えられている、とのことである。[*][5] 私としては、以下の件を判断するのは読者各位にお任せしようと思う。つまり、はたして「悟性によるある種の構成」（*intellectualis quaedam constructio*）という言葉が、所与の概念をア・プリオリな直観のなかで呈示するという思想を産みだすことが可能であったか、ということである。この思想を介して一挙に、哲学は数学から截然と区別されるのである。私の確信するところ、ハウゼン[6]そのひとは断乎としてみずからの表現がそのように説明されるのを認めなかったことだろう。なぜなら、ア・プリオリな直観が可能であり、空間とはそうした直観であって、たんに一箇の経験的直観（知覚）として、多様なものが相互に外在的に併存して与えられているさまを示すもの（ヴォルフ[7]はそう説明した）ではないのだが、この件にしてからがハウゼンにとってはすでに故あって怖気を震わせるものであったにちがいなく、それも彼としてはそうした〔議論を耳にする〕ことだけで、茫洋とした哲学的な探究に巻きこまれる破目になると感じたはずだからである。いわば悟性に、よってなされる呈示といったものがこの明敏な数学者にとって意味するところはせいぜい、概念に対応させながらある線分を(経験的に)描出(作図)するにさいしてはひとえに規則にのみ注意をはらう一方、そうした(作図の)実行にあたって避けがたい偏差についてはこれを捨象することであるにすぎない。そのようなことなら、幾何学にあって合同図形の作図についても認められうるところなのである。

(＊)「さらに現実の作図がここで問題なのではない。なぜならば、なんらかの可感的な図形が定義の厳密さのままに描かれることなどありえないからである。むしろここで要求されているのは形象がそれによって形成されるものの知識であって、その知識はいわば悟性によるある種の構成なのである」(*Porro de actuali constructione hic non quaeritur, cum ne possint quidem sensibiles figurae ad rigorem definitionum effingi; sed requiritur cognitio eorum, quibus absolvitur formatio, quae intellectualis quaedam constructio est.*)。C・A・ハウゼン『数学原理』第一部八六頁・A、一七三四年。

しかしほとんど意味をなさないことがらも、この(批判)哲学の精神にかかわって存在する。それは乱暴狼藉ともいうべきものであって、当の哲学を猿真似しようとした者のいくらかが『純粋理性批判』で用いられた用語のいくつかによって引きおこしたものである。それも、くだんの書籍そのもののなかでは他の常用語でじゅうぶん置きかえることができなかったために使用された用語を、『批判』の埒外でも公共的な意見交換のために濫用したことで起こったものなのである。こうしたふるまいはもちろん懲らしめられる必要があり、じっさいニコライ氏(8)がそれをおこなったところである。とはいえ、そうした術語を用いられるべき本来の領野でもまったく使用せずに済ませることができるかどうかは、そういった語の濫用がおおむねたんに思想の貧弱さを隠すだけのものであるにしても、それとはべつのことがらであって、これについてはニコライ氏もいずれにせよ判断を慎ましく差しひかえられることだろう。——ともあれ、流行りもしない衒学者のほうが没批判的な無学者よりも遥かに屈託なく物笑いのタネとなっているのは言うまでもない(そもそもじっさい形而上学者は、みずからの体系に固く執着して、いっさいの批判に背を向けることとともなれば、後者の類に数えられてもよいだろう)。もっともそうした形而上学者は、盛んになって欲しくはない潮流〔批判〕をわざと知ろうともしないだけであって、それもくだんの流れがじぶんの属する古来の学派に所属していないからなのだ)。とはいえシャフツベリ(9)の主張によれば、軽視することのできない試金石が、一箇の学説(とりわけ実践的な学説)が真理であることにかんして存在するのであって、それは冷笑に堪えきることであるとすれば、おそらく批判哲学者にやがて順番が回ってきて、「最後に笑う者がもっともよく笑う」はこびとなるだろう。そのとき批判哲学者は、永きにわたって大言壮語をこととしてきた者どもの張り子の体系がつぎつぎと崩壊して、そうした体系の追随者たちがことごとく路頭に迷うのを目にすることになる。これが、そういった者たちに避けがたく迫っている運命なのである。

本書の末尾のほうで私がいくつかの節を割いて略述しているところは、先行する諸節と引きくらべて期待されえたものよりも、詳細さにおいてすこしく欠けている。それはひとつには、前者が後者からたやすく推論されうるものと私には思われたからである。もうひとつにはまた(公法にかかわる)後者の論点が、いま現在おおくの議論を呼んでおり、しかもきわめて重大なことがらなので、決定的な判断をしばらくは保留することがおそらくは正しかろうと思われたからである。

『徳論の形而上学的原理』にかんしては、私はこれをほどなく公刊しうるものと期待している。

法論の区分表

第一部　外的対象にかんする私法（外的な告示をなんら必要としない諸法則の総体）

第一篇　外的な或るものを「各人のもの」として有する仕方について

第二篇　外的な或るものを取得する仕方について

外的取得の区分

第一章　物権について

第二章　債権について

第三章　物権的様相を帯びた対人権〔債権〕について

余　論　観念的取得(12)について

第三篇　裁判所における主観的に制約された取得について

第二部　公法（なんらかの公的告示を必要とする諸法則の総体）

第一章　国家法

第二章　国際法
第三章　世界公民法

人倫の形而上学への序論

I　人間のこころの能力と人倫の法則との関係について

欲求能力とは、表象をつうじて当の表象の対象にとってその原因となりうる能力のことである。なんらかの存在者がみずからの表象に従って行為しうる場合、その能力を指して生と呼ぶ。

欲求あるいは嫌悪には、第一にいつでも快もしくは不快が結びついており、その快不快を感受する能力が感情と名づけられる。とはいえかならずしもその逆はなりたたない。なぜなら快のうちには、対象を欲求することとなんら結合しておらず、たんなる表象と、その表象がなんらかの対象にかんして懐《いだ》かれている場合に(つまり、くだんの表象の客体が現実に存在するか否かにかかわりなく)それだけですでに結びついているような快も存在しうるからである。(1) さらに第二に、欲求される対象にかんする快もしくは不快も、かならずしも欲求に先行するものであるとはかぎらない。快不快はしたがっていつでも欲求の原因となっているのではなく、むしろ欲求の結果とみられてよい場合もある。

他方、なんらかの表象を懐くことで快もしくは不快を感ずる能力が感情と呼ばれるのは、快不快の両者はともに、私たちの表象との関係にあってたんに主観的なもののみを含むだけで、なんらかの客体と関係して、当の客体の可能な認識にかかわるものをまったく含んでいないからである(*)(私たちの〔内的〕状態についての認識であっても、この件は変わることがない)。ふつう感覚でさえ、主観の性状のゆえに当該の感覚に付着する質(たとえば赤さや甘さ等々の質)にかんしてはこれをべつとして、それでもなお認識成分として客体に関係づけられるのに対して、(赤さや甘さに対して感じられる)快もしくは不快はたほう客体にかんして端的になにごとも表現するものではなく、ひとえに主観への関係のみを表現するからである。快ならびに不快はそのものとしては、しかもまさにいま挙げた理由からして、これ以上たち入って説明されえないのであり、むしろ私たちとしてはせいぜいのところただ、快不快がある種の事情のもとでどのような結果を生むかを引きあいに出して、それらが使用されるさいにそれぞれ見わけられるようにすることができるだけである。

（＊）感性は、私たちが懐く表象一般の有する主観的なものとして説明されることができる。なぜなら悟性がはじめて、表象を客体に関係させることになるからである。すなわちひとり悟性のみが、なにものかを表象を介して思考するのである。ところで、私たちの表象が有する主観的なものは、以下のふたつのうちいずれかの在りかたを採ることが可能である。その在りかたはつまり第一に、主観的なものも、一箇の客体を認識するために当の客体へと（そのさい主観的なものは形式あるいは素材の面に分かれ、前者であれば純粋直観と呼ばれ、後者であるなら感覚と称される）関係づけられることができる。このばあい感性とは思考された表象を感受する能力であって、つまりは感官であることになる。第二には表象における主観的なものが、まったくなんら認識成分とはなりえない場合がある。そこでは主観的なものがたんに表象と主観との関係を含んでいるにすぎず、客体の認識に役だつものはなにひとつとして含んではいないからである。その場合であれば、表象を感受するくだんの能力は感情と呼ばれる。感情がそのうちに表象の（それが感性的なものであれ知性的なものであれ）主観に対する作用を含んでいるかぎりでは、感情も感性に属しているけれども、そのさい表象そのものはそれでもなお、悟性あるいは理性に所属する場合がありうるのである。

およそ快は、それが欲求（当の対象を表象することが感情を触発するような対象への欲求）と必然的に結合している場合には、実践的な快と名づけられうる。そのさい快が欲求の原因であるか結果であるかは問題ではない。これに対して、快であっても、対象の欲求とは必然的には結びついておらず、それゆえ根本的には表象の客体が現実に存在することに対する快ではなく、むしろひとえに表象にのみ付着している場合がある。そうした快は、たんに観想的な快あるいは能動的ではない適意と称することができる。後者の種類の快の感情については、私たちとしてはこれを趣味と名づけることにしよう。(2) この趣味にかんしては、したがって実践哲学のなかでは〔当該領域に〕固有な概念としては論じられず、せいぜいのところ挿話として問題となるにすぎない。たほう実践的な快については、欲求能力が規定されるに先だって、この実践的快が原因として必然的に先行していなければならないのであって、そのうえで欲求能力を規定するものこそが狭義における欲望であり、習性となった欲望はとくに傾向性と呼ばれる。(3) さらに、快と欲求能力との結びつきは、くだんの結合が悟性によってなんらかの一般的規則に従い(せいぜいひたすら主観に対してであるにしても)妥当するものと判断されるかぎりで関心と呼ばれるのであるから、実践的な快はこのばあい傾向性の関心と称されることだろう。これに対して、快がたんに欲求能力の先行する規定から結果しうるにすぎない場合には、その快は知性的な快であって、そこで対象に対する関心は理性関心と名づけられなければならないはずである。その理由は、かりに関心が感性的なものであり、ひとえに純粋な理性原理のみにもとづくものではないとしたならば、感覚が快に結びあわされて、かくて欲求能力を規定しうるはこびとならざるをえないだろう、という点にある。まったく純粋な理性関心といったものが想定されなければならない場合であるならば、およそ傾向性にかかわるいかなる関心であれ、それをもって理性関心と置きかえることができないにもかかわらず、私たちとしてはそれでも言葉の慣用にあわせて、ある種の傾向性、つまり知性的な快の客体でしかありえないものへと向かう傾向性であっても、それを一箇の習性となった欲求として純粋な理性関心にもとづくものと承認することができよう。くだんの傾向性はその場合しかし理性関心の原因ではなく、その結果であるはずであるけれども、私たちとしてはこれを感性から自由な傾向性（*propensio intellectualis*）〔知性的な傾向性〕とでも名づけることができるかもしれない。

なお情欲（欲情）は欲求そのものから区別されなければならないが、それは前者が刺戟となって後者を規定するに至るものだからである。情欲はいつでも感性的なものであるけれども、それはなお欲求能力の作用となるには至っていないこころの規定なのである。

概念に従って働く欲求能力は、その能力を規定して行為へと導く根拠がそれ自身のうちにあって、客体のなかには見いだされないかぎりで、任意な作為または不作為[4]と言われる。当の能力に結合しているものが、客体を産出するみずからの行為の能力にかかわる意識であるかぎりにおいて、くだんの能力は選択意思と呼ばれる一方、そういった結合が存在しない場合には、そうした能力の働きは一箇の願望と称されることになる。(5) 欲求能力は、それを内的に規定する根拠、かくてまた任意な意向そのものに至るまで主体の理性のうちに見いだされる場合には、意志と呼ばれる。意志が欲求能力であるのは、したがって、(選択意思についてはそうであるように)行為への関係において見られた場合ではなく、むしろ選択意思を規定して行為へと導く根拠との関係のなかで考えられたときである。(6) それゆえ意志それ自身は、本来みずからに先だっていかなる規定根拠も有しておらず、むしろ意志は、それが選択意思を規定しうるかぎりにおいて実践理性そのものなのである。(7)

意志のもとに含まれうるものとして選択意思ばかりでなく、他方ではまたたんなる願望も挙げられるとはいえ、それは理性が欲求能力一般を規定しうるかぎりにおいてのことである。選択意思は、当の意思が純粋理性によって規定されうるものであるばあい自由な選択意思と称される。おなじ選択意思がひたすら傾向性(感性的な衝動、つまり *stimulus*)によってのみ規定可能である場合には、それは動物的な選択意思(*arbitrium brutum*)であるというしだいとなるだろう。人間的な選択意思はこれに対して、衝動によって触発されはするけれども、規定されることのないものである。したがってその意思はそれ自体としては（つまり理性がその態勢を獲得しないかぎりは）純粋なものではないとはいえ、それでも純粋な意志にもとづいて行為へと規定されうるものなのである。選択意思の有する自由とは、その規定が感性的な衝動から独立していることであるが、この件は自由の含む消極的概念であるにすぎない。積極的概念としては、当の自由は純粋理性の能力のことであり、じぶん自身だけで実践的でありうることである。しかしながら、このことを可能とするためには、「各人の行為の準則を服属させて、その準則を普遍的法則として通用させるという条件のもとに置く」以外にすべがない(8)。その理由は以下の点にある。すなわち純粋理性は選択意思に対し、その客体のいかんを問わず適用されるものとして、原理の能力（かつここでは実践的原理の能力であり、かくてまた立法的能力）である。純粋理性には法則の実質が欠けているのだから、その理性は詮ずるところ、選択意思の準則が普遍的法則として通用しうるという形式そのもの以外のなにごとをも、最上の法則にすることも選択意思を規定する根拠にすることもできない、ということである。くわえて、人間の準則は、それが主観的な原因から生じるものであるかぎり、くだんの客観的法則とおのずから一致することなどありえないのだから、純粋理性はこの法則をただ端的に禁止もしくは命令の命法として命じることができるだけなのである。

その法則は自由の諸法則であって、これらは自然法則とは区別されて道徳的なものと呼ばれる。それらがひとえにたんなる外的な行為とその合法則性にのみかかわるかぎりでは、その諸法則は法理的なものと称される。他方くだんの法則の要求するところがさらにまた、「それら(諸法則)自身が行為を規定する根拠であるべきである」とするものであるならば、当該の諸法則は倫理的なものである。したがって、こう言ってよいだろう。前者と一致することが行為の適法性であり、後者との一致は行為の有する道徳性なのである。(9) 自由についていえば、それが前者の法則に関係する場合には、選択意思が外的に行使されるさいの自由でしかありえない。一方おなじ自由が後者に関係する場合には、選択意思の外的ならびに内的行使にあたっての自由となるが、それも自由が理性法則によって規定されるかぎりにおいてのことなのである。理論哲学にあって言われていたとおり、空間中にはただ外官の対象のみが存在し、時間内には他方いっさいの対象が、すなわち外官ならびに内官の諸対象が存在する。双方のいずれの対象の表象もやはり表象であることに変わりがなく、そのかぎりでは総じて内官に所属するからである。(10) それとおなじように自由もまた、選択意思の外的行使もしくは内的行使のどちらにかんして考察されようと、自由の諸法則はいずれにしても自由な選択意思一般に対する純粋な実践的理性法則であるかぎり、同時に選択意思を内的に規定する根拠でなければならない。

そのさいしかもくだんの法則は、かならずしも後者とのかかわりで考察されるのを要しないのである。

II　人倫の形而上学の理念と必然性について

自然科学は外官の諸対象を取りあつかうが、その自然科学に対してもア・プリオリな原理を手にしていることが必要であって、したがってそのような原理の一体系が形而上学的自然科学の名のもとで、特殊な経験に適用された自然科学、すなわち物理学に先行することが可能であり、それればかりか必然的である。以上の件にかんしては、べつの場所ですでに証明しておいたところである(1)。しかし物理学についていえば(すくなくとも問題となることがらが、その諸命題から誤謬を取りのぞくことである場合には)、多くの原理を経験の証言にもとづいて普遍的なものと見なすことができる。もちろんその原理が厳密な意味で普遍的に妥当するとされる場合には、それはア・プリオリな根拠から導出されたものでなければならないはずである。たとえばニュートン(2)が作用・反作用相等性の原理を物体相互間の影響にかんして経験にもとづき認定したうえで、にもかかわらずその原理を物質的自然の全域にまで拡張したのはそのような事例である。化学者たちともなるとさらに歩を進めて、じぶんたちにとってもっとも普遍的な法則、すなわち物質の化合と分解を物質固有の力によるものと見なす法則を、まったく経験にもとづいて基礎づけながら、それでもくだんの法則が普遍的で必然的なものであることを信頼してやまない。そのけっか化学者たちにしてみれば、その法則に従ってなされた実験によって誤謬が発見されることなどすこしも危惧すらしていないのだ。

とはいえ人倫の諸法則をめぐっては、事情がまったく異なっている。これらの法則の場合は、それがア・プリオリに基礎づけられ必然的に見とおされうるかぎりにおいてのみ、法則として妥当する。そればかりか概念や判断は、私たち自身とその作為ならびに不作為(3)にかかわるものであるかぎり、かりにただ経験からのみ学びうることがらを含んでいる場合には、なんら人倫的〔倫理的〕なものを指示することがない。それゆえひとがなにほどか誘惑に駆られて、経験という源泉からなにごとかを道徳的原則に仕立てあげようとでもすれば、そのことでただちに危険を冒すことになって、もっとも粗雑で有害な誤謬に陥るはめになるのである。

かりに人倫論とは幸福論以外のなにものでもないとすれば、人倫論のためにア・プリオリな原理を探しもとめることなど不合理の極みというしだいとなるだろう(4)。その理由は以下の点にある。すなわち一見したところでは、理性がそれでも経験に先だって、「どのような手段によればひとは、生の真の歓びを永続的に享受するに至りうるのか」を見とおすことができるということは、きわめて明白であるかに思えるかもしれない。とはいえやはりひとがこの件にかんしてア・プリオリに教えられるところは、ことごとく同義反復となるか、もしくはまったく根拠なく想定されたものにすぎない、ということである。ひとり経験のみが、「なにが私たちに歓びをもたらすか」を教えることができる。食事、性行為、休息や運動へと向かう自然的衝動、ならびに（私たちの自然的素質の発展についていえば）名誉やじぶんの認識の拡大等々に対する衝動、そうしたものだけが、しかもひとそれぞれに対しおのおのに特殊な仕方で「くだんの歓びをどこに見さだめる必要があるか」を認識させる。おなじその経験がまた「どのような手段によって各人はその歓びを追求するべきか」を教えるのである。見かけ上ア・プリオリなものに見える詭弁のすべては、ここでは詮ずるところ、帰納をつうじて一般性にまで高められた経験以外のなにものでもないのであって、その（*secundum principia generalia, non universalia*）〔一般的ではあるが普遍的ではない原理に従った〕一般性なるものはあまりに貧弱であって、およそ各人に対して無数の例外を容認せざるをえない。その結果おのおのはじぶんの生きかたの選択を、みずからの特殊な傾向性と満足を感受するそれぞれの能力とに見あうべく適合させて、結局のところはそれでもやはり、ひとえにじぶんや他人たちを毀損することをつうじてようやく賢明になってゆく、という仕儀に終わらざるをえないのだ。

しかしながら人倫(Sittlichkeit)をめぐる教説にかんしては、事情がまったく異なる。その教説は万人に対して命令するのであって、そのさい各人の傾向性をすこしも顧慮することなく、ひとえに万人が自由であり、かつ実践理性を有しているがゆえに、またそのかぎりで命令を下すものなのである。人倫の法則にかんする教えは、各人自身の観察、しかもその内なる動物性を観察するところから得られるものではない。また世の成り行きを認知することから汲みとられるものでもない。つまり「現になにが生起し、いかに行為がなされるか」を知るところから手にされるわけでもない〔もっともドイツ語の *Sitten*〔人倫〕はラテン語の *mores* 同様、たんに習俗や生活様式を意味しているにすぎないのだが〔この件はべつである〕〕。否むしろ理性こそが「いかなる行為がなされるべきか」を命じるのだ。それは当の行為についてなおひとつとして〔それがなされた〕実例が見いだされていないとしても変わることがなく、またそのさい〔経験から独立にア・プリオリに作動する実践〕理性は、当該の行為から私たちに生じうる利益をまったく配慮することもない。いうまでもなくそういった利益にかんしては、経験のみがこれを教えることができるはずなのである。これには、以下の理由がある。理性はたしかに、私たちが利益をじぶんに可能なあらゆる仕方で追求することを許容する。そのうえまた経験の証言にもとづくならば、理性の命令を遵守するほうが、しかもとりわけ賢明[5]さがそこに与《あずか》ってくる場合には、理性は平均してより大きな利益を、概していえば理性の命令に違反するときよりも見込みとして約束しうることだろう。そうであるにしてもやはり、その点に理性の指示が命令として有する権威がもとづいているわけではない。むしろ理性が指示を(勧告として)利用するのは、ただそれを平衡をたもつ重量として用いて、反対方向への誘惑に対抗させるためである。つまりはその結果、一方に偏りがちな天秤が量りまちがえるのを、実践的な評価にさいしてあらかじめ釣りあいを取っておき、そうしてはじめて純粋な実践理性が示すア・プリオリな根拠という重りに従い、秤の傾きが保証されるようにしておく、ということなのである。

それゆえ、たんなる概念にもとづくア・プリオリな認識の体系が形而上学と呼ばれるとするならば、実践哲学というものは、それが自然ではなく選択意思の自由を客体とするかぎり、一箇の人倫の形而上学を前提とし、また必要とすることだろう。すなわち、そうした形而上学を手にすることがそれじしん義務なのであって、そればかりか人間はだれであれ、通常は漠然としたかたちであるにしても、そういった形而上学をじぶんのうちに持ってもいるのだ。実際のところいったいどのようにして人間は、こうしたア・プリオリな原理を手にすることなく、普遍的な立法をみずからのうちに有しているなどと信じることができるだろうか。とはいえ、自然の形而上学にあっては適用の原理といったものも存在して、自然一般にかんするくだんの普遍的な最上の原則を、経験の対象へと当てはめることができるようになっていなければならない。それとおなじく人倫の形而上学もまた、そうした適用の原理を欠くことができないだろう。だから私たちとしてもしばしば人間の特殊な本性を、それがただ経験をつうじてのみ認識されるものでありながら、〔人倫の形而上学の〕対象として取りあげざるをえないことだろう。それはこの本性にそくして、普遍的な道徳的原理から帰結するところを示しておくためである。しかしながらそうすることで、道徳的原理の純粋さがいくらかでも損なわれたり、そのア・プリオリな源泉がかくてまた疑わしいものとされたりすることはない。——以上の件が意味するところは、要するにこうである。すなわち、人倫の形而上学が人間学のうえに基礎づけられることはありえないが、その一方しかし人間学に適用されることはありうる、ということである。

　人倫の形而上学と対をなし、もう一方の分肢を実践哲学一般の区分についてかたちづくるものとなれば、それは道徳的人間学ということになるだろう[6]。この人間学が含んでいるのは、しかしひとえに主観的な条件、つまり人倫の形而上学の示す諸法則を人間的本性の範囲内で実行するさい、それを阻害し、または促進する条件ということになる。すなわち(家庭教育、学校教育、社会教育において)道徳的諸原則を創出し、またそれらを普及し強化すること、ならびにそれ以外の、経験に基礎を置いた教訓や指図といったものになるはずである。そうした人間学は欠くことができないものではあるが、とはいえまったくのところ人倫の形而上学に先行したり、それと混同されたりすることがあってはならない。なぜならその場合ひとが冒しがちな危険は、あやまった、あるいはすくなくとも寛大にすぎる道徳法則をつくり出すことにつながるものだからである。そうした道徳法則によって到達不可能なものという見せかけを帯びて現われるものが、実際に到達されることがないのはひとえに、法則がその純粋さにおいて(この純粋さのうちにこそ、道徳法則の強さが存するというのに)見とおされ、また提示されなかったからなのである。言葉をかえれば、まったく真正なものではなく、もしくは純正なものでもない動機が、それ自体として義務にかない、かつ善であるものに対して用いられたからにすぎない。そうした動機が認められるなら、およそ確実な道徳的原則にはその余地すら残されないことになる。かくて当の原則は判定を導く糸としても役だたず、こころを訓練して義務を遵守させようとするさいにも無用のものとなる。この義務の指図こそ、端的にひたすら純粋理性によってア・プリオリに与えられなければならないものなのだ。とはいえより高次な区分が、たったいま右に挙げた〔形而上学と人間学への実践哲学の〕区分の上位には存在する。その区分とはつまり哲学を理論哲学と実践哲学に分かつものであって、後者はそのさいほかでもなく道徳的な世界知を措いてありえない(7)。この件については、すでにべつの場所で〔『判断力批判』において〕説明しておいた(8)。実践的なものであっても、それらのことごとくが自然法則に従って可能となるはずのものであるならば(それは技巧が本来たずさわる作業であって)、その与える指図という点からすれば完全に自然の理論に依存している。ひとり自由の法則に従う実践的なものにかぎって、その有しうる原理はいかなる理論〔的認識〕にも依存することがない。なぜなら自然の規定を超えでたところでは、およそどのような理論〔的認識〕も存在しないからである。かくして哲学は実践的部門〔という名〕のもとでは(その理論的部門と並ぶものであるかぎり)技術的・実践的な教説と解されることができず、むしろひとえに道徳的・実践的な教説として理解されうるだけである。くわえて自由の法則に従う選択意思の態勢が、自然との対比にあってここでもまた技巧と名づけられるべきものであるとするならば(9)、その名のもとで理解される必要があるものは、一箇の自由の体系を自然の体系と同等に可能とするひとつの技巧であることとなるだろう(10)。その技巧はじっさい神業にまで達するのであって、それは私たちがついに、理性がじぶんに指示するところをくだんの技巧を介して完璧に遂行し、その理念の実現にまで到ることがあったとしたならば、およそそのような場合なのである。

III　人倫の形而上学の区分について(*)

いっさいの立法には(ちなみに、その立法の指示するところが内的行為であれ外的行為であれ、さらにそれらの行為をたんなる理性をつうじてア・プリオリに指定するのか、あるいは他者の選択意思をつうじて指定するのかを問わず)(1)ふたつの成分が属している。第一に法則である。法則は生起すべき行為を必然的なものとして客観的に表象し、すなわち行為を義務とする。第二には動機となる。動機は選択意思を規定して当の行為へと向かわせる根拠を、法則の表象と主観的に結合させる。かくしてこの第二の成分は、法則が義務をもって動機とするというしだいにほかならない。第一の成分によって行為が義務として表象されるが、この件はたんなる理論的認識であるに止まり、その認識の及ぶところは選択意思を規定することが可能なもの、すなわち実践的な規則であるにすぎない。第二の成分をつうじて「かく行為すべし」とする責務が、選択意思一般を規定する根拠と主体のなかで結びつけられるのである。(2)

(＊) 一箇の体系の区分を演繹するとはすなわち、区分の完全性を証明するとともに、またその連続性をも証明することにほかならない。後者はつまり、区分された概念から下位区分の全系列のなかで区分された各分肢への移行が、なんら飛躍(*divisio per saltum*)〔飛躍による区分〕を伴わず遂行されることであるけれども、これは充足するのにもっとも困難な条件として、ある体系を構築しようとする建築家のまえに立ちはだかっているものである。(3) さらにまた区分された最上位の概念のうちどのようなものが、正か不正か(*aut fas aut nefas*)の区分を与えるものとなるのか。この件にかんしても懸案事項が残されている。それは自由な選択意思一般の作用なのである。〔このことがふつう気づかれないのは〕ちょうど存在論の教師が或るものと無という最上位のものから出発しながらも、それがすでになんらかの区分から生まれた分肢にすぎない事情に気づかずにいるのと同様である。(4) くだんの区分の〔可能となる〕ためにはなお区分された概念が欠けており、その概念とはほかでもなく、対象一般の概念以外のものではありえない。

したがっていっさいの立法は(どの行為を義務とするかについてもう一方の立法と一致し、たとえば行為があらゆる場合において外的なものであったとしても)、やはり動機にかんしては区別されうることになる。立法が或る行為を義務とし、同時にこの義務を動機とする場合、その立法は倫理的なものである。たほう立法が後者の件〔義務を動機とすること〕を法則のうちに含んでおらず、かくてまた義務の理念そのものとはべつの動機を許容する場合ならば、その立法は法理的なのである。(5)第二のものをめぐってたやすく洞察されるのは、以下の事情であろう。(6)すなわち、そのばあい義務の理念から区別される動機は、選択意思を受動的に規定する根拠、つまり傾向性や嫌悪(7)といったものから、しかもそのうちでもとくに後者の種類のもの〔嫌悪〕から引きだされるにちがいない、ということだ。その立法は強制的なものであって、ひとを引きよせ、勧誘するようなものではないはずだからである。

なんらかの行為が法則と一致しているか一致していないかという件のみが、行為の動機を顧慮することなく問われる場合、それは〔行為の〕適法性(合法則性)と呼ばれる。他方そのさい法則にもとづく義務の理念が同時に行為の動機でもある場合には、行為の道徳性(倫理性)〔人倫性〕と名づけられるのである。

義務は、それが法というかたちを採る立法に従うものであるときには、たんなる外的義務でありうるにすぎない。そのばあい立法は、内的なものであるその義務の理念がそれ自身だけで行為者の選択意思を規定する根拠となるしだいを要求してはいないからである。さらに、立法はそれでも法則に適合する動機を必要としながらも、ただ外的な動機のみを法則と結合することができるにすぎないからだ。倫理的な立法がこれに対して、内的行為をも義務とするのはたしかであるとはいえ、それはいささかも外的行為を除外することがなく、その立法がかかわるのはむしろおよそ義務といわれるもののすべてなのである。けれども、この倫理的立法は行為の内的動機（義務の理念）をみずからの法則のうちにともに含み、しかもこうした規定はだんじて外的な（法というかたちを採る）立法のうちに混入するはずもない。ほかでもないこの理由からして、倫理的な立法は外的立法ではありえない（神的意志による立法ですらありえないのだ）。もちろん倫理的立法は（いっさいの）義務を、それが他の立法すなわち外的な立法にもとづくものであれ、およそ義務であるかぎりみずからの立法のうちに動機として取りいれるものであるのはたしかなところであるけれども、この件はまたべつのことである。

ここから見てとられることがある。それはつまりいっさいの義務は、それがただ義務であるがゆえにひとしく倫理学に属することであり、とはいえ義務の立法はだからといってそのすべてが倫理学に含まれているとはかぎらず、むしろそのうちの多くは倫理学の埒外にある、ということである。たとえば倫理学の命じるところ、私は契約にさいしておこなわれた誓約を果たさなければならず、それは相手方が私にその履行を強制しえない場合であってもおなじである。しかしながら倫理学はこの法則（*pacta sunt servan-*

da）〔契約は遵守さるべきである〕とその法則に対応する義務とを、法論にもとづいて与えられたものとして受容する。したがってこのばあい倫理学ではなく、むしろ法（*Ius*）のうちにこそ立法が存立しているのであり、法の命じるところ「受諾された約束は守られなければならない」のである。(8) 倫理学がここで教えるのは、ひとえに以下の件であるにすぎない。すなわち、そこで動機とは法理による立法がくだんの義務と結合するもの、つまり外的強制のことであるが、たとえそのような動機が阻却されたとしても、義務の理念だけですでに動機として充分である、ということだ。なぜならかりにそうではないということになり、くわえて立法そのものが法理にもとづくものではなく、かくてまたその立法から生じる義務も（徳義務から区別された）本来の法義務ではないとしたならば、誠実の履行は（なんらかの契約にあって当人のなした約束に従うものでありながら）好意(9)にもとづく行為や、そうした行為への義務づけと同列に置かれることになってしまうだろうが、これはまったく生起すべきところではないからである。みずからの約束を遵守することは徳義務ではない。それは一箇の法義務であって、その履行が強制されうるものである。とはいえやはり約束を遵守すること、しかもどのような強制も懸念しなくともよい場合であってもそうすることは、有徳な行為（徳のあかし）である。法論と徳論とが区別されるのは、したがってそれぞれに含まれる義務が異なっていることによるので

はない。むしろ立法が相異なっていることで、一方あるいは他方の動機が〔法論・徳論それぞれの〕法則に結合されることによるのである。

倫理的な立法とは(たとえそこでも義務が外的なものである場合があったとしても)外的なものではありえない一方、法理的な立法は外的なものでもありうる。たとえば契約上の約束を遵守することは外的な義務であるが、しかしそれがたんに義務であるがゆえになすべきであるとする命令は、それ以外の動機を顧慮するところのないものであって、そうした命令はひとえに内的な立法に所属している。かくして義務の属する種類の別(ひとがそれに拘束されている行為の特殊な種類)からではなく――右の〔約束の〕件は倫理学にあっても、法においてとおなじく一箇の外的義務であるから――、立法が先に引いた事例においては内的なものであり、およそいかなる外的立法者も持ちえないものであるがゆえに、〔約束の〕拘束性〔責務〕は倫理学のうちに数えいれられる。ほかでもなくおなじ理由から好意の義務は、それが外的義務(外的行為への責務)であるにもかかわらず、それでも倫理学のうちに算入される。なんといってもその義務にかかわる立法は、内的なものでしかありえないからである。――倫理学にはもちろんみずからに特殊なものである義務(たとえば自己自身に対する義務)も含まれている。とはいえ倫理学はやはりまた法と共通の義務も有するのであって、一方そのさい異なっているのはひとえに義務づける様式であるにすぎない。というのも行為を、ひたすらそれが義務であるがゆえにのみ遂行させ、義務の原則そのものを、その義務がおよそどこから由来するものであろうと、選択意思にとって充分な動機とすることこそが、倫理的立法にとって固有なところであるからである。かくて多くの直接的・倫理的義務が存在することはたしかであるけれども、内的立法によって、その他の義務もことごとく一括して間接的・倫理的義務とされるのである。

Ⅳ　人倫の形而上学のための予備概念

――普遍的実践哲学[1] (*Philosophia practica universalis*) ――

自由の概念は一箇の純粋な理性概念であって、まさにそれゆえに理論哲学にとっては超越的なものである。すなわち当該の概念は、それに対していかなる適切な実例もなんらかの可能な経験において与えられることのできない概念にほかならない[2]。自由概念はしたがって、私たちにとって可能な理論的認識の対象をかたちづくるものではなく、またそれが妥当しうるのは、だんじて一箇の構成的原理としてではなく、かえって端的に統制的原理としてである。(3) しかもひとえに思弁的理性にとって否定的な原理としてであるにすぎない。理性の実践的使用にあっては、いっぽう自由概念の実在性が実践的な諸原則をつうじて証明される。この実践的原則は法則として純粋理性の原因性を証明するが、そのさいくだんの原因性とは、いっさいの経験的条件〔感性的なもの一般〕から独立に選択意思を規定するものであって、かくて証明されるものはまた私たちのうちに存在する一箇の純粋意志なのである。この純粋意志のうちにこそ、人倫的〔倫理的〕な諸概念とさまざまな法則がその根源を有している。(4)

自由には〔実践的な観点からすれば〕このように積極的な概念があり、その概念のうえに基礎づけられるものが無条件的な実践的法則であって、その法則は道徳的なものと呼ばれる。この法則は私たちとの関係、つまりその選択意思が感性的に触発され、それゆえ純粋意志とおのずから適合するとはかぎらず、むしろ往々にしてそれに背反するような私たちとの関係においては命法〔命令あるいは禁止〕であり、しかも定言的〔無条件的〕命法となる。この〔定言的で無条件的である〕件をつうじてくだんの命法は技術的な命法〔技巧的な指図〕から区別されるが、それは後者がつねにただ条件つきで命じるものだからである。前者〔定言命法〕に従って〔これに対して〕一定の行為が許されもしくは許されないことになり、つまりは道徳的に可能であったり不可能であったりするのであって、その行為のうちでいくらかのもの、あるいはその反対の行為が道徳的に必然的であり、すなわち責務として課せられている〔拘束的である〕わけである。この件からさらに、これらの行為に対して義務の概念が生じてくる。義務の遵守もしくは違反がまた特殊な種類の快または不快〔道徳的感情のそれ〕と結合しているのはたしかなところではあるけれども、私たちとしてはそれを【くだんの快不快は実践的法則の根拠にかかわるものではなく、当該の法則によって私たちの選択意思が規定されるさいこころのうちに生まれる主観的な効果にのみかかわるものであって、しかも〔問題となっている実践的法則の妥当性や影響に対して客観的に、すなわち理性の判断にあってなにごとかを付けくわえ、あるいは差しひくこともなく〕異なった主観に応じて相異なってゆくことがありうるものであるから】理性の実践的法則においてはなんら考慮しないことにする。

以下の諸概念にかんしては、人倫の形而上学のふたつの部門〔法論と徳論〕の双方に共通のものである。

責務〔拘束性〕とは、理性の定言命法のもとでなんらかの自由な行為が必然的であることである。

命法とは一箇の実践的規則であり、しかもその規則によって、それ自体としては偶然的な行為が必然的なものとされる規則のことである。命法が実践的法則から区別されるのは、後者もやはり行為の必然性を表象させるものではあるとはいえ、実践的法則のばあい以下の件は考慮されないからである。すなわち、その必然性がそれ自体としてすでに行為する主体（たとえば神聖な存在者）に内的なしかたで必然的に存するものであるか、あるいは（人間の場合のように）偶然的なものであるのか、ということである。なぜなら前者（神聖な存在者）の場合には、およそいかなる命法もなりたたないからである。かくて命法とは一箇の規則であって、その規則を表象することで主観的・偶然的な行為が必然的なものとされ、かくてまた主体はそうした規則と一致することを強制（強要）（必然化）されなければならないものとして表象されるのである。(5)——定言的（無条件的）命法とはなんらか間接的に、行為によって到達されうる目的を表象することをつうじてではなく、行為そのもの（その形式）のたんなる表象をつうじ、したがって直接的に、当の行為を客観的・必然的なものとして思考し、じじつまた必然的なものとする命法である。そのような命法については、実践的な教説のうちでもただひとつ責務を指図する教説（つまり人倫の教説）のみが実例を提示することができるのだ。それ以外の命法はことごとく技術的なものであって、それらは総じて条件づけられている。その一方、定言命法が可能となる根拠は以下の点にある。すなわち、この命法がかかわるのは選択意思の規定（これをつうじて、選択意思の基礎になんらかの意図が置かれうる）であるけれども、その規定のうちでも命法はただひたすら選択意思の自由にのみ関係する、ということである。

行為が許容される（*licitum*）とは、その行為が責務に反していないということである。それゆえこのばあい自由はいかなる対立する命法によっても制限されておらず、そのような自由が権能（*facultas moralis*）〔道徳的能力〕と呼ばれる。このことからして、なにが許容されない（*illicitum*）かは、おのずと明らかである。

義務とは行為のうちで、或るひとがそれへと拘束されている行為のことである。義務が、したがって拘束性〔責務〕の実質であり、だから（〔じっさいの〕行為にそくしていえば）ただひとつの義務が存在するものの、私たちがその義務に拘束されている仕方は相異なる〔法的であったり道徳的であったりする〕ことがありうる。

定言命法は、なんらかの責務を一定の行為にかんして言明するものであるがゆえに、一箇の道徳的・実践的法則である。いっぽう責務が含んでいるのはたんに実践的必然性（これは法則一般が言明するところである）ばかりではなく、強制もまたそこには含まれているのであるから、ここで問題となっている命法は命令の法則であるか、もしくは禁止の法則であるかのいずれかであって、それは作為あるいは不作為[6]のどちらが義務として表象されているかに応ずるものとなる。なんらかの行為は、それが命令も禁止もされていない場合にはたんに許容されているだけである。そうした行為については、自由(権能)を制限するいかなる法則も存在せず、したがってまたどのような義務も存在しないからである。そのような行為は人倫的に無記なもの(*indifferens, adiaphoron, res merae facultatis*〔ただの権能の問題〕)と呼ばれる。ここで問われうるのは、そういった行為が存在するかどうか、である。さらにもし存在するとすれば、なに者かが自由に或ることをみずから任意に為し、または為さないことができるためには、命令の法則(*lex praeceptiva, lex mandati*)と禁止の法則(*lex prohibitiva, lex vetiti*)のほかになお許容の法則(*lex permissiva*)が必要とされるかどうか、なのである。もし必要であるならば、〔任意な作為・不作為の〕権能はかならずしも〔人倫的に〕無記な行為(*adiaphoron*)にかかわるものとは言えないことだろう。なぜならそうした無記な行為については、それが人倫的法則にそくして考察される場合には特殊な法則がなんら必要とはされないはずだからである。

ひとつの行為が所為[7]と呼ばれるのは、当該の行為が責務〔拘束性〕の諸法則のもとに置かれ、したがってまたそのように行為するさいの主体がその選択意思の自由にそくして考察されるかぎりにおいてのことである。行為する者は、そのような〔選択意思の〕作用をつうじて結果の創始者と見なされ、結果は行為そのものとともに行為者に帰責されうることになる。ただしその場合ひとはあらかじめ、行為とその結果とに拘束性〔責務〕を課する法則を知っているのでなければならない。

人格とは、その行為に対して帰責が可能な主体のことである。道徳的人格性とはしたがってほかでもなく、道徳的法則のもとに置かれた理性的存在者の有する自由のことである(たほう心理学的人格性とはたんに自己自身の同一性を、みずからの現存在のさまざまな状態のなかで意識しうる能力であるにすぎない)[8]。この間の消息から以下の件が帰結する。すなわち人格の下属することになる法則は、それが(ひとりで、あるいはすくなくとも他者たちと同時に)みずからに与える法則以外のなにものでもない、ということである。

物件とは、いかなる帰責も可能ではない事物のことである。自由な選択意思にとってその客体であるものはすべて、それ自身は自由を欠いているかぎり、そのことのゆえに物件(*res corporalis*)〔有体物〕と呼ばれる。

所為が一般に正しいもしくは不正である(*rectum aut minus rectum*)のは、それが義務にかなっている、あるいは義務に反している（*factum licitum aut illicitum*）かぎりにおいてのことである。そのさい義務そのものは、その内容もしくは起源にかんして、それがおよそどのような種類のものであれ問うところではない。義務に反する所為は、違反（*reatus*）と呼ばれる。

故意によらない違反であっても帰責の対象となりうるが、そのような違反はたんなる過失（*culpa*）と呼ばれる。(9) 故意による違反（すなわち、それが違反であるという意識に結びついている違反）が、犯罪（*dolus*）と呼ばれる。外的法則に従って正しいことは正当（*iustum*）と呼ばれ、しからざるものが不当（*iniustum*）と呼ばれる。

義務の衝突（*collisio officiorum s. obligationum*）とは、義務と義務とのあいだの関係が、一方の義務が他方の義務を（全面的もしくは部分的に）廃棄するような場合を言うものであろう。――しかし義務や責務という概念は総じて、客観的な実践的必然性をなんらかの行為にかんして表現するものであり、またふたつの相互に対立する規則が同時に必然的であることはありえない。むしろ、一方の規則に従って行為することが義務であるならば、対立する規則に従って行為することは義務ではないというばかりでなく、かえって義務に反することですらある。それゆえに、義務や責務の衝突といったものはまったく思考することもできない（*obligationes non colliduntur*）。一方たしかに責務についてふたつの根拠(*rationes obligandi*)が存在して、しかしその一方もしくは他方が義務づけのためには充分ではない(*rationes obligandi non obligantes*)といったことが一箇の主体のなかで、また主体がみずからに指定する規則のうちで結びついていることはありうる。その場合には、一方が義務ではないのである。――そうしたふたつの根拠がたがいに抗争しあっているさいに実践哲学が語るところは、「より強い責務が勝利を収める」(*fortior obligatio vincit*)というものではなく、むしろ「より強い義務づけの根拠が勝利を収める」(*fortior obligandi ratio vincit*)というものである。

一般に拘束的な法則は、外的立法がそれについて可能である場合には外的法則(*leges externae*)と呼ばれる。そのうちでもとりわけ、責務が外的立法を欠いてもなおア・プリオリに理性によって認識されうる法則は、外的であるとはいえ自然的な法則である。これに対して、現実の外的立法が存在しないところではまったくひとを拘束しないもの(したがって外的立法がなければ法則とはならないだろうもの)[10]が、実定的法則と称される。かくして、外的立法のなかでも、ひたすら実定的な法則のみを含むものを考えることができる。その場合であってもしかし、一箇の自然的法則が先行していなければならないはずであり、その法則が立法者の権威(すなわち一箇の権能であって、みずからのたんなる選択意思をつうじて他者たちを拘束するものである)を基礎づけていることになるだろう。

原則は、それが一定の行為を義務とするばあい一箇の実践的な法則である。行為する者の有する規則は、行為者がそれをみずからの主観的な根拠にもとづいて原理としているときには当の者の準則[11]と称される。それゆえ、法則が一様なものであっても、行為する者の準則はきわめて多様なものとなりうる。

定言命法が総じて言明するのは、ひとえに「なにが責務であるか」にかぎられ、それは以下のようなものである。「同時に一箇の普遍的法則として妥当しうる準則に従って行為せよ！」[12]——じぶんの行為をあなたとしてはこのゆえにまず、その主観的な原則にそくして考察しなければならない。一方この原則がまた客観的にも妥当するかどうかは、ただつぎの点を手がかりに認識することができる。すなわち、あなたの理性がくだんの原則を吟味し、当の原則をつうじてあなたが同時に普遍的なしかたで立法的であると考えてみて、当の原則にそうした普遍的立法の資格を与えることができるかどうか、ということなのである。

この法則の単純さは、そこから引きだされうる帰結が重大で多様なものであることと引きくらべ、さらにまた法則が命令を下すさい示す威信が、それでも見るからに動機らしいものを随伴してはいないことと考えあわせてみると、当初はいうまでもなく奇異の念を抱かせるものとなるにちがいない。しかしひとがここで覚える驚嘆は私たちの理性の能力にかかわるものなのであって、その能力は「なんらかの準則は実践的法則の具えるべき普遍性という資格を有している」というたんなる理念をつうじて、選択意思を規定しうるものなのである。そのような驚嘆を感じることで学ばれることがある。すなわち、ほかでもなくこうした実践的法則（道徳法則）こそ選択意思に属する一箇の特性（自由のこと）を第一に告げしらせるものであって、その特性についていえば思弁的理性は、ア・プリオリな根拠からもなんらかの経験をつうじても、かつてそれへと到達したことがなく、またかりにこの特性に到達したとしても、その可能性を理論的にはなにものによっても証明することができなかったはずなのである。一方それにもかかわらずくだんの実践的法則は、当の特性すなわち自由を反論の余地なく証明することができる。これらの件が学ばれたとすれば、以下の消息はそれほどまでに奇異の念を抱かせるものとはならないことだろう。つまりひとが、これらの（実践的）法則は数学上の公準[13]とおなじように証示しえないものでありながら、それでもなお必当然的なもの[14]であることを見いだし、同時にまた実践的認識の全領野が目のまえに拓かれているしだいを眼にしたとしても（驚くにあたいしない）ということだ。しかもその領野は、理性が自由というそのおなじ理念や、そればかりかその他いっさいの超感性的なものの理念を理論的に取りあつかう場合には、ことごとくにべもなく〔思弁的〕理性のまえに鎖《とざ》されているのを見いだすほかはない場所なのである。なんらかの行為が義務の法則と一致していることが、合法則性(*legalitas*)である。——行為の準則と法則との一致は、行為の倫理性〔人倫性〕(*moralitas*)である。準則とはところで行為するための主観的な原理であって、主体自身がみずから規則とする(つまり、じぶんがいかに行為したいかという)原理である。これに反して義務の原則とは、主体に対して理性が端的に、したがってまた客観的に(いかに行為すべきかを)命じるものなのである。

　人倫論の最上の原則とは、かくして以下のようなものとなる。「同時に普遍的法則として妥当しうる準則に従って行為せよ[15]」。——どのような準則であれ、このような資格を有さないものはすべて道徳に反しているのである。

　意志から法則が生じ、選択意思から準則が生じる。後者つまり選択意思は人間にあって、自由な選択意思である。意志がひたすら法則に向かい、それ以外のなにものにもかかわらないとすれば、そのような意志は自由であるとも不自由であるとも称することができない。なぜならそのばあい意志は行為にではなく、直接に行為の準則に対する立法(したがって実践理性そのもの)へと向かうものであるからであり、それゆえまた端的に必然的で、それ自身いかなる強制にも応じるものではないからである。かくてひとり選択意思のみが、自由と称されることができる。

選択意思の自由をしかし選択の能力をつうじて、つまり法則に合致し、あるいは背反して行為する能力（*libertas indifferentiae*）〔無記の自由〕として――これは或るひとびとがときに試みてきたところであり、しかも選択意思はたしかにフェノメノンとしてはその件について、経験のなかで多くの実例を与えているにしても――定義するわけにはいかない。なぜなら自由については（それが私たちにはじめて告知されるのは、道徳法則を俟ってのことなのだから）私たちはただ、じぶんのなかに存在する消極的な特性としてのみ知ることになるからである。つまり、いかなる感性的な規定根拠によっても行為へと強制されることがないという特性としてなのである。いっぽうヌーメノンとして、すなわちただ叡智者としてのみ考えられた人間の有する能力という観点からすると、「自由はどのような仕方で感性的な選択意思に対して強制的であるのか」について、したがってまた自由の積極的な性質という観点からは、私たちとしては自由を理論的に呈示することがまったく不可能なのだ。(16) 私たちはそれでもおそらく、以下の件にかぎって見とおすことができる。感性的存在者としての人間が示すものは、経験の教えるところによれば、法則に適合して選択するばかりでなく、むしろまたそれに背反して選択する能力であるとはいえ、しかしそのことによって叡智的存在者としての人間の自由が定義されるわけにはいかない。なぜなら現象をつうじては、いかなる超感性的客体(自由な選択意思とはやはりそうしたものである)も理解されることができないからである。くわえて自由が定立されうるのはだんじて、理性的主体はまたみずからの(立法的)理性に反する選択にも逢着することができるといった事情によるものではない。経験の証明するところはあまりに多くの場合「それこそがまさに生起していることがらである」という消息であるにしても、この件は変わることがない(そもそも私たちはなお、それがどうして可能であるのかを把握することもできないのである)。——なぜなら(経験上の)なんらかの命題を承認することと、当の命題をもって(自由な選択意思という概念を)説明する原理ならびに(動物的あるいは奴隷的な選択意思 *arbitrium brutum s. servum* から)(自由な選択意思を)区別する一般的な標識とすることは、ふたつのべつなことがらであるからだ。その理由は、前者(経験上の命題)の主張するところは、くだんの標識が必然的に概念に所属するということではないのに対して、後者にとってはそれこそが要求されるものである、という点に存している。——理性の内的立法にかんする自由は、本来ただそれのみが一箇の能力なのであって、一方その立法から逸脱する可能性はむしろひとつの無能力〔を証示するもの〕である。だとすればいったいどのようにして、前者が後者から説明されうるというのだろうか？　なんらか定義〔と称するもの〕が、実践的な概念にくわえてなおその概念の実際的使用を、それを経験が教示するがままに付けくわえるものであるとすれば、当の定義は一箇の雑種的定義(*definitio hybrida*)とでもいうべきものとなってしまい、そのような定義によることで概念は、およそあやまった光のもとで呈示されるしだいとなってしまうのである。

法則(道徳的・実践的なそれ)とは一箇の命題であって、そこにはひとつの定言命法(命令)が含まれている。法則をつうじて命令する者(*imperans*)は立法者(*legislator*)である。立法者は法則による責務の創始者(*autor*)であるとはいえ、かならずしも法則〔そのもの〕の創始者であるとはかぎらない。後者の場合であれば、法則は実定的(偶然的)で恣意的なものであることになるだろう。法則は私たちをア・プリオリかつ無条件に、私たち自身の理性をとおして拘束するものであって、それはまた最高の立法者の意志から発するものとも表現されることができる。最高の立法者の意志とはすなわち、ただ権利のみを有して、義務を負わない者の意志(かくてまた神的な意志)のことである。この件はしかしひとえに道徳的存在者の理念を意味しているものであるにすぎず、その者の意志は万人にとって法則であるとはいっても、そうした意志はそれでも法則の創始者と考えられているわけではない。

道徳的な意味における帰責(*imputatio*)とは一箇の判断であって、その判断によって或る者がなんらかの行為の創始者(*causa libera*)〔自由な原因〕とみなされる。行為はそのばあい所為(*factum*)と呼ばれ、法則のもとに置かれたものと見なされる。この判断が同時にそうした所為にもとづく法的な結果を伴う場合は、法的に有効な帰責(*imputatio iudiciaria s. valida*)〔法的帰責もしくは実効的帰責〕であるけれども、一方それを伴わないときにはたんに判定的帰責(*imputatio diiudicatoria*)〔非法的帰責〕となるだろう。——ある人格(自然的人格であれ道徳的人格であれ)が、法的に効力のある帰責をなしうる権能を具えている場合、その人格は裁判官と呼ばれ、もしくはまた裁判所とも称される(*iudex s. forum*)。

或るひとが義務にかなう仕方で、法則によって強制されうるより以上のことをおこなうなら、それは功績あること(*meritum*)である。その者がただ法則に適合したことのみをおこなうのならば、それはなすべきこと(*debitum*)であるにすぎない(17)。最後にもしおこないがなすべきところの要求を下まわるときには、それは道徳的な罪過(*demeritum*)となるだろう(18)。罪過の法的効果が刑罰(*poena*)である。功績ある所為について、それは報賞（*praemium*）となる（ただしこのばあい前提されているのは、法則のうちで約束されている報賞が〔行為の〕動因であったということである）。なすべきことに適合したふるまいには、なんの法的効果も存しない。――好意による応報（*remuneratio s. repensio benefica*）は、所為に対していかなる法的関係のうちにも置かれていない。

なすべき行為から生まれる良い結果もしくは悪しき結果を――功績ある行為の不作為から生じる結果と同様――主体に対して帰責することはできない（*modus imputationis tollens*）〔帰責の後件否定〕。

功績ある行為から生まれる良い結果が――不正な行為のもたらす悪しき結果と同様――主体に対して帰責されることは可能である（*modus imputationis ponens*）〔帰責の前件肯定〕(19)。

主観的に評価される場合には、行為の帰責能力（*imputabilitas*）の度合いは、行為にさいして克服される必要のあった障害の大きさに従って測られなければならない。――（感性に由来する）自然的障害が大きいほど、たほう（義務にもとづく）道徳的障害(20)がちいさいほどに、それだけ善い所為は功績として数えあげられる。たとえば私がまったく見知らぬ人間を、大きな犠牲を払って重大な危急から救いだすといった場合である。

これに対して自然的障害がちいさく、義務の根拠にもとづく障害が大きいほど、違反はそれだけ(罪過として)責任を問われることになる。——それゆえこころの状態は、「主体が所為に及んだのが激情に駆られてのことか、あるいは冷静な熟慮によるものか」に応じて、帰責にさいして重要な帰結を伴う区別を形成するのである。

法論への序論

A　法論とはなにか

諸法則の総体(1)は、それに対して外的立法が可能である場合に法論(*Ius*)と呼ばれる(2)。そうした立法が現実に存在する場合には、法論は実定法論であり、後者の法論に通暁した者あるいは法学者(*Iurisconsultus*)が法実務に通じた者(*Iurisperitus*)と呼ばれる場合もある。それは当の者が外的法則に外的にも、すなわちくだんの法則が経験中にあらわれる事例に対して適用される面をめぐっても精通しているときであって、そうした適用〔をめぐる知識〕も実用的法論(*Iurisprudentia*)〔法の智慧・法解釈学〕となりうるといってよい。しかし、この〔実定法論と実用的法論の〕双方をともに取りのぞいても、純然たる法学(*Iurisscientia*)が残ることになる。最後の名称〔純然たる法学〕は、自然法論(*Ius naturae*)の体系的な知識に帰属することとなるが、そうであるにせよこの自然法論に通じた法学者も、あらゆる実定的立法に対して不変な諸原理を供与しなければならない。

B 法とはなにか?

この問いは法学者を、その者が同義反復に陥ることを欲せず、あるいはなんらかの一般的な解決に替えて、「どこか或る国で法則〔法律〕がとある時代になにを求めているか」を指摘することに甘んじまいとするならば、ひどく困惑させることになるだろう。それはちょうどあの有名な問い、つまり「真理とはなにか?」を突きつけられて論理学者が困惑するのと同様である(3)。「なにが合法的であるか」(*quid sit iuris*)〔なにが法とされているか〕、すなわち「法律〔法則〕がどこか或る場所でとある時代に語ること、もしくは語ったことはなにか」についてなら、まだしも法学者はさして難なく挙げてみせることができる(4)。けれども、その法律の欲するところが正しいかどうか? また、一般に法ならびに不法(*iustum et iniustum*)を認識しうるための、普遍的な基準とはなにか(5)? こうした件は法学者にはおそらく隠されつづけることだろうが、それは法学者が、しばらく右に挙げたような経験的原理をはなれ、くだんの判断の源泉をたんなる理性のうちに探索して（もっとも法学者にとってその場合にも例の〔現実に存在する〕法律が大いに手引きとして役だちうることだろうが）、可能な実定的立法のために基礎を樹立しようとしないかぎりは、ということである。たんに経験的な法論ということになれば（パイドロスの寓話[6]に登場する木製の頭のように）、頭は頭であり、それは美しいかもしれないが、ただ残念なことに脳髄のない頭ということになってしまう。

法の概念は、それが法に対応する責務〔拘束性〕にかかわるかぎりでは（つまり法の道徳的概念ということになれば）[7]、第一にただ外的とはいえ実践的な関係に及ぶものであるが、その関係とは或る人格の他の人格に対する関係であって、しかも双方の人格の行為が事実（*Facta*）としてたがいに（直接的または間接的に）影響を与えうるかぎりでの関係にほかならない。しかし第二に法の概念が意味するところは、他者の願望（したがってまた他者のたんなる欲求）に対する選択意思の関係というわけではない。たとえば親切な行為や冷淡な行為が意味するのはそうした関係であろうが、法の概念であればむしろ端的に他者の選択意思への関係を意味するのである。第三に選択意思のあいだのそのような相互的関係にあっても、問題となるのは選択意思の実質ではない。すなわち目的、つまり各人がみずからの意欲する客体によって〔手に入れようと〕意図するものはまったく視野に登場することがない。問われるところはたとえば、或るひとが商品をじぶん自身の商売のために私から購買するとして、「その商品によって当人が利得も獲得しようとしているか否か」ではない。問われるのはたんに双方の選択意思の関係にあってその形式なのであり、それも両者の選択意思がひとえに自由と見なされるかぎりにおいてのことである。かくてさらに問われるところは、「当該の行為によって双方のうちの一方の行為が他方の自由と、一箇の普遍的な法則に従って統合されることができるかどうか」なのである。

法とはかくして諸条件の総体であり、法の示す諸条件のもとで或る者の選択意思は、他者の選択意思と自由の普遍的法則に従ってともに統合されうることになる。

C　法の普遍的原理

《どのような行為であれ、それが正しいといわれるのは、その行為あるいはその行為の準則によって、各人の選択意思の自由が万人の自由と普遍的法則に従って両立しうる場合である》。

したがって私の行為あるいは一般に私の状態が、万人の自由と普遍的法則に従って両立しうる場合には、それを妨害する者が私に対して不法をおこなうことになる。なぜならそうした妨害(この抵抗)は、普遍的法則に従う自由と両立しえないからである。

ここからまた以下の件が帰結する。すなわち、いっさいの準則のこういった原理そのものが、そのままふたたび私の準則となるべきことは要求されることができない。言いかえれば、私が当該の原理をじぶん自身に対してみずからの行為の準則とすることは要求されない、ということである。なぜなら他のすべてのひとびとについていえば、その自由に対して私がまったく無関心であろうと、あるいは私が内心においてその自由を侵害したいものと思っていようと、私がただじぶんの外的行為によってその自由を侵害しないかぎりでは、その者たちは自由でありうるからである。「正しい行為を私の準則にせよ」というのは、倫理学こそが私に要求するところなのである。

したがって法の普遍的な法則すなわち「外的行為にさいしては、あなたの選択意思の自由な行使が万人の自由と普遍的法則に従って両立しうるように、そのように行為せよ」[8]はたしかに一箇の法則であって、そのかぎり私にひとつの責務(拘束性)を課するものであるとはいえ、その法則はまったくのところ以下の件を期待するものではなく、ましてや要求するものでもない。つまり私が、この拘束性〔責務〕のゆえにじぶんの自由をくだんの諸条件へとみずから制限すべきであるといったことは、いささかも期待も要求もされてはいないのである。むしろ理性がここで語るところはひとえに「私の自由はその理念においてこのような条件に制限されて存在しており、他者たちによってもじっさいに制限されてしかるべきである」ということにすぎない。かつ理性がこれを語るのは一箇の要請としてであって、その要請にはまったくいかなる証明もそれいじょう与えられることができないのだ。——意図されているところが徳を教示することではなく、かえってただ「なにが〔法的に〕正しいのか」を陳述することである場合には、ひとがみずからそうする必要はなく、またそうすべきでもないことがある。それはつまり、右に挙げた法の法則を行為の動機として呈示することなのである。

D 法は強制する権能と結合している

抵抗は、それがなんらかの作用を妨害するものに対置されている場合には、当該の作用を促進するもののひとつであって、くだんの作用と調和している。ところで不法であるいっさいのものは普遍的法則に従う自由に対する妨害であり、他方また強制の側も自由に対して加えられる妨害もしくは抵抗のひとつである。以上から帰結するところは、以下のとおりである。自由のなんらかの行使そのものが普遍的法則に従う自由を妨害するものである〔すなわち不法である〕ならば、強制はこの妨害に対置されるものである以上、自由を妨害するものを阻止することとして、普遍的法則に従う自由と調和する。すなわち〔法的に〕正しい。かくして法には同時に、法を毀損する者を強制する権能が、矛盾律に従って結合しているのである。

E　厳密な〔意味での〕法はまた、普遍的法則に従って万人の自由と調和する、汎通的な相互的強制の可能性としても表象されうる

この命題の意味するところは、およそ以下のとおりである。すなわち法はふたつの成分から、つまり法則に従う拘束性〔責務〕という成分と、みずからの選択意思をつうじて他者を拘束する者に帰属する、他者を当の責務〔拘束性〕へと強制する権能という成分か

ら合成されていると考えられてはならない。むしろ法の概念は、普遍的な相互的強制と万人の自由とが結合する可能性のうちでただちに定立されることができる、ということである。つまりこうである。法が一般に客体として有しているのは行為にあって外的なものにかぎられているように、厳密な〔意味での〕法、すなわち倫理的なものをまったく混在させていない法は、選択意思を規定する根拠としてひたすら外的なもの以外のいかなる根拠も要求しないものなのである。なぜならその場合こそ法は純粋であって、どのような徳の指図も混入していないことになるからだ。厳密な（狭義の）法のみが、したがって完全に外的な法と呼ばれることができる。ところでこの法が基礎を置くのも、各人が法則に従って拘束されている〔責務を有する〕という意識であることはたしかである。とはいえ選択意思を責務〔拘束性〕へと規定するにさいして、法が純粋なものであるとされるかぎりは、この〔責務の〕意識を動機として召喚してはならないし、またそうすることもできない。選択意思の規定は、それゆえ〔厳密な法にあっては〕外的強制の可能性という原理にもとづくのであって、この外的な強制は万人の自由と、普遍的法則に従い両立しうるものなのである。――したがって、「債権者は債務者に対して、その債務の支払を請求する権利を有する」と言われる場合、その意味するところは、債権者が債務者を説いて、「債務者の理性そのものが、債務者を債務履行へと拘束している」と心底から納得させることができる、ということではない。債務を履行するべく万人を強要する強制が、万人の自由と、したがってまた債務者の自由とも、普遍的な外的法則に従ってじゅうぶん両立しうる、ということである。[9] 法〔権利〕と強制する権能は、かくてひとつのおなじことを意味している。

ここで法則は、相互的な強制が普遍的自由という原理のもとで万人の自由と必然的に調和する〔べきである〕というものであるが、その法則はいってみれば法概念の構成、すなわちア・プリオリな純粋直観における法概念の呈示とでも言われるべきものである。[10] その構成もしくは呈示は物体の自由な運動の可能性との類比によるものであって、それも後者は作用と反作用の同等性という法則のもとに置かれているからである。ところで純粋数学にあってその客体の性質は概念から直接に導出されうるものではなく、ひとえに概念の構成をつうじて発見されることができる。それとおなじように法の概念〔そのもの〕ではなく、むしろ普遍的な法則のもとにもたらされ、その法則と調和する、汎通的に相互的かつ同等な強制によって、くだんの〔法〕概念の呈示が可能となるのである。ともあれしかし、こうした〔作用・反作用の法則に従う運動という〕力学的概念の根底にはさらになお、純粋数学〔たとえば幾何学〕におけるたんに形式的な概念が存している。そこで理性が配慮することになるのは、悟性に対してまたア・プリオリな直観をも法概念の構成のために可能なかぎり供与することである。――「直」[11]（*rectum*）は直線としては一方で曲線に対立し、他方では斜線に対置されている。前者はひとつの線〔分〕の内的な性状であり、具体的にいえば、与えられた二点間にはただ一本の〔直〕線のみが存在しうるというものである。後者は他方たがいに交わり、あるいは接する二本の線〔分〕の配置にかかわるものであって、これも具体的には、ただ一本の〔直〕線（垂直線）のみが存在して、一方にも他方にも傾斜することなく、しかも両側の空間を二等分することができるというものだ。この類比にそくしていえば、法論もまた「各人のもの」をそれぞれの者に（数学的な厳密さをもって）規定しようと欲するものであって、この件は徳論については望むべくもない。後者にあっては例外を許すいくらかの余地（*latitudo*）を拒むことができないからである。――ところで倫理学の領圏へと立ちいるまでもなく、ふたつの事例[12]があって、これらも法的決定を要求するものでありながら、しかしそれらについてはいかなる者も決定を下しえないことが分かる。だからそのふたつの事例はいわばエピクロスの[13]「中間世界」（*intermundia*）に属しているわけである。[14]――これらの事例を私たちとしてはまずは、以下で取りかかろうとしている本来の法論から除外して、それらの事例に含まれる動揺しやすい原理が本来の法論の確乎とした原則に対して影響を及ぼさないようにしておく必要がある。

法論への序論に対する付論

二義的な法（*Ius aequivocum*）について

狭義の法（*ius strictum*）にはすべて、強制する権能が結合している。けれどもそのほかにも広義の法〔権利〕（*ius latum*）といったものも考えられるのであって、そこでは強制する権能がいかなる法則をつうじても規定されることができない。――そうした法には、それが真正のものであっても想定上のものであったとしても、ともあれふたつのものがある。すなわち、衡平と緊急権にほかならない。このうち第一のものは強制を欠いた法、第二のものは法を欠いた強制というかたちを取っている。そこで容易に気づかれるとおり、このような曖昧さは元来、権利〔法〕に対して疑義が呈されながらも、その決定のためにいかなる裁判官も立てることができないような事例が存在するという事情にもとづくものなのである。

I 衡平(1) (*Aequitas*)

衡平とは(客観的に考察されるならば)だんじて、たんに他者の倫理的義務(その好意や親切)のみに対する要求の根拠となるものではなく、この〔衡平という〕根拠にもとづいてなにごとかを請求する者は、みずからの権利〔法〕に依拠している。ただしこの場合その者には、裁判官にとっては必要となる条件、つまりその条件に従って裁判官が「どの程度もしくはどのような仕方で、請求者の要求を満足させることができるか」を規定しうる条件が欠けていることになる。商事組合(2)が、利益を平等に分配することに同意して設立されている場合、その組合内で他の組合員に比してより多く貢献しながらも、まったくの災厄からより多くの損失を受けた者が存在したときには、その者は衡平〔の原則〕に従って組合から多くを請求することができ、その請求分は他の組合員とたんに平等に受けとるものを超えることができる。しかしながら、本来の(厳密な〔意味における〕)法に従えば、その者の事案にさいしてなんらかの裁判官を想定するにしても、裁判官にも、手もとで確定された明細(*data*)によって「契約によれば、どれだけのものが当人に帰属すべきか」を計算することができないかぎり、同人の請求は却下されることになるだろう。〔これとおなじように〕とある奉公人がその年の終わりまでの給料を、その期間内で価値が下落した貨幣によって支払われたとする。そのけっか同人が契約締結時にはその額で購入できたはずのものを入手しえないとしても、奉公人としては、金額は同等であるとはいえ貨幣価値は同等ではないことを理由としてみずからの権利を主張し、そのゆえに損害賠償を請求することはできない。ただ衡平を理由として引きあいに出すことができるだけである(そのばあい衡平とは、沈黙しているがゆえに耳を傾けられない女神なのである)[3]。そういった件〔貨幣価値の変動〕についてはなにごとも契約では規定されていなかった以上、裁判官としても不確定な条件に従って判決を下すわけにはいかないのだ。

　ここからまた帰結することがある。それは、衡平裁判所といったものは〔他者たちのあいだで各自の権利にかんして係争が起こっている場合には〕一箇の矛盾を自身のうちに含んでいるということだ。ただし、裁判官自身の権利が問題となっており、裁判官が一存で処理しうる案件をめぐってはべつである。その場合なら裁判官は衡平〔の要求するところ〕に耳を傾けることが許容されるし、またそうすべきである。たとえば〔裁判官となる〕国王が他の者たちから、各自が職務に当たるにさいして蒙った損害を訴えられ、その損害を補償してくれるように請願されたときに、自身で損害賠償を被るような場合がそうである。そのときでもたしかに国王は厳密な〔意味での〕法に従えば、この請求を退けるのに、「その者たちはみずからの危険負担のもとにその職務を引きうけた」という事情を盾に取ることができたとしても、この件はおなじである〔つまり衡平が問題となりうる〕[4]。

さて、衡平の格言(*dictum*)が以下のものであることはたしかである。すなわち《もっとも厳格な法が最大の不法である》(*summum ius summa iniuria*)[5]。とはいえ、この災厄〔不法〕を〔実定〕法的な手段で取りのぞくことはできず、それはくだんの災厄の訴えが法的要求にかかわるものであったとしても変わることがない。なぜなら右のような要求は、良心の法廷(*forum poli*)〔天の法廷〕にのみ属することがらであるのに対して、「合法であるかどうか」という問いのいっさいは、市民の法廷(*forum soli*)〔地の法廷〕[6]に訴えられなければならないからである。

II　緊急権(*Ius necessitatis*)

この緊急権は権利と思われているが、それを一箇の権能と考えるなら、私自身が生命を喪失する危険に瀕している場合には、じぶんになんの危害も加えていない他者の生命を奪うことができる権能といったものとなる。目にも明らかなとおり、そこにはなんらか法論の自己矛盾が含まれざるをえない。——というのもここで問題となっているのは、私の生命を不当に侵害する者に対して、その者の生命を奪うことで先回りして侵害を防止すること(*ius inculpatae tutelae*)〔正当防衛〕ではないからである。その場合なら節度を守ること(*moderamen*)〔が問題となるが、それ〕はけっして法には属せず、倫理にのみ帰属している。くだんの場合に問題となっているのはむしろ「私になんの暴力も行使しなかった者に対する暴行が許容されるかどうか」なのである。

明らかにこの主張は客観的に、つまり法律が規定するところに従って理解されるべきではなく、たんに主観的に、すなわち「法廷においてどのように判決が下されることになるか」という点から理解されなければならない。要するに、つぎのような場合にひとを罰して、死刑を命じるような刑法はおよそ存在しえないということである。すなわち船が難破して、他者とともにひとしく生命の危険に瀕している者が、当の他者がしがみついていた板切れからその者を押しのけて、じぶんが助かろうとした、といった場合である〔カルネアデスの舟板〕(7)。なぜなら、法律が刑罰によって威嚇を加えようにも、その刑罰はそれでも当人の生命の喪失という刑罰より大きなものとなりえないからだ。ところでこうした刑法律は(8)、所期の効果をまったく果たすことができない。なぜなら、いまだ確実ではない災厄(裁判官の判決による死)による威嚇は、現に確実である災厄(すなわち溺死)に対する恐怖を凌駕しえないからである。したがって、暴力をふるって自己保存をはかる所為は〔刑法上〕無罪(*inculpabile*)とされるのではなく、たんに可罰的でない(*impunibile*)と判定されなければならない。ところがこうした主観的な不可罰性が、驚くべきことに法律学者たちによって取りちがえられて、客観的な不可罰性(合法性)と見なされているのである(9)。

緊急権の格言は以下のとおりである。《緊急のさいには法律なし》(*necessitas non habet legem*)。だがそれにもかかわらず、不法なものを合法とするようないかなる緊急事態も存在しえない。

見られるとおり、双方の法的判断(つまり衡平法ならびに緊急権に従う判断)のうちに生じている曖昧さ(*aequivocatio*)は、いずれも法を執行する客観的根拠と主観的根拠とを取りちがえるところ(理性のまえであれ法廷においてであれ)に起因するものであって、かくてそこでは、或る者がじぶん自身では充分な根拠をもって権利〔法〕と認識するものが裁判所では確認されず、その者自身がそれ自体として不法と評価せざるをえないことが裁判所によって斟酌《しんしゃく》されることがある。その理由は、法〔権利〕の概念が、このふたつの事例では同一の意義で考えられていない点にある。

法論の区分

A　法義務の一般的区分

法義務については、ウルピアヌス(1)に拠ることでこれを十分に区分することができるけれども、その場合かれが与えた諸定式に或る意味を宛がっておく必要がある。その意味をウルピアヌス自身は、定式化にさいしておそらく明瞭には考えていなかっただろうが、しかしその定式からたしかに展開されうるものであり、あるいはその定式のうちに読みこむことが許されるものなのである。ここにいう定式とは、以下のとおりのものとなる。

一　正しい人間であれ（*honeste vive*）〔誠実に生きよ〕。法的な誠実さ（*honestas iurridica*）は、他者との関係においてみずからの価値を一箇の人間の価値として主張するところになりたつものであり、その義務は以下の命題によって表現される。すなわち《他者たちに対してあなたをたんなる手段とすることなく、彼らに対して同時に目的であれ》(2)。この義務は、以下で(3)、私たち自身の人格における人間性の権利にもとづく責務として説明されることになるだろう（*Lex iusti*）〔（内的）正しさの法則〕。

二　なんぴとにも不法をなすなかれ（*neminem laede*）〔なんぴとをも害するなかれ〕(4)、たとえあなたがそのために他者たちとのいっさいの結合から離脱し、社交のすべてを避けざるをえなくなろうとも（*Lex iuridica*）〔（外的）正しさの法則〕(5)。

三　（もしあなたが他者たちとの結合を避けえないのであれば）他者とともにひとつの社会へと参入し、そこではそれぞれの者に「各人のもの」が確保されうるようにせよ(6)（*suum cuique tribue*）〔おのおのにそれぞれのものを帰属せしめよ〕。――後者の定式は、かりに《それぞれの者に各人のものを与えよ》と翻訳されると、一箇の悖《はい》理《り》を語っているものとなってしまう。なぜならだれに対してであれ、その者がすでに持っているものを与えることはできないからである。したがってこの定式がなんらかの意味を有するべきであるとすれば、それはつぎのようなものとならざるをえないだろう。《参入する状態が、そこではだれもが「各人のもの」をいかなる他者に対しても確保されうるようにせよ》(*Lex iustitiae*)〔正義の法則〕。

こうして以上の三つの古典的定式が同時にまた、法義務の体系を区分する原理なのであり、この原理によって法義務は内的義務、外的義務、ならびに内的義務の原理から外的義務を包摂によって導出することを含む義務[7]に分かたれる。

B　法の一般的区分

一　法は、体系的な教説としては、純然たるア・プリオリな原理にもとづく自然法と、立法者の意志から生じる実定法(制定法)とに区分される。

二　他者を義務づける(道徳的)能力、すなわち他者たちに対する合法的根拠(*tit-*

ulus)〔権原〕としての権利〔法〕にかんしては、この権利の最上区分は生得的権利と取得された権利とに分かれる。このうち前者の権利は、いっさいの法的行為《アクト》から独立に、万人に対して自然に帰属している権利である。これに対して第二の権利は、それがなりたつために法的作用《アクト》が必要となるものである。

生得的な「私のもの」「君のもの」[8]はまた、内的な「私のもの」「君のもの」(*meum vel tuum internum*)とも名づけられうる。なぜなら「外的な私のもの」「君のもの」なら、つねに取得されなければならないからである。

生得の権利はただひとつ存在するだけである

自由(他者の強制する選択意思から独立であること)こそ、それがあらゆる他者の自由と普遍的法則に従って両立しうるかぎりで、このただひとつ根源的で、あらゆる人間に対してその人間性のゆえに所属する権利にほかならない。——〔そのほかに挙げられるのは〕生得的な平等すなわち独立性であるが、こちらはじぶんのほうでも他者たちを相互的な仕方で拘束しうる以上には、他者たちによって拘束されないという〔意味で〕独立であること〔である〕。これはしたがって、「じぶん自身の主人（*sui iuris*）〔みずからの権利〕である」という人間の資格である。同様に人間の資格であるものとして、「批難されない人間（*iusti*）〔正しいひとびと〕である」ことが挙げられるが、これは人間が、いっさいの法的行為〔の実行〕以前にはいかなる不法も犯していないかぎりでのことである。(9) 最後にまた権能として、他者たちに対し、彼らがそれを受けいれようとさえしないとしても、それ自体としては「彼らのもの」を侵害しないことがらを為しうることが挙げられる。これはたとえば、他者たちにただじぶんの考えを伝えたり、彼らになにかを物語ったり約束したりする権能であって、その場合それらが真実であり誠実であるのか、あるいは虚偽であり不実であるのか（*veriloquium aut falsiloquium*）〔真実の言か虚偽の言か〕は問われるところではない。なぜなら、それを信じようとするか否かは、ひとえに他者たち次第だからである。(＊)――〔とはいえ〕以上で挙げてきた権能はすべて、生得的自由の原理のうちにすでに含まれている。また実際にもこの原理から（上位の権利概念のもとで区分された項として）区別されることはないのである。

（＊）たとえ軽い気もちからにしても、故意に虚偽を口にすることは、普通ならばたしかに虚言（mendacium）と呼ばれている。なぜなら、そうした虚偽であってもすくなくとも害を与えることがありうるのであって、たとえばそれをなんの疑念も抱かずにひとに伝える者は、軽信者として他人の物笑いのタネとなるからである。しかし法的な意味では、虚偽〔を口にすること〕が虚言と名ざされるのは、ひとえにその虚偽が他者の権利を直接に侵害する場合にかぎられるべきである。たとえば、だれかとすでに契約を締結しているかのように虚偽の申告をして、そのひとのものを奪おうとするようなときがそうである(falsiloquium dolosum)〔詐欺の虚言〕。このふたつの概念はきわめて似かよっているけれども、両者を区別することには理由がないわけではない。というのも、本人の考えをたんに表明する場合なら、相手がそれをどう受けとろうとまったく相手の自由であるけれども、〔そこから結果するかぎり〕それなりの根拠はあるにしても、「あいつの言うことは信用できない」とする悪評は「あいつは嘘つきだ」と名ざしする批難と紙一重となるので、どうしても境界線を引いて、この場合に法論(Ius)に属するものを、倫理学にほんらい所属するものから、右で述べたような仕方で区別せざるをえないのである。

従来このような区分が自然法の体系へと(それが生得的権利にかかわるかぎりで)導入されてきたが、その意図するところは、結局は以下の件に帰着する。すなわちこうした区分を設けておくことで、取得された権利をめぐって争いが生じ、「挙証責任(*onus probandi*)はだれにあるのか」が、疑義の呈された所為について、もしくはこれが確認された場合には、疑問とされた権利にかんして問題となったさいに、この挙証の責務を拒否する者は、じぶんの生得的な自由権（この権利について、そのばあい当人が置かれたさまざまな関係に応じて細目が分かれてくるのである）を組織的に、かつあたかもさまざまな権原に拠るものであるかのように引きあいに出すことができるのである。

ところで生得的な、したがってまた内的な「私のもの」「君のもの」にかんしてはさまざまな権利があるのではなく、ただひとつの権利が存在するだけである。それゆえこの上位区分[10]は、内容からしてきわめて不均等なふたつの分肢からなることになるから、それは序論的な叙述に繰りこまれて、法論〔の本文〕における区分はただ「外的な私のもの」「君のもの」にのみかかわるものでありうるのである。

人倫の形而上学一般の区分

I

あらゆる義務は法義務（*officia iuris*）すなわち外的立法が可能な義務であるか、あるいは徳義務(*officia virtutis s. ethica*)〔徳の義務もしくは倫理的義務〕、つまりそうした立法が可能ではない義務であるか、のいずれかである。——ところで後者がいかなる外的立法にも服属しえないものであるのは、徳義務がなんらかの目的にかかわり、しかもその目的(もしくはそうした目的を持つこと)がそのばあい同時に義務でもあるからである。みずから或る目的を定立することは、いかなる外的立法によっても引きおこされうるものではない(目的の定立はこころの内的な作用だからである)。この件は、外的な行為の場合なら、それが目的に向けられたものであって、しかもそのさい主体がその行為をみずから目的としていなくとも命令されうる、という事情には左右されない。

とはいえなぜ、人倫論(道徳)は通常(とりわけキケロにあって)義務論と命名され、権利論とは名ざされないのだろうか？ しかも一方は他方と関連しているにもかかわらず、ということである。[1] ——理由は以下のとおりである。私たちがじぶん自身の自由(その自由から道徳法則のすべても、かくてまたいっさいの権利も義務も発出するのである)を知るのは、ひとえに道徳的命法をつうじてのみであって、その命法は義務を命じる命題であり、その命題にもとづいてのちに、他者たちを義務づける能力、すなわち権利の概念が展開されうる、ということなのである。[2]

Ⅱ

義務論にあって人間は、まったく超感性的なものである自由の能力というその性質に従い、かくてまたひたすらその人間性に従って、つまり自然的な諸規定から独立な人格性（*homo noumenon*）〔ヌーメノン（本体）的人間〕として表象されることができ、また表象されなければならない。これは一箇同一の、しかし自然的規定が付着した主体、すなわち〔経験的に見られた〕人間（*homo phaenomenon*）〔フェノメノン（現象）的人間〕との区別においてのことである[3]。それゆえ権利と目的もまた、こうした二重の性質〔人間性と人間〕の両面で義務へと関係づけられるのであるから、そこから以下のような区分が与えられる。

法則と義務との客観的関係に従った区分

	完全義務	不完全義務
自己自身に対する義務	1 私たち自身の人格の内なる人間性の権利	3 私たちの人格の内なる人間性の目的
他者に対する義務	2 人間の権利	4 人間の目的

（法の）義務（徳の）

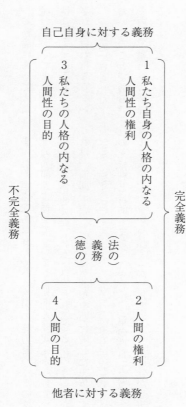

Ⅲ

複数の主体は、そのあいだに権利と義務にかかわる一箇の関係が（それが現に生じているにせよ、いないにせよ）考えられるかぎり、さまざまな関連のうちに立つことがありうる。それゆえまたこの観点からも、ひとつの区分を試みることができるだろう。

義務づける者と義務づけられる者との主体的関係に従った区分

1　権利も義務も有さない存在者に対する人間の法的関係。

実在しない。

なぜなら、そうした存在者は理性を欠いた存在者であり、私たちを拘束することができず、それに私たちが

2　権利も義務もともに有する存在者に対する人間の法的関係。

実在する。

なぜなら、そうした関係は人間と人間との関係だからである。

拘束されることもありえないからである。

3　ただ義務のみを有し、権利を有さない存在者に対する人間の法的関係。

　実在しない。

なぜなら、そうした存在者は人格性を欠いた人間(農奴や奴隷)だろうからである。

4　ただ権利のみを有し、義務を有さない存在者(神)に対する人間の法的関係。

　実在しない。

すなわち、たんなる哲学においては〔実在しない〕。なぜなら、そうした存在者は可能な経験の対象ではないからである。

かくしてただ第2項にあってのみ、権利と義務とのあいだに一箇の実在的関係が成立する。なにゆえにそうした関係が第4項においても見いだされないのか、その理由は以下のとおりである。なぜならば、そのばあい義務は一箇の超越的義務ということになるだろうからであり、その義務にはすなわち、なんら外的に義務づける主体も対応して与えられることがありえず、かくてまた〔そこで成立する〕関係も理論的な観点からすればいいこの場合たんに観念的なものにすぎないからである。すなわち、一箇の思考物に対する関係であるということだ。もっともこの思考物は私たち自身が形成するものであるとはいっても、しかもそれでもまったく空虚な概念によって(4)というわけではなく、私たち自身と内的人倫性〔倫理性〕の準則との関連において、したがってまた実践的に内的な観点にあって実りゆたかな概念をつうじて形成するものである。そもそも私たちの内在的（実行可能）な義務のすべても、一箇の思考物に対するものとはいえ、この関係のうちでのみ存立しているのである。(5)

義務一般の体系としての道徳の区分について

- 原理論
  - 法義務
    - 私法
    - 公法
  - 徳義務
    - その他
- 方法論
  - 教授法
  - 修行法

すなわち、学的な人倫論の素材ばかりではなく、その人倫論の建築術的形式(6)をも含むすべてのもの。ただしその場合これらについては、形而上学的な原理によって普遍的原理が完全に枚挙されていることを条件とする。

＊　＊　＊

自然法の最上位の区分は(往々にしてそのように区分されているとはいえ)自然的な法と社会的な法とへの区分ではありえない。それはむしろ自然的な法と市民的な法とへの区分でなければならず、そのうち第一のものが私法、第二のものが公法と呼ばれる。なぜなら自然状態に対立するものは社会状態ではなく、市民状態だからである。その理由は、自然状態にあっても社会がおそらくは存在しうるけれども、それにしても市民社会(すなわち公的な諸法則によって「私のもの」「君のもの」を保証する社会)だけは存在しえない、という点にある。それゆえにまた自然状態における法が、私法と呼ばれるのである(7)。

法論・第一部

私法

普遍的法論・第一部

「外的な私のもの」「君のもの」一般についての私法

第一篇　外的な或るものを「各人のもの」として有する仕方について

第一節

「法的に私のもの」(*meum iuris*)とは、つぎのような仕方で私と結合しているものである。すなわち、或る他者が私の同意なくそれを使用するようなことがあれば、そうした使用が私を侵害することになりうる、ということである。使用を一般に可能とする主体的な条件は、占有である。(1)

ところで、外的な或るものが「私のもの」となりうるのはただ、以下のように想定することが私に許される場合にかぎられる。すなわち、他者がなんらかの物件を使用する場合、当の物件を私が占有していなくとも、なおかつ私を侵害することになりうるときである。――したがって、つぎのように考えないとすれば、外的な或るものを「各人のもの」として有することには、自己矛盾が含まれていることになる。つまり、占有という概念は〔ふたつの〕相異なる意義をにないうるものであって、そのひとつは感性的な占有であり、もうひとつは可想的な占有であるということだ。そこで一方のもとでは物理的占有を、他方のもとではしかし純然たる法的占有を、一箇同一の対象について解することができる(2)。

ところで「或る対象が私の外部に存在する」という表現が意味しうるところは、つぎのふたつのうちのいずれかにかぎられる。その対象がたんに私(主体)から区別された対象であるか、あるいはそれがまた空間ないし時間における他の位置(*positus*)に見いだされる対象であるか、のどちらかである(3)。第一の意義で捉える場合にのみ、占有を理性的占有として考えることができる。これに対して第二の意義では、占有は経験的占有と呼ばれなければならないだろう。(4)――可想的占有とは(そうしたものが可能であるとすれば)、所持(*detentio*)を伴わない占有なのである。

第二節　実践理性の法的要請

私の選択意思のどのような外的対象であれ、それを「私のもの」として有することが可能である。言いかえるなら、こうである。なんらかの準則についてそれが法則とされた場合、その準則に従えば、選択意思の或る対象がそれ自体として（客観的に）無主物（*res nullius*）とならざるをえないような準則は、法に反している。[1]

というのも私の選択意思の対象とは、それを使用することが物理的にじぶんの力の範囲内にある、或るもののことだからである。にもかかわらず、いまかりにその対象を使用することが法的にはまったく私の力の範囲内にないとすれば、すなわち万人の自由と一箇の普遍的法則に従って両立しえない（不法である）とするなら、自由はみずから、じぶんの対象にかんして自身の選択意思による使用（の可能性）を剝奪することになるだろう。それはつまり、使用しうる対象を自由があらゆる使用の可能性の外に置くことになるからであり、すなわちその対象を実践的な観点からすれば廃滅して、無主物（*res nullius*）としてしまうからである。この件は、選択意思が形式的には（*formaliter*）、物件の使用において万人の外的自由と普遍的法則に従って調和するものとなっているにしてもおなじである。——ところで純粋な実践理性が根底に置いているのは、選択意思を使用するさいの形式的法則以外のなにものでもなく、純粋実践理性はしたがって選択意思の実質、すなわち客体に属するいっさいの性状を、それが選択意思の対象であるということを除いて捨象している。(2) それゆえ実践理性はそのような対象にかんして、その使用を絶対に禁止する命令をけっして含むことができない。なぜなら実践理性がそうした禁止を含んでしまえば、外的自由が自己自身と矛盾するにいたるだろうからである。――ところで私の選択意思の対象とは、それを任意に使用することが私の物理的〔身体的〕能力に属しているものであり、つまりその使用が私の力(*potentia*)の範囲内にあるものである。もっともこの件とは区別されなければならないことがらがあり、それは当の対象を私の支配力のもとに(*in potestatem meam redactum*)置くことである。(3) 後者が前提としているのはたんに一箇の能力ばかりではなく、選択意思の或る作用でもあるからだ。しかし或るものをたんに私の選択意思の対象と考えるためであれば、その対象がじぶんの力の範囲内にあることを私が意識していれば充分なのである。――それゆえ実践理性にとってア・プリオリな前提となるのは、私の選択意思のいかなる対象であれ、それが客観的に「私のもの」や「君のもの」でありうるものと見なし、かつそう取りあつかうことである。

こうした要請を実践理性の許容法則(*lex permissiva*)と名づけることができるが、それが私たちに付与する権能は、権利一般のたんなる概念からは引きだすことのできなかったものである。その権能はあらゆる他者に対して一定の責務を課するものであり、その責務を他者たちはそれ以前には有していない。すなわち、私たちの選択意思の特定の対象にかんしてその使用を差しひかえるということであり、その場合しかも私たちが最初にその対象を占有したことが理由となるのである。理性は、この要請が原則として妥当することを欲する。しかもそれを、このア・プリオリな要請によってみずからを拡張する、実践理性の資格において欲しているのである。

第三節

なんらかの物件を「各人のもの」〔じぶんのもの〕として有していると主張しようとする者は、その対象を占有していなければならない。もしも占有していなければ、他者がじぶんの同意なくその物件を使用したとしても、その使用によって当人が侵害されることはありえないだろうからである。さらにその理由は、当該の対象に作用を及ぼすものが、その者の外部にあって、当人となんら法的に結合していない或るものであったとすれば、その或るもの(1)は当人自身〔主体〕に作用を及ぼすことも、その者に不法を為すこともありえないであろう点にある。

第四節　「外的な私のもの」「君のもの」という概念の究明(1)

私の選択意思にとって外的対象でありうるものは、以下の三つだけである。1私の外部にあるなんらかの(有体的な)物件。(2) 2或る特定の所為(*praestatio*)〔給付〕に向けられた他者の選択意思。3私との関係における或る他者の状態。以上のそれぞれに対応しているカテゴリーは、実体、原因性、ならびに自由の法則に従って私と外的諸対象とのあいだになりたつ相互作用である。

a　私が空間中の或る対象(有体的物件)を「私のもの」と呼ぶことができるのは、以下の場合にかぎられる。すなわち、たとえ私がその対象を物理的に占有していなくても、ある別種の現実的な(したがって物理的ではない)占有を、当該対象について主張することが許されるときである。——たとえば私がひとつのリンゴを私のものと呼ぶことがあるとすれば、それはリンゴをじぶんの手のなかに持っている(物理的に占有している)からではなく、ひとえに私がこう言うことができる場合だけである。つまり、たとえリンゴを手放して、どこに置いてしまおうと「私はそれを占有している」と語りうるときである。同様に私はじぶんが身を置いた土地について、「その土地はそのことで私のものとなった」と言うことはできないだろう。そう語ることができるとすれば、それはただつぎの場合にかぎられる。すなわち、たとえじぶんがその場所から立ちさったとしても「私はなおその土地を占有している」と主張することが許されるときなのである。なぜならだれかが第一の(経験的な占有の)場面で、私の手からリンゴを奪いとり、あるいは私をその居場所から追いたてようとしたとして、その者が私を「内的な私のもの」(つまり自由)にかんして侵害することはたしかにまちがいがないが、しかし「外的な私のもの」については侵害したことにはならないだろうからである。そのためには私は、それを所持することがなくてもじぶんはその対象を占有していると主張することができなければならない。そうでないなら私は、この対象(リンゴであれ居場所であれ)を私のものと呼ぶこともできないはずであろう。

b 私が他者の選択意思による或るものの給付を「私のもの」と呼ぶことができるためには、私がただたんに「当の給付は、その者が約束したのと同時に(*pactum re initum*)〔要物契約によって〕(3)私の占有に帰した」と語りうるだけでは不十分である。なんといってもむしろ、つぎのように主張することが許されていなければならない。すなわち「私は〔すでに〕他者の選択意思を(その者を規定して給付させるべく)占有しており、その件は、当の給付の時期が将来であるとしても変わりがない」

ということだ。そうなることではじめて、他者の約束は私の全資産(4)(*obligatio activa*)〔積極財産〕に所属し、私はその給付を「私のもの」に算入することができるのである。このことはしかもただ、私が当の約束されたものを(第一の場合のように)すでに占有している場合にかぎられるものではない。私がまだその約束のものを占有していない場合でも、おなじことである。こうして私は、時間的条件に制約された占有(5)、かくてまた経験的な占有とは独立に、なお当の対象を占有しているものと考えることができるのでなければならない。

c　妻や子ども、奉公人や総じて他の人格(6)を「私のもの」と呼ぶことができるのは、私が彼らに対して現にじぶんの世帯(7)に属するものとして命令し、あるいは強制力や私の支配力のもとに置いて占有しているからではない。彼らがそうした強制から免れており、したがって私が彼らを(経験的には)占有していないとしても、つぎのように語りうる場合である。すなわち、私はその者たちをじぶんのたんなる意志によって占有しており、それは彼らがどこにいようと、あるいはいつ何時であれ生きているかぎりでは変わらないことであって、したがってまた私はその者たちを純然と法的に占有している、ということである。かくて彼らが私の財産に属しているのは、ただ私がこのような主張をなしうるとき、またそのときにかぎられる(8)。

第五節　「外的な私のもの」「君のもの」という概念の定義

名目的説明とはすなわち、たんに或る客体を他のあらゆる客体から区別するのに充分な説明で、しかも概念の十全で明確な究明から引きだされるものということになるだろう。そのような説明は、このばあい以下のとおりのものとなる。「外的な私のもの」とは私の外部に存在するもので、私がそれを任意な仕方で使用するのを妨害することは、侵害(万人の自由と一箇の普遍的法則に従って両立しうる、私の自由を毀損すること(1))となるだろうもののことである。――一方この概念の実質的説明、つまり、当の概念の演繹(概念の対象が可能であることの認識)にも充分な説明は、ここでは以下のようなものとなる。「外的な私のもの」とは、私がそれを使用するのを妨げることが侵害となり、しかもそれは、私が当のものを占有していない場合でも(くだんの対象を〔現に〕所持する者でなくとも)変わりがないだろうもののことである(2)。――なんらかの外的対象を私が占有しているときにかぎって、当の対象を私のものと称することができるはずである。なぜならそうでなければ、問題の対象に対して私の意志に反して作用を及ぼす者があったとしても、その者はそのことで同時に私に対して作用を及ぼすことになるとはかぎらず、したがってまた私を侵害することになるとはかぎらないからである。それゆえ第四節で述べたところに従って、一箇の可想的占有（*possessio noumenon*）〔ヌーメノン的占有〕(3)が可能なものと前提されなければならないが、そうでなければおよそ「外的な私のもの」もしくは「君のもの」は存在すらしないことになるだろう。経験的な占有〔所持〕はその場合にはただたんに現象における占有（*possessio phaenomenon*）〔フェノメノン的占有〕となる。それにもかかわらず私の占有する対象〔そのもの〕はここでは、〔『純粋理性批判』の〕超越論的分析論(4)にあってはそうであったように、それ自身は現象ではなく、むしろ物〔件〕自体そのものと見なされている。なぜなら、超越論的分析論で理性にとって問題であったのは、事物の本性の理論的な認識〔の可能性〕であり、またその認識がどこまで到達しうるかであったのに対して(5)、ここでは理性にとって、選択意思を自由の法則に従って実践的に規定することが問題であるからである。つまりこの場合、対象が感官をつうじて認識可能であるのか、あるいはまたたんに純粋悟性を介して認識されうるものであるのかは、問うところではない。そして法とはまさに、そういった純粋な実践的理性概念であって、その概念がかかわるのは自由の法則のもとに置かれた選択意思なのである。

　まさしくそれゆえに、「この対象やあの対象について権利を占有している」と語ることは正しくない。むしろ「その対象を純然と法的に占有している」と語るべきである。

というのも権利とはすでに、なんらかの対象を可想的に占有していることなのであって、〔「権利を占有している」と語ることは〕「占有を占有している」〔と語ることとなり、それ〕は無意味な表現となってしまうからである。

第六節　外的対象の純然たる法的占有（possessio noumenon）〔ヌーメノン的占有〕という概念の演繹

いかにして「外的な私のもの」「君のもの」は可能か、という問いは、いまや以下のような問いに還元される。すなわち、いかにして純然と法的な（可想的な）占有が可能か、という問いであって、この問いはさらに第三の問い、いかにしてア・プリオリな総合的法命題が可能であるか、という問いへと還元される。(1)

いっさいの法命題はア・プリオリな命題である。法命題は理性の法則（*dictamina rationis*）〔理性の命令〕だからである。ア・プリオリな法命題は、それが経験的占有にかんするかぎりでは分析的である。なぜならその命題が語るのは、矛盾律に従って経験的占有から帰結するところ以上のものではないからだ。すなわち、もし私がなんらかの物件の所持者であるなら（したがって当の物件と物理的に結合しているならば）、その物件に対して私の同意に反して作用を及ぼす者（たとえば私の手からリンゴを奪いとる者）は、

「内的な私のもの」[2]（私の自由）に影響を及ぼして、これを侵害し、かくてまたその者の準則において法の公理[3]と真正面から矛盾していることになる。〔法〕命題は、それが経験的に法にかなった占有をめぐるものであるかぎり、したがって、じぶん自身にかんする人格の権利を越えでるものではない。

これに対して、私の外部の物件を占有する可能性にかんする命題が、空間と時間における経験的な占有に所属する条件のいっさいを分離したうえで主張される場合には、その命題は（したがって*possessio noumenon*〔ヌーメノン的占有〕を可能とする前提は）右に挙げた制約条件を超えでるものとなる。しかもこの命題はなんらかの占有を、たとえそれが所持を伴っていないにしても、「外的な私のもの」「君のもの」という概念にとって必然的なものとして確定するものなのだから、問題の命題は総合的なのである。かくていまや理性に対して課題となりうるのは、経験的占有という概念を超えて拡張されてゆく、[4]こうしたア・プリオリな命題がいかにして可能であるか、を示すことである。

このような仕方で、たとえば或る区画された土地を占有することは、私的な選択意思のひとつの作用[5]であり、その作用はしかも専断的なものではない。占有者がもとづいているのは、土地の本来的な共同的占有であり、また共同的占有にア・プリオリに対応[6]する普遍的意志であって、この普遍的意志がその土地の私的占有を許容するのである（なぜならそうでなければ、占有者のない物件はそれ自体として、かつ法則に従って無主物とされてしまうだろうからである）。こうして占有者は最初の占有によって一定の土地を根源的に取得する。そのさい当人はいかなる他者に対しても、くだんの土地を私的に使用することが他者によって妨げられるような場合には、正当に（*iure*）対抗することになる。とはいえ、これが自然的状態においてのことであるかぎり、法によって（*de iure*）対抗するわけではない。自然的状態にあっては、なおいかなる公的な法則も存在していないからである。

　或る土地が自由である、すなわち万人の使用に対して開かれていると見なされ、あるいはそう宣言されている場合でも、その土地はいっさいの法的行為に先だって本性上かつ根源的に自由である、と言うことはできない。なぜならそのこともまた、一箇の物件つまり土地に対する関係のひとつということになってしまうからであって、このばあい土地はだれに対してもその占有を拒んでいることになる。〔土地が根源的にではなく契約によって自由である〕理由はむしろ以下の点にあるはずである。つまり、土地に属するこうした〔万人の使用に開かれた〕自由は「だれであれその土地をじぶんだけで利用してはならない」という禁止であるはずであって、そうした禁止がなりたつためにはその土地の共同的な占有が必要となり、共同的な占有は契約なしには生じえない、ということだ。

なんらかの土地が他方こうした契約によってのみ自由でありうるとすれば、その土地は現実には(共同的に結合した)すべてのひとびとによって占有されていることとならざるをえず、その場合ひとびとはたがいにその土地の使用を禁止あるいは停止しあっているのである。

右に述べたことは、土地ならびにかくてまた土地のうえにある諸物件が根源的に共有されているありかた(*communio fundi originaria*)であって、この根源的共有は客観的(法的・実践的)実在性を具えた一箇の理念であり、原始的共有(*communio primaeva*)からは劃然として区別される[7]。後者はひとつの仮構にすぎないからである。「仮構」という理由はこうである。原始的共有なるものは設立された共同体であるほかはなく、それはなんらかの契約から生まれたものであるはずである。つまり、その契約によって全員が私的占有を断念し、各人がみずからの占有を他すべての者の占有と結合することをつうじて、私的占有を一箇の総体的占有へと転化させたわけであるが、このことを私たちが認めるためには、歴史の証明[8]が与えられなければならないはずである。しかしながら、こうした手続きを根源的な占有取得[9]とみなすこと、かくてその占有取得のうえに、各人の特殊な占有が根拠を有することができ、またそうすべきだとすることは一箇の矛盾となる、ということなのである。

さらに占有(*possessio*)と占拠(*sedes*)は区別され、また将来それを取得することを意図して土地を占有取得することと、居住あるいは移住(*incolatus*)はやはり区別される。後者はなんらかの場所の継続的な私的占有であって、その占有は主体がその場所に現存していることに依存する。居住は二次的な法的行為であり、その行為は占有取得につづいてなされることもあり、あるいはまたまったくなされないこともありうるのであって、ここでは問題ではない。なぜなら居住は根源的占有ではなく、むしろ他者の同意から導出された占有となるだろうからである。

土地をたんに物理的に占有する(所持する)ことだけでも、すでにして物件におけるなんらかの権利〔物権〕であるとはいえ、それのみではもちろんなお土地を「私のもの」と見なすには十分ではない。他者との関連においてこの占有は、(知られているかぎりでの)最初の占有として、外的自由の法則と一致しており、同時にまた根源的な総体的占有のうちに包括されている。この総体的占有がア・プリオリに、私的占有を可能とする根拠を含んでいるのである。かくして、土地の最初の所持者がその土地をみずから使用するのを妨害すれば、それは一箇の侵害となる。最初の占有取得には、したがって、それだけでなんらかの権利根拠[10]〔権原〕(*titulus posses-*

sionis)〔占有の権原〕があり、その権原がつまり根源的に共同的な占有なのである。こうして命題「占有している者は幸いなるかな(*beati possidentes*)! 何ぴともその者の占有を証明する責務を持たないがゆえに」は、自然的法の原則(11)〔根本命題〕のひとつであって、その原則が最初の占有取得を、取得のための一箇の権原〔法的根拠〕として提示するがゆえに、その根拠にだれであれ最初の占有者は依拠することができるのである。

なんらかのア・プリオリな理論的原則にあっては、すなわち、〔『純粋理性批判』(12)に従えば〕与えられた概念をア・プリオリな直観が裏うちしなければならず、したがってなにものかが対象の占有という概念に対して付加されなければならないことになるだろう。しかしながら当面の実践的原則では手続きが逆になるのであって、直観という条件のいっさいは、それが経験的占有を基礎づけるものであるかぎり、除外(それについては度外視)されなければならない。そうすることで占有の概念が経験的な占有を超えて拡張され、かくてこう語ることができるのだ。すなわち選択意思のあらゆる外的対象は、法的な「私のもの」へと算入されることができるが、この件は、その対象を私がじぶんの支配力のもとに有しているならば(またそのかぎりにおいてのみ)、私が当の対象を〔物理的・身体的に〕占有していなくとも変わることがない。

こうした占有の可能性、したがってまた一箇の非経験的な占有という概念の演繹は、実践理性の以下のような法的要請にもとづいている。すなわち、《外的なもの（使用可能なもの）がまただれにとっても「各人のもの」となりうるように他者たちに対して行為することは、法的義務である》というものである。この件と同時にまた結びついているのは、こうした概念の究明であって、その概念によって「外的な各人のもの」はひとえに非物理的な占有を基礎としてなりたつことになる。非物理的占有の可能性はしかしだんじて、それだけで証明され、あるいは洞察されうるものではない（この理由はまさにそれが一箇の理性概念であって、理性概念に対してはどのような直観もそれに対応して与えられることができないという点にある）。[13]非物理的占有の可能性はむしろ、右に挙げた要請から直接的に帰結するところなのである。なぜなら、もしも右の法原則に従って行為することが必然的なことがらであるならば、（純然たる法的占有という）可想的条件もまた可能でなければならないからである。――他方ではだれも怪しまない（当然の）ところであるように、「外的な私のもの」「君のもの」という原理が理論的なものであるならば、その原理があやまって可想的なもののうちに紛れこんだとしても、およそ拡張された認識を提示することはない。というのも自由の概念は、これらの原理がその概念に依拠するものであるとはいえ、その可能性が理論的に演繹されることがまったくありえず、ただ理性の実践的法則(定言命法)にのみもとづいて、理性の一事実[14]として推論されうるものであるにすぎないからである。

第七節　「外的な私のもの」「君のもの」の可能性という原理を経験の諸対象に対して適用すること

純然たる法的占有という概念は経験的な(空間的・時間的条件に依存する)概念ではない。それでもなお当の概念は、実践的な実在性を有する。すなわち、当該概念は経験の対象に対して、その対象の認識がくだんの空間的・時間的条件に依存しているにもかかわらず、適用可能でなければならない。——経験の対象にかかわって、法概念について取られる手続きは、その対象が「外的な私のもの」「君のもの」として取りあつかわれることが可能であるかぎりで、以下のようなものとなる。つまり、法概念は、それがひとえに理性のうちに存する以上、直接に経験の客体と経験的占有の概念に適用されることはできず、さしあたりは占有一般の純粋悟性概念に適用されなければならない。かくして占有の経験的な表象である所持(*detentio*)の代わりに、空間的・時間的条件のいっさいを捨象した「持つこと」の概念が考えられ、ひとえに特定の対象が私の支配力のもとにある(*in potestate mea positum esse*)ことのみが思考されることになる。(2) そのばあい「外的なもの」という表現は私のいるところとはべつの場所に現に存在することとか、あるいは私の意志決定や受諾が申し出を受けたときとは異なる時点でなされたこととかを意味するものではなく、ただ私から区別された対象を意味しているにすぎないからである。さて実践理性はその法が有する法則によって、(3) 以下のことがらを私に対して要求する。すなわち「私のもの」「君のもの」(という概念)を対象に適用するにあたって、それを感性的条件に従って考えるのではなく、むしろ問題が自由の法則に従う選択意思の規定にあるかぎり、そうした条件を度外視して、対象の占有をも思考することである。それもただ、一箇の悟性概念のみが法概念のもとに包摂されうるからである。したがって私が「或る耕作地を占有している」と語る場合、それはくだんの土地が、私の現実に身を置いているところとはまったく異なる場所に存在していたとしても差しつかえがない。なぜなら問題はこの場合、対象に対する可想的関係(4)にかぎられるのであって、それは私が当の対象を私の支配力のもとに有していることのみを条件としているからである(これが空間規定から独立な、占有の悟性概念なのである)。このばあい当該対象は私のものなのであり、その理由は、くだんの対象を任意に使用するべくじぶんの意志を規定しても、私の意志は外的自由の法則と矛盾することがないというところにある。実践理性は、私の選択意思のこうした対象が現象的に(所持において)占有されていることを度外視して、占有を悟性概念に従い思考すること、つまり経験的概念によってではなく、ア・プリオリに占有の諸条件を含みうるような概念に従って思考することを欲している。まさにこのことのうちに、このような占有(*possessio noumenon*)〔ヌーメノン的占有〕にかんする概念が普遍的に妥当する立法として有する妥当性の根拠が存している。なぜならそうした妥当性が、《この外的対象は私のものである》という表現には含まれているからだ。というのも、このような表現がなされることによってすべての他者は一定の責務を課されるからであり、その責務はそのように表現されることがなければ負うことのなかったはずのものであって、それはつまり「当の外的対象を使用するのを差しひかえなければならない」という責務なのである。

こうして、私の外部にある或るものを「私のもの」として有する仕方は、主体の意志と問題となる対象とのあいだの純然たる法的な結合であって、その結合は空間ならびに時間におけるその対象との関係からは独立であり、〔ひとえに〕可想的占有の概念に従ってなりたつものである。――地上のなんらかの場所が「外的な私のもの」であるのは、私がその場所をじぶんの身体によって[5]占めているからではない(なぜなら、その場合に問題となるのはたんに私の外的な自由であり、したがってまたただ私自身の占有であって私の外部にある事物ではなく、かくてまた存在するのは内的な権利にすぎないからである〕。そうではなく、たとえ私がその場所から立ちさって、べつのところへ移っていたとしても、なお当のその場所を占有している場合、この場合にのみ、私の外的な権利が問題となる。だから〔これに対して〕だれかが、この場所を私の一身によって継続的に占拠していることをもって、当該の場所を「私のもの」として有することの条件にしようとすれば、そのひとは以下のいずれかを主張するはこびとならざるをえない。すなわち、外的な或るものを「各人のもの」として有することはまったく不可能であると主張するか(これは第二節の要請に矛盾する)、あるいはこれを可能とするために、私が同時にふたつの場所に存在することを要求するか、のどちらかである。後者の語るところは、しかしそもそも「私が或る場所に存在すべきであり、かつ存在すべきではない」というにひとしく、そのことで自己矛盾を犯すことになるだろう。

おなじことはさらにまた、私が一定の約束を受諾した場合にも適用されることができる。なぜならその場合には、私の所有と占有は、〔その譲渡を〕約束されたものにかんして〔約束の受諾にもかかわらず〕抹消されないことになるからであって、約束する者〔私〕がいったんは「この物件は君のものとなる」と言っておきながら、そののちにしかし同一の物件にかんして「この物件は君のものではないことにしてもらいたい」と言ってもかまわないことになる。なぜならそうした可想的な関係については、事情はあたかも、約束する者が当人の意志を二度にわたって表明するさい、時を置かず〔同時〕に「それは君のものとなる」と言い、また「それは君のものとはならない」と言ったのとひとしく、これはそのばあい自己矛盾となるからである(8)。

おなじ件があわせてまた、主体の財産に帰属するかぎりでの人格の法的占有という概念についても当てはまる〔主体の妻や子ども、奉公人〕(9)。すなわちこの家政的共同体と、その共同体に属する成員全員の状態の相互的な占有は、各人の権能によって場所的にたがいに離れて暮らすことによっても廃棄されることがない(10)。というのも、彼らは一箇の法的関係によってたがいに結合しており、「外的な私のもの」「君のもの」は、この場面でもまえの〔ふたつの〕場合とまったくおなじくひとえに、所持を伴わない純粋な理性的占有が可能であるという前提にもとづいているからである。

法的・実践的理性が、「外的な私のもの」「君のもの」という概念についてみずから(11)を批判〔的に吟味〕する必要に迫られるのは、本来このアンチノミーをつうじてのことであって、そこでは〔ふたつの〕命題がこうした〔所持を伴わない〕占有の可能性にかんして対立している。ここにはすなわち避けがたいひとつの弁証論が存在しており、テーゼとアンチテーゼ(12)の双方がそれぞれの妥当性を、ふたつの相互に対立する条件にかんしてひとしく要求している。そのような弁証論をつうじてのみ理性は、みずからの実践的な(法にかかわる)使用においても、現象としての占有と、純然と悟性によって思考可能な占有とのあいだに区別を設けることを強いられるのである。(13)

テーゼはこうである。外的な或るものを「私のもの」として持つことは、私がそれを占有していなくとも可能である。

アンチテーゼはこうである。外的な或るものを「私のもの」として持つことは、私がそれを占有していないかぎり可能ではない。

解決は以下のとおりである。ふたつの命題はともに真である。第一の命題(14)は、私がこの〔占有という〕語のもとに経験的占有(*possessio phaenomenon*)〔フェノメノン的占有〕を理解し、第二の命題はそのもとで純粋な可想的占有(*possessio noumenon*)〔ヌーメノン的占有〕を理解しているならば、それぞれに真なのである。——とはいえ、可想的占有の可能性、したがってまた「外的な私のもの」「君のもの」が可能であることは〔直観的に〕洞察されることができず、むしろ実践理性の要請にもとづいて推論されなければならないが、その場合なおとりわけ注意されるべきことがある。つまり、実践理性は直観を要することなく、ア・プリオリな直観すらも必要とせずに、自由の法則によって経験的諸条件を除去するのをたんに正当化されており、そのことでみずからを拡張し、かくてア・プリオリな総合的法命題を定立することができる、ということである。この種の命題の証明は（ただちに示されるだろうとおり）〔そうした命題が定立された〕あとから実践的見地において、分析的手法によって遂行されうることだろう。

第八節　外的な或るものを「各人のもの」として有することは、ただ法的状態においてのみ、公的立法権のもとで、すなわち市民状態にあってだけ可能である

もし私が〔言葉によって、あるいは所為をつうじて〕(1)外的な或るものが「私のもの」であるべきことを欲するむねを宣言するならば、そのばあい私が宣言することになるのは、あらゆる他者が私の選択意思の対象〔の使用〕を差しひかえるべく拘束されている、ということである。これは一箇の責務〔拘束性〕であるが、そのような拘束性〔責務〕をだれであれ、私のこの法的行為(2)がおこなわれていないところでは負うことがないはずである。このような要求を宣言する行為のうちに、しかし同時に以下の件を承認することが隠されている。つまり〔じぶんも〕あらゆる他者に対して、「外的な各人のもの」〔の使用〕を同

様に相互的な仕方で差しひかえるよう拘束されている、ということである。拘束性〔責務〕はここで、外的な法的関係に属する普遍的規則に由来するものであるからだ。したがって私が他者の「外的な各人のもの」を侵すことのないように拘束されているとすれば、それはすべての他者も私に対して、「私のもの」については同一の原理に従ってふるまうだろうことを保証する場合にかぎられる。こうした保証はなんら特殊な法的行為を必要とせず、むしろすでに外的な法的義務づけという概念のうちに含まれている。それも、なんらかの普遍的規則に由来する責務〔拘束性〕の普遍性、かくてまたその相互性のゆえに含まれているのである。――ところで一方的な意志が、外的で、したがってまた偶然的な占有にかかわっている場合ならば、その意志が万人に対する強制的法則として働くことはありえない。なぜならそのような場合は、普遍的法則に従う自由が毀損されることになってしまうからである。したがって意志はただ、すべての他者を拘束し、かくてまた集合的かつ普遍的（共同的）で、権力を具えた意志である場合にのみ、万人に対して右に述べた保証を与えることができる。――ところで立法が、普遍的で外的な（すなわち公共的な）もので、しかも権力を伴う場合、そのような立法のもとにある状態とは市民状態にほかならない。こうしてひとえに市民状態のうちでのみ、「外的な私のもの」「君のもの」は存在することができる。

結論は以下のとおりである。なんらかの外的対象を「各人のもの」として有することが法的に可能であるべきだとすれば、主体には以下の件が許容されていなければならない。すなわち主体には、すべての他者を強要して、外的な客体が「私のもの」であるか「君のもの」であるかにかんして他者とのあいだで紛争が起こる場合には、当該主体とともに一箇の市民的体制(4)へと参入させることができるのである。

第九節　自然状態にあっては、たしかに現実的ではあるが暫定的にすぎない「外的な私のもの」「君のもの」が成立しうるだけである

自然法(1)はなんらかの市民的体制という状態にあっても（そのような自然法とはすなわち、市民的体制にかんしてア・プリオリな原理にもとづいて導出されうるものであるから）、後者の体制の制定法によっても毀損されえないものであって、それゆえ以下の法的原理がその効力を喪失することはない。すなわち《なんらかの準則によれば、私の選択意思の対象を「私のもの」として有することが不可能になる場合、そのような準則に従って行為する者は私を侵害することになる》。この法的原理が効力を失わないのは、市民的体制とはただ、各人に「各人のもの」を保証するだけの法的状態にすぎないので

あって、そこでは本来しかし「各人のもの」が構成され規定されることはないからである。――すべて保証というものは、したがって、(保証を受ける)それぞれの者が有する「各人のもの」をすでに前提としている。したがってまた、市民的体制に先だって(あるいは市民的体制を度外視しても)なんらかの「外的な私のもの」「君のもの」が可能であると想定されなければならず、同時にまたつぎのような権利も可能であるものと想定されていなければならない。つまり、私たちがなんらかの仕方で交渉をもちうるすべてのひとを強要して、私たちとともに「私のもの」「君のもの」が保証されうるなんらかの体制のうちに参入させることができる、という権利がそれである。――こういった(市民的)状態を期待し、またそれを準備することでなりたつ占有は、その状態のみが共同の意志の法則にもとづきうるものであり、したがってこの法則の可能性に一致するものであるかぎり、暫定的に法的な占有である。これに対して占有が現実の(市民的)状態において見いだされる場合には、当の占有は確定的な占有であることになるだろう。(2)――この状態に参入するに先だって、主体に参入する心づもりがあるならば、参入するのに不都合を感じ、当人の暫定的な占有を妨害しようとする者に対して、当該主体が抵抗することは正当である。(3)なぜなら、当人自身以外のいかなる他者の意志であれ、なんらか(4)一定の占有を放棄する責務を当該主体に課そうと考えたとしても、そうした意志はたんに一方的なものであるにすぎず、したがってまたいかなる法則的効力（その効力は普遍的意志にのみ見いだされる）もその抗弁には認められないことは、当人の〔占有の〕主張にその効力が認められないのと同様であるからである。ただしこのばあい後者にはそれでも優位があるのであって、それは当人が市民的状態の導入と創設に同意しているということである。――ひとことで言えばこうである。外的な或るものを自然状態において「各人のもの」として有する仕方は一箇の物理的占有であるとはいえ、その占有にはそれだけで法的な推定が含まれている。その推定とは当の占有が、公的立法においては万人の意志と結合されることをとおして、法的占有とされるだろうというものであって、この期待がなりたつことで比較という観点からすれば一箇の法的占有と見なされる、ということなのである。(5)

右に述べた権利の優位は経験的な占有状態に由来し、その状態は「占有している者は幸いなるかな」（*beati possidentes*）という定式に従ってなりたつものである。その優位が存立するのは、占有者が法的に正しい人間であると想定されるがゆえに、じぶんが或るものを適法に占有していることを証明する必要がないという点においてではない（これが問題となるのは、ただ権利の紛争が生じている場合だけだからである）。むしろその理由は、実践理性の要請に従って万人に帰属する能力が、みずからの選択意思の外的対象を「各人のもの」として有するというものであることにある。さらにまたどのような所持も一箇の状態として、その適法性がそれに先行する意志の作用をつうじて、右に挙げた要請にもとづくものであるからだ。かくしてこの状態は、だれか他者がそれ以前の占有を同一の対象にかんして主張して、これに対抗しないかぎり、したがって暫定的に、外的自由の法則に従い私に一定の権限を与えるものとなる。[7] その権限とはすなわち、だれに対してであれ、その者がなんらかの公的な法則的自由という状態のうちに私とともに参入しようとしないかぎり、不当な要求[8]によって当該の対象を使用しようとするのをことごとく斥けることができるという権限であって、かくて理性の要請に従って或る物件は、そうでなければ実践的には廃滅されてしまう[9]かぎりで、じぶんで〔任意に〕使用することができるようになるのである。

第二篇　外的な或るものを取得する仕方について

第十節　外的な取得の普遍的原理

私が或るものを取得するのは、私がそのものを私のものとする(*efficio*)ときである。——外的なものが根源的に私のものであるのは、そのものがなんらかの法的行為がなくとも私のものである場合である。たほう根源的な取得とは[1]、だれか他者にとっての「各人のもの」〔当人のもの〕から導きだされたのではない取得のことである。

いかなる外的なものも、根源的に私のものであることはない。とはいえそれは根源的に、すなわちだれか他者にとっての「当人のもの」〔各人のもの〕から導きだされることなく取得されうる。——「私のもの」「君のもの」の共有という状態(*communio*)はけっして根源的なものと考えられることはできず、むしろ(なんらかの外的な法的行為をつうじて)取得されたものでなければならない。ただしなんらかの外的対象の占有は、根源的にはただ[2]共有的なものでありうるだけである。(蓋然的なしかたで)根源的共有

(*communio mei et tui originaria*)〔「私のもの」「君のもの」の根源的共有〕を考えるとしても、それはなお原始的共有(*communio primaeva*)から区別されなければならない。後者は、人間のあいだの法的諸関係にあって、その原初の時期に設立されたと想定されるものであって、前者のように原理にもとづくものではなく、ただ歴史によって基礎づけられるものにすぎない。しかもそのさい原始的共有はつねに、取得され導出されたもの(*communio derivativa*)〔派生的な共有〕と考えられなければならないだろう。

外的取得の原理は、かくて以下のとおりである。すなわち、私が(外的自由の法則に従って)じぶんの支配力のもとにもたらすもの、またみずからの選択意思の客体としてそれを使用する能力を(実践理性の要請に従い)私が有するもの、最後に私が(統合された一箇の意志が可能であるという理念に適合して)じぶんのものにしようと意志するもの、以上こそが私のものである。

根源的取得の諸契機(*attendenda*)は、かくして以下のものとなる。1だれにも帰属していない対象を把捉すること。そうでないばあい把捉は他者の自由と普遍的法則に従って対立することになるだろう。この把捉は、空間と時間のなかで選択意思の対象を占有取得することである。したがってここで私の開始した占有は、現象における占有(3)(*possessio phaenomenon*)〔フェノメノン的占有〕である。2この対象の占有と、すべての他者をその占有から排斥する私の選択意思の作用とを表示すること(*declaratio*)〔宣言〕。3(理念において)外的に普遍的な立法的意志の作用である、領得すること(*appropriatio*)。[4]この作用によって万人は、私の選択意思と一致するよう拘束される。——取得の最後の契機は、「外的対象が私のものである」という結論がそれにもとづくものであるが、その契機の妥当性、つまり占有が一箇の純然と法的な占有として妥当している(*possessio noumenon*〔ヌーメノン的占有〕である)ことは、以下の件を基礎とするものである。すなわち、これらの作用のすべては法的であり、したがって実践理性に由来するものであって、したがってまた「なにが合法的であるか」という問いにさいしては占有の経験的条件は捨象されうるものなのであるから、[5]「外的対象が私のものである」という結論は、可感的占有から可想的占有へと正当な仕方で移行させせられる、ということである。

選択意思の外的対象を根源的に取得することは先占(*occupatio*)と呼ばれ、これは有体物(さまざまな実体)について以外には生じることがありえない。[6]ところでこうした先占が生じる場合、先占が経験的占有の条件として必要とするのは時間の先行性であって、或る物件を先占しようとするいかなる他者よりも時間的に先んじていることである(*qui prior tempore potior iure*)[7]〔時間的に先なる者が権利において優先的である〕。先占は、それが根源的であるときにはまた、一方的な選択意思の帰結にすぎない。なぜなら先占のために双方的な選択意思が必要であるとすれば、先占はふたりの(あるいはより多くの)人格の契約から導きだされることになり、したがって他者にとっての「各人のもの」から導出されることになってしまうからである。——選択意思のこうした作用が、前者のように一方的なものでありながら、どのようにして「各人のもの」を万人に対して基礎づけることができるのか。この件については、容易に洞察することができない。——ともあれ最初の取得は、最初のものであるからといってただちに根源的取得であるわけではない。なぜなら公共的な法的状態は、万人の意志を一箇の普遍的立法へと統合することで取得されるが、そのような取得にはどのような取得も先行することができないはずであるとはいえ、その取得はそれでも各人の特殊な意志から導きだされ、しかも全面的なものだろうが、いっぽう根源的取得はただ一方的な意志にのみ由来しうるものだからである。

「外的な私のもの」「君のもの」の取得の区分

1　実質（客体）から見るならば私が取得するものは、有体的な物件（実体）であるか、あるいは他者の給付（原因性）であるか、そうでなければこの他の人格そのものであるか、のいずれかである[8]。最後の場合はこの人格の状態ということであって、それは私が、他の人格の状態を随意に処理する権利を獲得しているかぎりでのことである（他人格との相互性[9]）。

2　形式（取得の仕方）から見るならばそれは、物権（*ius reale*）であるか、あるいは債権（*ius personale*）〔対人権〕であるか、そうでなければ物権的債権（*ius realiter personale*）〔物権的対人権〕であるか、のいずれかである[10]。最後のものは、他の人格を物件として（使用するのではないにしても）占有する権利である。

3　取得の権原（*titulus*）とは本来はさまざまな権利を区分するさいの特殊な分肢ではなく、諸権利を行使するさいの仕方にかかわるひとつの契機であるが、この取得の権原から見るならば、一方的な選択意思の作用により、あるいは双方的なそれによって、そうでなければ全面的な選択意思の作用をつうじて、外的な或るものは取得される（*facto, pacto, lege*）〔事実によって、契約によって、法則によって〕。

第一章　物権について

第十一節　物権とはなにか？

或る物件における権利(*ius reale, ius in re*)〔物権〕の通常の説明すなわち《物権とは当の物件のいかなる占有者にも対抗しうる権利である》は、正当な一箇の名目的定義である。[1]——しかしながらその場合いったいなにが私に、なんらかの外的対象にかんしてそのいかなる所持者に対してもみずから譲るところなく、(*per vindicationem*)〔占有物回収の訴えによって〕所持者を強要して、その物件をふたたび私の占有に帰するようにさせることを可能にするのだろうか？　私の選択意思が有するこの外的な法的関係は、或る有体物とのなんらかの直接的な関係なのだろうか？　かりにそうであれば、みずからの権利は直接に人格ではなく、物件に関係していると考える者は、当然のことながら(漠然とした仕方であれ)以下のように想定しなければならないだろう。すなわち、一方の権利には他方の義務が対応しているのだから、なんらかの外的物件は、たとえ最初の占有者の手を離れたとしても、その占有者に対してかかわらず義務を負っているはずである。つまり当該物件は、占有を僭称する他の者すべてを拒絶するはずなのである。なぜなら物件は第一の占有者にすでに拘束され〔責務を負っ〕ているからだ。かくて私の権利はあたかも守護神(*Genius*)であるかのように物件に取りついて、[2] 他者のいっさいの攻撃を防御しながら、他の占有者に対してつねに私への〔返還要求の〕指示をやめないことになるはずである。こうして、物件に対して或る人格が拘束されており、またその逆であると考えることは不合理である。それでもともあれ、法的関係をそういった像をつうじて感性化し、またそうした仕方で表現することは許容されるにしても、これが不合理であることは変わらない。

実質的定義は、それゆえ以下のようなものとならざるをえないだろう。なんらかの物件における権利とは或る物件を私的に使用する権利であって、その物件について私は(根源的に、あるいは設立されたかたちで)あらゆる他者とともに総体的占有のうちにある。[3] なぜならこの総体的占有こそ唯一の条件となって、私が他のすべての占有者を当該物件の私的使用から排除することは、およそそのもとでのみ可能となるからである(*ius contra quemlibet huius rei possessorem*)〔その物件のいかなる占有者にも対抗しうる権利〕。というのも、そのような総体的占有を前提としなければ、いったいどのようにして、該物件を〔現実には〕なお占有していない私が〔すでに〕それを占有し使用している他者によって侵害されることがありうるのか、およそ考えることができなくなるからである。——一方的な選択意思によっては、私はいかなる他者も拘束して、なんらかの物件の使用を差しひかえさせることができない。そのような責務〔拘束性〕を、他者の側はまったく負っていないからである。したがってそうした拘束性〔責務〕はただ、一箇の総体的占有のもとにある万人の選択意思が統合されることによってのみ可能である。そうでないとすれば私としては、物件における権利をこう考えざるをえないだろう。つまりあたかも物件が私に対してなんらかの責務を帯びており、そのことではじめて当該物件のあらゆる占有者に対抗する権利が導きだされるしだいとなる、ということである。これは不合理な考えかたにほかならない。

物権(*ius reale*)という語のもとでちなみにまた、たんに物件における権利(*ius in re*)ばかりではなく、またいっさいの法律の総体が、それが物件としての「私のもの」「君のもの」にかかわるかぎりで解されることがある。(4) ——とはいえ明らかに人間は、かりにただひとりこの地上に存在していたとするならば、元来いかなる外的事物も「じぶんのもの」として有することができず、あるいは取得することもできないはずである。なぜなら、人格としてのその者と物件としての他のあらゆる外的事物とのあいだには、およそいかなる拘束性の関係も存在しないからである。したがって本来また字義どおりに解するならば、物件における(直接的な)権利といったものも存在しない。むしろそう名づけられるのは、或る人格に対抗してなに者かに帰属することがらにかぎられるのであって、当該の人格はその場合あらゆる他者たちとともに（市民的状態のなかで）共同的占有のうちに〔置かれて〕いるのである。

第十二節　物件の最初の取得は土地の取得以外のものではありえない

土地（この語のもとで、いっさいの居住可能な陸地が解される）は、そのうえにあるすべての可動的なものとの関係においては実体と考えられるべきであり、たほう可動的なものの現存はたんなる内属と考えられなければならない。かつ理論的な意味で偶有性は実体の外部では現存しえないが、おなじように実践的な意味では、土地のうえにある可動的なものが或る者にとって「じぶんのもの」でありうるのは、その者があらかじめその土地を法的に占有している（それを「当人のもの」としている）と認められる場合だけである。(1)

なぜなら、かりに土地がなんぴとにも属していないと仮定すれば、その土地のうえにあるあらゆる可動的な物件を私がその場所から放りだし、土地そのものを占拠して、物件をまったく一掃することも可能であることになるだろうし、その場合ある他者の自由は、その者が現在まさに当該の土地の所持者でないかぎり、そのことによって侵害されることもないからである。ところで、破壊されうるいっさいのもの、つまり樹木や家屋等々は(すくなくとも実質にかんしていえば)[2]可動的であって、物件は、それが形態を破壊することなく移動されえない場合に不動産と呼ばれているにしても、(樹木、家屋等々といった)前者にかかわる「私のもの」「君のもの」は実体についてそう理解されているわけではなく、むしろ実体の付属物にかんしてそのように理解されているのであって、この付属物は物件そのものではないのである。[3]

第十三節　いかなる土地も根源的に取得されることができ、その取得を可能とする根拠は土地一般の根源的共有である

前半にかんしていえば、この命題がもとづいているのは実践理性の要請である[1](第二節)。これに対して後半は、以下のような証明にもとづく。

すべての人間は根源的に(すなわち選択意思の法的作用のいっさいに先だって)土地を適法的に占有している。すなわち彼らは一箇の権利をもって、じぶんが自然あるいは偶然によって(みずからの意志によることなく)置かれた場所に現にいることができる。[2]こうした占有(*possessio*)は、選択意思に由来する占席[3](*sedes*)からは区別されるが、それ

は、占席が選択意思によるものであるがゆえに、したがってまた取得されて持続的となる占有だからである。前者の占有は一箇の共同的な占有であって、その理由は、地表は球面であるかぎり、そのあらゆる場所が一体である点にある。(4) というのもかりに地表が無限な平面であったとすれば、人間たちは地表上で散在することができたであろうから、たがいのあいだでどのような共同体を形成することもおよそありえなかっただろうし、したがってそうした共同体〔の形成〕が地上において人間が現存するうえで必然的な帰結ともならなかったはずであるからだ。(5) ——地上におけるすべての人間による占有は、人間のいっさいの法的行為に先行するもの（つまり自然そのものによって構成されているもの）であり、そうした占有は根源的な総体的占有（*communio possessionis originaria*）〔根源的な占有の共同体〕である。この概念は経験的なものではなく、また時間的条件に依存するものでもないのであって、その点でたとえば、捏造されたものであるがゆえに、他方でだんじて証明できない、原始的な総体的占有（*communio primaeva*）〔原始共同体〕といった概念とは異なっている。根源的な総体的占有の概念はむしろ一箇の実践的な理性概念であり、その概念のうちにア・プリオリに含まれている原理は、ひとえにその原理に従うことで人間が、地上の場所を法の諸法則のもとで使用することができるものなのである。(6)

第十四節　土地を取得する法的行為は先占(occupatio)である

占有取得(*apprehensio*)〔把捉〕は空間中のなんらかの有体的物件を所持すること(*possessio physica*)〔物理的占有〕の始まりであり、その占有取得が万人の外的自由の法則と(したがってア・プリオリに)一致するための条件は、時間的に先んじていること以外のものではありえない。言いかえればその占有取得はただ、選択意思の作用である最初の占有取得(*prior apprehensio*)〔最初の把捉〕としてのみ当の法則と一致しうるのである。ところで意志は、物件(したがってまた、地上の或る特定の区画された場所)[1]を私のものとしようとする場合、すなわち領得(*appropriatio*)〔しようとする意志〕である場合には、根源的取得にさいして一方的なものであるほかはない(*voluntas unilateralis s. propria*)〔一方的な、または固有の意志〕。選択意思が外的対象を取得することが一方的な意志によるものである場合、それは先占である。[2]したがって根源的取得は、それが外的対象の、かくてまた一定範囲に区画された土地の取得にかかわるものであるときには、ただ先占(*occupatio*)によってのみ生起することができる。——

こうした仕方で取得が可能であることは、どのようにしても見とおすことができず、いかなる根拠をもってしても証明することができない。それはむしろ実践理性の要請から直接に帰結するところなのである。(3) あの〔一方的な〕意志が、しかしそれでも外的取得を権利づけることができるのは、ほかでもなくただその意志が、ア・プリオリに統合されることで（すなわち万人の選択意思が統合されて、相互に対して実践的関係へと参入しうることをつうじて）絶対的な仕方で命令する、一箇の意志のうちに含まれているかぎりでのことである。なぜなら一方的な意志は（双方的であっても、しかしなお特殊的である意志はこれに属する）各人に対してそれ自体としては偶然的であるなんらかの拘束性〔責務〕を課することができず、かえってそのために必要となる意志は全面的で、偶然的ではなくア・プリオリで、かくてまた必然的なかたちで統合され、それゆえに立法的なものだからである。というのも、ただそのような意志の原理に従う場合にのみ、各人の自由な選択意思と万人の自由との一致が、かくて権利一般(4)が、かくてまた「外的な私のもの」「君のもの」が可能となるからなのである。

第十五節　市民的体制のうちでのみ或るものは確定的に取得され、これに対して自然状態のうちではやはり取得はされるが、その取得はただ暫定的なものにすぎない

市民的体制は、その現実性が主観的には偶然的であるにせよ、それでもなお客観的に

は、すなわち義務としては必然的である。したがってこの市民的体制ならびにその設立にかんしては、自然に由来する或る現実的な法の法則(1)が存在し、すべての外的取得はこの法則に従属している。

取得の経験的権原は、(2)土地の根源的共有にもとづく物理的な占有取得(*apprehensio physica*)〔物理的把捉〕なのであった。そのばあい占有には、法の理性概念に従って、ただ現象における占有だけが帰属しうるのだから、右でいわれる〔経験的〕権原に対して、可想的な占有取得の権原が(空間と時間における経験的な条件のいっさいを除去することで)対応していなければならない。かくて、この後者の権原が基礎づけるものこそが以下の命題なのである。《私が外的自由の法則に従い私の支配力のもとにもたらし、私のものとなることを欲するものが、私のものとなる》。

取得の理性的権原は、しかしひとえに、ア・プリオリに統合された(必然的に統合されるべき)万人の意志という理念のうちにのみ存するのであって、この理念は当面の場面では不可避の条件(*conditio sine qua non*)〔必要条件〕として暗黙のうちに前提されている。というのも一面的な意志によっては、他者たちに対して、彼らがそうでなければみずから負うことのなかったはずの拘束性〔責務〕を課することができないからである。――ところで、立法のために普遍的かつ現実的に意志が統合された状態とは、市民的状態である。したがってただ市民的状態の理念と一致することにおいてのみ、すなわち市民的状態ならびにその実現を考慮することにあってだけ、ただしそれが現実のものとなる以前に（それというのも、かりにそうでなければ取得は導出されたものとなるからだ）、かくてまたひとえに暫定的なかたちで、外的な或るものが根源的に取得されることができる。——確定的取得が成立するのは、〔これに対して〕ただ市民的状態においてのみである。

にもかかわらず右にいう暫定的取得は、それでもなお一箇の真正な取得である。なぜなら法的・実践的理性の要請に従えば、そうした取得が可能であることが、たとえどのような状態のうちで人間たちがたがいに対して存在していようと（だからまた自然状態においても）私法の一原理だからである。その原理に従い各人にとって、一定の強制（を他者たちに加える権能）が正当化されるのであって、その強制をつうじてはじめて可能となるものこそが、例の自然状態を脱却して市民状態へと参入することであり、ひとりこの市民状態によってのみ、いっさいの取得は確定的なものとなることができる。(3)

ここで問題となることがある。いったいどの範囲まで、なんらかの土地を占有取得する権能は及ぶのか、ということである。その範囲は、土地をじぶんの支配力のもとに置く能力が及ぶかぎりのものである、ということになる。すなわちこのように土地を領得しようとする者が、これを防御しうるかぎりの範囲ということである。それはあたかも、土地がこう言っているかのようなものなのだ。「私を保護することができないのなら、君は私に命令することもできない」。したがって、これに準[4]拠して海洋の自由か封鎖かをめぐる争いもまた決せられなければならないだろう。たとえば大砲の射程距離の範囲内では、すでにある特定の国家に所属している陸地の海岸で〔他国の〕なんぴとも漁撈をなし、あるいは[5]琥珀を海底から採取する等々の活動をしてはならない。——さらに〔第二の問題としては〕、土地に対する加工〔開墾、耕作、灌漑等々〕が、土地の取得にとって必要不可欠であるか？　否！　である。なぜならこうした〔種別化の〕諸形式はたんに偶有性〔を与えるもの〕にすぎないから、これらはなんら直接的な占有の客体を形成することがなく、したがってそれらが主体の占有に帰属しうるとすれば、それはひとえに実体〔土地〕があらかじめ該主体の「当人のもの」として承認されているかぎりにおいてのことであるからだ。加工は、問題が最初の取得である場合には、占有取得に対する一箇の外的なしるし以上のものではなく、そうしたしるしであるなら、ほかにも多くのより労力を必要としないもので代替することができる。——さらに〔第三の問題として〕、ひとがだれかの占有取得の行為を妨害し、双方のいずれも優先権に与ることがないようにして、そのけっか土地がいつまでもなに者にも帰属しない自由な状態のままで置かれる、といったことが許されるか？　全面的な仕方で、そうした妨害が起こることはありえない。なぜなら他者がこれを為しうるためには、当人はそれでもみずからもどこか或る隣接した土地に身を置いていなければならないが、その土地で他者もかくてまた自身が妨害されうることになるけれども、そうであるかぎり、絶対的な妨害とは一箇の矛盾ともなるだろうからである。とはいえ或る特定の(中間にある)土地の関連では、その土地を中立的なものとして、隣接するふたりの者を分離するために利用せずに放置しておくことは、やはり先占の権利と両立しうることだろう。しかしその場合には、現実にはこの土地は両者に共有のものとして帰属しているのであって、無主物(*res nullius*)であるわけではない。それはほかでもなく、当該の土地を、双方がじぶんたちを相互に分離するために使用しているからなのである。――さらにまた〔第四の問題として〕、ひとは或る土地のうえで、そのどの部分もだれかにとっての「じぶんのもの」ではない場合、やはりなんらかの物件を「各人のもの」として持つことができるか？　答えは「然り」であって、たとえばモンゴルでは各人が、じぶんの荷物を置きざりにしておいたり、あるいはじぶんの馬が逃げ去ったりしたとしても、それらを「じぶんのもの」としてみずからの占有下に取りもどすことができる。というのもそこでは、土地のすべてが民族に帰属し、土地の利用〔の権限〕がしたがって各個に帰属するからである。これに対して、だれかがなんらかの可動的物件を他者の土地のうえで「じぶんのもの」として持つ場合があるとすれば、それはたしかに可能ではあるけれども、しかしただ契約をつうじて可能となるにすぎない。――最後の〔五番目の〕問題はこうである。隣接するふたつの民族（もしくは家族）が、なんらかの土地を特定の仕方で利用しようとして、たがいに対抗することはありうるか。これはたとえば、狩猟民族が遊牧民族あるいは農耕民族と、あるいはまた農耕民族が入植者と対抗する、等々のことである。もちろんありうるが、それはおよそどのような仕方で彼らが一般にこの地上で定住しようとするにせよ、彼らがそれぞれの限界内に留まっているかぎりでは、それはたんなる恣意に委ねられたことがら（*res merae facultatis*）〔ただの権能の問題〕[6]だからである。

最後に、さらに以下の件を問うことができる。すなわち、自然でも偶然でもなく、もっぱらじぶん自身の意志によって、私たちがなんらかの民族と隣接して居住するようになったとし、しかもこの民族には、私たちとのあいだで市民的結合を取りむすぶ見込みがまったくないものとする。また私たちには、そうした結合を設立して、これらの人間（野生人）を法的状態へと移行させる（たとえばアメリカの野生人、ホッテントット、オーストラリアの原住民の場合である）意図があるものとしよう。その場合ならば私たちはなんらかの権能をもって、必要ならば暴力を行使しつつ、あるいは（それより好ましいとはいえないが）詐欺まがいの買収によって植民地を建設し、かくて彼らの土地の所有者となって、彼らの最初の占有に一顧も与えることなく私たちの優越性を行使することがあってもよいのではないか？　そこではとりわけ、この件を自然そのものが（真空を忌むのとおなじように）要求しているように思われるのであって、世界の他の部分における広大な地域は、いまでこそ立派に植民されているとはいえ、もしこの件がなければ、開化された住民という点では無人にひとしいままに留まっていただろうし、ことによるといつまでも無人のままであるほかはないはずだから、そうなってしまえば創造の目的が虚しくされてしまう、というわけである。(7)(8) しかしながら、ひとはたやすくこうした不正義のかぶる仮面（ジェスイット主義）(9)を見破ることができるのであって、それは善き目的のためにいっさいの手段を正当化しようとするものなのだ。土地を取得するこうした遣り口は、だから斥けられなければならない。

ひとは取得可能な外的客体を、量にかんしても質にかんしても規定しがたい。この件によって当面の課題（唯一の根源的な外的取得（の解明））が、解決するのにもっとも困難なものとされている。しかしそれにもかかわらず、外的なもののなんらかの根源的取得といったものがやはり存在しなければならない。なぜなら、いっさいの取得が導出されたものであることは不可能だからである。それゆえ私たちとしてはこの課題を未解決なままにしておくことも、それじたい解決不可能なものとして放棄することもできない。とはいえかりにこの課題がまた、根源的な契約をつうじて解決されるとしても、その契約が全人類に拡張されるのでなければ、取得は依然としてやはりたんに暫定的なものでありつづけることだろう。

第十六節　土地の根源的取得という概念の究明

すべての人間は根源的に、全地球上の土地について或る総体的占有という状態のうちにある(*communio fundi originaria*)〔土地の根源的共有〕。それは彼らに対して、(それぞれが)土地を使用する意志が自然によって付与されているからである(*lex iusti*)〔(内的)正しさの法則〕。しかし自然のままでは避けがたい対立が、或る者と他の者の選択意思のあいだには存在しており、その対立のゆえに、土地のいっさいの使用は廃棄され〔不可能になり〕かねない。だが、そうなってしまうのは、くだんの意志のうちに同時に、各人の選択意思に対する法則が含まれていない場合であり、〔実際には〕その法則に従って各人に対して、個別的な占有が共有の土地のうえで規定され〔割りふられ〕うる(*lex iuridica*)〔法的(外的)正しさの法則〕。しかし配分する法則は、それが「私のもの」「君のもの」を土地にかんして各人に割りあてるものである場合、外的自由の公理に従って、根源的かつア・プリオリに統合された意志(この意志は統合のためにいかなる法的行為も前提としていない)からのみ生じることができ、したがってまたただ市民状態においてだけ生じることができる(*lex iustitiae distributivae*)〔配分的正義の法則〕。ひとりこの統合された意志が、「なにが〔内的に〕正しいか、なにが法的〔外的〕に正しいか、またなにが合法であるか(1)」を規定するのである。――一方〔あたかも〕この〔市民的〕状態において〔存在しているかのように(2)〕、つまりそれが設立されるに先だって、それでも当の状態を目ざしながら、すなわち暫定的に、外的取得の法則に従ってふるまうことは義務であって、それゆえまた意志に属する法的な能力である。その能力が各人を拘束して、占有取得と領得という行為を、それが一方的なものにすぎないにもかかわらず妥当なものとして(3)承認させる。かくてまた土地の暫定的な取得が、そのあらゆる法的帰結とともに可能となるのである。

このような取得が、しかしそれ自身なお必要とし(4)、かつまた〔実際に〕与えられているものは、法則による一箇の許容(*lex permissiva*)〔許容法則〕である。これが必要となるのは法的に可能な占有の限界を規定することにかんしてであって、なぜならくだんの取得は法的状態に先行し、それゆえたんに法的状態に導くにすぎないものとしては、いまだ確定的なものではないからである。ところで右にいう許容が及ぶことになるのは、そうした〔法的〕状態の創設に他者たち（関与する者たち）が同意するかぎりにおいてのことであるが、しかし彼らが抵抗して、この（市民的）状態に参入することを拒み、またいつまでもその抵抗が継続するとしても、〔法則による〕許容には適法な取得の有するいっさいの効果が随伴している。なぜなら〔自然状態から〕そのように〔法的状態へと〕脱出することは、義務にもとづくものだからである。

第十七節　根源的取得という概念の演繹

私たちが取得の権原を見いだしたのは土地のなんらか根源的な共有においてであり、したがってまた外的占有の空間的な条件のもとにあってのことである。たほう取得の仕方についていえば、これを占有取得（*apprehensio*）〔把捉〕という経験的な条件のうちに見いだしたのであって、この占有取得は外的対象を「各人のもの」として有しようとする意志と結びついている。いまや、これに加えて必要となることがある。それは、取得そのもの、すなわち「外的な私のもの」「君のもの」を、それが〔取得の権原と仕方という〕与えられた双方の要素から帰結するかぎりで展開することである。言いかえれば、対象の可想的占有（*possessio noumenon*）〔ヌーメノン的占有〕が、その概念の含んでいるものに従って、純粋な法的・実践的理性の諸原理から展開されなければならない。

「外的な私のもの」「君のもの」という法的概念は、当のものが実体であるかぎりでは、私にとって外的という言葉にかんしていえば、私が存在するのとはべつのなんらかの場所を意味するものではありえない。当該の法的概念は一箇の理性概念だからである。この概念のもとには純粋な悟性概念のみが包摂されうるのだから、当該概念はたんに私から区別された或るもののみを意味し、経験的占有（いわば継続的な把捉）ではないなんらかの占有の概念を意味している。それはむしろたんに、外的対象を私の支配力のもとに有する（つまりこの対象が私と結合しており、その件が使用を可能とする主体的条件となっている）という概念なのであって、この概念は一箇の純粋な悟性概念なのである。ところで、ここで除外あるいは度外視（捨象）されるべきものが占有のこの感性的な諸条件であり、その条件とは人格と諸対象との関係であって、しかも〔たんなる物件である〕対象は〔人格に対して〕いかなる拘束性も負っていないとすれば、〔抽象されて〕残るものは一箇の人格の〔他の〕諸人格に対する関係にほかならない。この関係によって後者つまりすべての人格は、前者すなわち一箇の人格の意志をつうじて、その人格の意志が外的自由の公理と能力の要請とに適合し、くわえてア・プリオリに統合されたものと考えられた意志に属する普遍的な立法に適合しているかぎりで、物件の使用にかんして拘束されていることになる。こうした関係が、したがって当該物件の可想的占有、すなわち純然たる法による占有であって、それが可想的占有であるのは、たとえ対象(私の占有する物件)が感性的な客体であったとしても、これを問うところではない。

最初の加工、区画づけ、あるいは総じて形態の付与がなんらかの土地になされることは、その土地を取得するなんらの権原も与えうるものではない(1)。すなわち偶有性の占有は、実体を法的に占有する根拠を与えることができないのである。かえって逆に「私のもの」「君のもの」は、規則(*accessorium sequitur suum principale*)〔従物は主物に従う〕に従って、実体の所有(権)から帰結するものでなければならない。だからだれかがなんらかの土地に、その土地がすでにまえもって「当人のもの」となっていないにもかかわらず労力を傾ける場合、その者は当該の土地に向けられた労苦と労働を逸失することになる。これらの件は、それ自身においてあまりに明白なのである。それゆえ例の、きわめて古く、しかもひろく行きわたっている見解(2)について言えば、そのような見解が生じる原因を、秘やかにひとを支配している迷妄以外のものに帰することはむずかしい。迷妄というのはつまり物件を擬人化し、あたかもだれかが物件に労働を費やせば、そのことで当の物件を拘束し〔責務を負わせ〕て、じぶん以外の他のだれにも仕えることのないようにさせることができるかのように、物件に対して直接に一箇の権利を有していると思いこむことである。なぜかといえば、〔そうとでも考えなければ〕およそありうべからざることと思われる事情があるのであって、それはひとがあれほど軽率に足を滑らせて、例の当然の問い(これについてはすでに右で言及しておいた)にかんして足もとをすくわれてきた、という消息である。ここで問いとは、すなわち《物件における権利はいかにして可能か?》という問いなのだ。そもそも、或る物件を占有するいかなる者にも対抗しうる権利について言えば、その意味するところはたんに、特殊な選択意思がなんらかの客体を使用するための権能にすぎないのであって、しかも選択意思がこの権能を有することになるのは、くだんの選択意思が総合的・普遍的な意志のうちに含まれており、その意志の法則と調和していると考えられうるかぎりにおいてのことなのである。

なんらかの土地がすでに「私のもの」である場合、その土地のうえにある物体にかんしていえば、当の物体は、それがなお他のだれのものでもないときには私に所属する。私はそのためになんら特殊な法的行為を必要としていない(*facto*〔事実によって〕ではなく、*lege*〔法則によって〕）。すなわち、当該物体は実体に内属する偶有性と見なされうるがゆえに（*iure rei meae*）〔私の物件の権利によって〕、私に属するのである。そしてまたいっさいのものは、それが私の物件に結合しており、他者がその物件を「私のもの」から切りはなそうとすれば、そのもの自身を変化させてしまわざるをえないようなものであるかぎり、これに属する（たとえば鍍金《めっき》、私に帰属する素材とその他の物質との混合物、隣接河床の堆積や変化、およびそれによって生じた私の土地の拡張等々）。とはいえ、取得可能な土地がさらに陸地を超え、つまりまた或る程度は海底まで（すなわちじぶんの海岸で漁をしたり、あるいは琥珀を採取したりする等々の権利にまで）及ぶかどうかは、まさに同一の諸原則に従って判定されなければならない。私がじぶんの居住地から、機械的な資源をもって、みずからの土地を他者の攻撃に対して防御しうるかぎりで（たとえば海岸からの砲撃の射程が及ぶ範囲内で）土地は私の占有に属し、海上はその範囲まで封鎖される（*mare clausum*）〔海上封鎖〕。いっぽう広大な海洋そのものにはいかなる居住地もありえないから、占有がそこまでは拡張されることはなく、公海は自由である（*mare liberum*）〔自由公海〕。ところで漂着物については、人間であれ人間に所属する物件であれ、それが意図的に漂着したものではないかぎり、海浜の所有者が取得権に

〔含めて〕これを算入することはできない。そうした漂着は侵害ではなく（それどころか総じて為された事実〔Faktum〕ですらなく）、かつまた物件が或る土地に打ちあげられ、しかもその土地がなに者かに所属していたとしても、〔その者が当該物件を〕*res nullius*〔無主物〕として取りあつかうわけにはいかないからである。これに対してひとつの河流は、その河岸の占有が及ぶかぎりで、いっさいの陸地と同様に、右に挙げた制限のもとで両河岸を占有している者がこれを根源的に取得することができる。

＊　＊　＊

外的対象が、その実体にかんしてだれかの「当人のもの」である場合には、当の対象はその者の所有（*dominium*）であり、この所有には当該物件におけるあらゆる権利が（実体に偶有性が内属しているように）内属している。[4] したがってその物件にかんして所有者（*dominus*）[5]は、任意に処分しうることになる（*ius disponendi de re sua*）〔みずからの物件の処分権〕。しかしここから、おのずと以下の件が帰結する。すなわち、こうした〔所有の〕対象はただ有体的物件（これに対してひとはなんらの責務も負うことがない）でしかありえず、それゆえ人間はじぶん自身の主人（*sui iuris*)〔自権者〕ではありえても、じぶん自身の所有者(*sui dominus*)〔みずからを任意に処分しうる者〕ではありえず、ましてや他の人間の所有者ではありえない、ということである。なぜなら人間は、じぶん自身の人格の内なる人間性に対して責任を負っているからである。もっともこの〔最後の〕論点は人間性の権利に属するものであって、人間の権利に所属することではなく、元来この場所で論じられるべきことではないけれども、この件にただ行きがかりじょう言及したのは、つい先ほど述べたことがらをよりよく理解して頂くためである。――さらに〔第二の帰結として〕、ふたりの完全な所有者が一箇同一の物件にかんして存在し、しかもその物件が共有の「私のもの」「君のもの」というわけではなく、ふたりは共同占有者でありながら、その占有する物件がただ一方にだけ「彼のもの」として帰属することがありうる。それは以下のような場合であって、つまりいわゆる共同所有者(*condominii*)のうち一方の者にはひとえに使用を伴わない全占有が、他方の者にはこれに対して、占有を伴う物件のいっさいの使用が帰属するときである。そのさいしたがって、前者(*dominus directus*)〔直接的所有者〕は後者(*dominus utilis*)〔用益的所有者〕に対して、ひたすら持続的な給付という条件のみに限定してこれを課するだけであって、そのさい使用には制限を加えることがない。(6)

第二章　債権(1)について

第十八節

或る他者の選択意思を占有することは、自由の法則に従い、他者の選択意思を私の選択意思によって特定の所為〔給付の遂行〕へと規定する能力〔他者の〔行為の〕原因性にかかわる「外的な私のもの」「君のもの」〕であって、そうした占有は一箇の権利である〔そういった権利を私は一箇同一の人格に対して、あるいは他の人格に対して複数もつことができる〕。いっぽう法則の総体〔体系〕は、それに従って私がこのような占有を手にしうるものであるかぎりでまさに債権〔対人的権利〕であり、そのような権利はただひとつ存在するだけである。

債権の取得はけっして、根源的なものでも専断的なものでもありえない〔そのような取得は「私の選択意思の自由と万人の自由との一致」という原理に適合せず、したがって不法であろうからである〕。同様にまた私は或る他者の違法な所為によって〔*facto iniusto alterius*〕〔債権を〕取得することもできない。なぜならかりに〔他者による〕この侵害が私自身に降りかかったものであり、私は他者に対して正当に〔法＝権利によって〕賠償を請求しうるとしても、その賠償をつうじてはやはりただ「私のもの」が目減りせずに保存されたというだけのことであって、私がすでに以前から有していたものを超えてなにものも取得されはしないからである。

或る他者の所為をつうじた取得は、そのさい私が他者を所為へと規定することが法の法則に従うものであるならば、かくしていつでも他者にとっての「じぶんのもの」から導出される。そしてこの導出が法的行為であるかぎり、それは他者による消極的行為としては生起することができない。すなわちその行為は、放棄あるいは「じぶんのもの」に対しておこなわれる断念によって（*per derelictionem aut renunciationem*）起こるものではありえない。なぜなら放棄や断念によっては、一方の者もしくは他方の者にとっての「じぶんのもの」が廃棄されるにすぎず、なにものも取得されはしないからである。――取得が生じるのはむしろひとえに移転（*translatio*）によるのであって、その移転が可能となるのはひたすら一箇の共同的な意志をつうじてのことである。(2) この共同的意志を介して対象はつねに、一方の者もしくは他方の者の支配力のもとにもたらされるのであって、そののち一方がこの共同態《ゲマインシャフト》についてじぶんの持ち分を放棄し、かくて客体は他方の者の受諾（かくてまた選択意思に属する或る積極的な作用）をつうじて「当人のもの」となるのである。――或る者の所有権を他の者に移転することが、譲渡である。ふたつの人格のあいだで統合された選択意思の作用が存在し、その作用によって一般に一方の「当人のもの」が他方の者へと移転する場合、その意志の作用が契約である。

第十九節

あらゆる契約に含まれているのは選択意思によるふたとおりの法的な行為であって、そのうちのふたつは準備する行為であり、他のふたつは構成する法的行為である。最初のふたつの行為（すなわち商議の行為）は申込（*oblatio*）とそれに対する同意（*approbatio*）であり、他のふたつの行為（すなわち締結の行為）が約束（*promissum*）と受諾（*acceptatio*）である。――というのも、なんらかの申込が一箇の約束と称されうるようになるには、〔受諾者である〕私があらかじめ判断して、申し込まれていること（*oblatum*）がなにかしら受諾者〔である私〕にとって好ましいものでありうると見なすことが必要だからである。この件が前者のふたつの意思表明によって告げられているとはいえ、意思表明だけでは、だが、なにものもなお取得されているわけではない。

しかし要約者の個別的〔特殊的〕な意志によっても諾約者（受諾者）のそれによっても、前者にとっての「当人のもの」が後者へと移転することはない。むしろただ双方の統合された意志によってのみ、したがってまた両者の意志が同時に表明されるかぎりで移転が成立する。ところでしかしこの件は、意思表明の経験的な作用をつうじては不可能である。その作用は必然的に、時間のなかでたがいに継起するものであるほかはなく、だんじて同時的なものではありえないからである。その理由はこうである。私がまず約束したのち、他者がいまそれを受諾しようとする場合、私がその間に(その時間がどれほど短いものだろうと)約束したのを後悔することもありうる。私は受諾以前にはなお自由であるからだ。おなじくたほう受諾者の側もまさにそれゆえに、約束につづけてなされた受諾の意思表明にじぶんが拘束されていると考える必要はない、ということなのである。――契約の締結に当たってはさまざまな外形的儀礼(*solemnia*)があり【手打ちや、双方の人格が握る麦わら(*stipula*)を裂くこと】、また先行する意志表明を確認することが至るところで行われているが、(1)それらが証明しているのはむしろ契約締結者たちの抱く困惑であって、彼らはいったいどのようにして、つねにただ相互に継起してなされるにすぎない意思表明を、或る一瞬に同時に生起したものと表象すればよいものか戸惑っているのである。彼らはそれでも、これに成功することがない。なぜなら、存在するのはたんに時間のなかでたがいに継起する行為のみであって、ひとつの行為が存在するときには他の行為はまだ存在しないか、あるいはもはや存在しないか、そのどちらかだからである。

一方、契約による取得という概念を超越論的に演繹することによってのみ、こうした困難のいっさいを取りのぞくことができる。法的で外的な一箇の関係にあっては、事情はこうなるだろう。そこでは、或る他者の選択意思を私が占有取得する場合（ならびにその逆の場合）、このことは他者を一定の所為へと規定する根拠となるものであるけれども、それは最初たしかに経験的に、双方おのおのの意思表明ならびに受諾意思表明をつうじて生起し、表明は時間のなかで、これを把捉の感性的条件として行われるものと考えられるのであって、そのばあい双方の法的行為はつねにただ相互に継起するものであるにすぎない。右にいう関係は（一箇の法的関係であるかぎり）純粋に可想的なものなのだから、一箇の立法的な理性能力である意志をとおして、くだんの占有も自由概念に従う一箇の可想的(2)占有（*possessio noumenon*）〔ヌーメノン的占有〕として、例の経験的条件を捨象しながら「私のもの」「君のもの」として表象される。このばあい双方の作用《アクト》、すなわち約束と受諾の行為《アクト》はたがいに継起するものとしてではなく、むしろ（あたかもそれが *pactum re initum*〔要物契約〕(3)であるかのように）唯一の共同的な意志から生じるものとして表象される（この件が同時的という語によって表現される）。こうして対象（*promissum*）〔約束されたこと〕は、経験的な条件が除去されたことにより、純粋な実践理性の法則に従って取得されたものとして表象されるわけである。

右に述べたことがらが、真正にしてただひとつ可能な演繹を契約による取得の概念に対して与える。このことを〔逆に〕確証するに充分なのは、法学者たち[4]の尽力（たとえばモーゼス・メンデルスゾーンがその著『エルサレム』で行っているそれ）であって、彼らはそうした取得の可能性に証明を与えようとして労苦を重ね、結局はつねに失敗してきたのである。――問題はこうであった。「なぜ私はじぶんの約束を守るべきであるのか？」そもそも「私はそうすべきである」ことは、だれもがおのずと理解している。しかしながらこの定言命法にかんしてさらに一箇の証明を与えるなどということは、端的に不可能なのだ[5]。それはちょうど、幾何学者にとって以下の件を理性の推論によって証明するのが不可能であるようなものである。すなわち「私が三角形を作図するためには三本の線を引かなければならず（これは一箇の分析命題である）、ただしそのうちの二本を合わせたものは第三の線よりも大でなければならない（こちらは総合命題であるが、しかし双方ともにア・プリオリな命題である）」。「約束を守らなければならない」というのは一箇の要請であり、その要請は純粋な（つまり空間ならびに時間の感性的条件のいっさいを、法概念にかんしては捨象する）理性に属している。しかもこの教説は、感性的諸条件の捨象が、そのことで対象の占有(6)を廃棄することなく可能であると主張するものであって、当の教説がそれ自身として、契約による取得という概念を演繹するものとなっている。この間の消息はちょうど前節にあって、外的物件の先占による取得をめぐる教説と〔その教説自身が当の概念の演繹であった点で〕おなじことなのである。

第二十節

ところで、私が契約をつうじて取得する外的なものとはなんだろうか？　それはひとえに他者の選択意思の原因となることであり、その原因性(1)は私に約束されたなんらかの給付にかかわるものであるから、私が契約によって直接に取得するのは外的物件ではなくむしろ他者の所為であって、その所為をつうじて外的物件が私の支配力のもとにもたらされ、かくて私は当該物件を「私のもの」とすることになる。――したがって契約によって私が取得するものは他者の約束であって〔約束されたもの〔物件〕ではない〕、それにもかかわらずやはりなにものかが私の外的所有(2)に付けくわわる。つまり私はより資産を持つ者(3)(*locupletior*)となったのであり、それは他者の自由と資産に対する債権(4)を取得したことによるのである。――こうした私の権利は、とはいえたんに一箇の対人的権利であり、つまり特定の自然的人格に対する権利であるにすぎない。当の権利はしかもその者の原因性（その選択意思）に働きかけて、なにものかを私に給付させる権利にすぎないのであって、一箇の物権として道徳的人格に対する権利ではない。道徳的人格とは万人のア・プリオリに統合された選択意思という理念にほかならず、この理念をつうじてのみ私は、物件のいかなる占有者にも対抗しうる権利を取得しうるのである。およそ物件における権利のいっさいは、この権利のうちにある。(5)

契約をつうじて「私のもの」が移転する場合、その移転は連続性の法則（*lex continui*）に従ってなされる。すなわち対象の占有は、この〔契約〕行為のあいだ一瞬たりとも中断されることがない。なぜならそうでなければ、私はこうした〔中断〕状態のなかで対象を、いかなる占有者ももたない或るもの（*res vacua*）〔空主物〕として、したがって根源的に取得することになってしまうからである。これは契約の概念に矛盾する。――こうした連続性には一方で、以下の件がおのずと伴っている。すなわち両当事者の（*promittentis et acceptantis*）〔要約者と受諾者の〕一方の個別的な意志ではなく、むしろ双方の統合された意志こそが、「私のもの」を他者へと移転させるということだ。それゆえ移転が行われる仕方は、要約者がまずみずからの占有を他者の利益のために放棄し（*derelinquit*）、あるいはじぶんの権利を断念して（*renunciat*）、他者の側がただちにこれを占有するといったものではないし、またその逆の仕方でもない。移転はかくして「ひとつの」行為《アクト》であって、その作用《アクト》のなかで対象は一瞬、両者にともに所属している。それはちょうど、投げられた石の描く放物線軌道において、石は軌道の頂点で一瞬、上昇中であると同時に落下中であると見なされることができ、そののちにはじめて上昇運動から落下運動へと移行するようなものなのである。

第二十一節

およそ物件はなんらかの契約にさいして、約束の受諾(*acceptatio*)によって取得されるのではなく、ひとえに約束されたものの引渡(*traditio*)によって取得される。なぜならすべての約束は給付にかかわるものであって、かつまたここで約束されたものが物件であるならば、給付が履行される(1)のは以下の場合にかぎられるからである。すなわち当該物件が要約者によって受諾者の占有のもとに置かれる行為をつうじてだけであり、要するに引渡によってのみである。したがってこの引渡とその受領以前には、給付はなお生起していない。物件は一方から他方へとまだ引渡されておらず、かくて後者によっていまだ取得されていないことになる。かくてまた契約にもとづく権利はたんなる対人的権利〔債権〕たるに止まり、それは引渡を俟ってはじめて一箇の物権(2)となるのである。

契約が、それに引きつづいてただちに引渡が起こるもの(*pactum re initum*)〔要物契約〕(3)であるならば、その契約は締結と履行とのあいだのいっさいの時間を排除しているから、将来に期待されるべき特殊な行為をなんら必要としていない。つまり一方にとっての「当人のもの」が、それによって他方へと移転される行為を要しないのである。しかしながら、右にいう〔締結と履行の〕双方の行為のあいだになおなんらかの(特定または不特定の)時間が引渡のために同意されている場合には、以下の件が問題となるだろう。つまりこうである。当該物件はすでに引渡に先だち、契約によって受諾者にとって「じぶんのもの」となっており、後者の権利は物件における権利ということになるのか? それとも、なおなんらかの特別な契約が、ひとえに引渡にかかわるものとしてこれに付けくわえられなければならず、したがってたんなる受諾によって生じる権利はたんに債権〔対人的権利〕にすぎないのであって、その権利は引渡をつうじてはじめて物件における権利となるのか? ――当面の場合で実際に正しいのは後者が言いたてている件である。このことは以下に挙げる事情から明らかとなるだろう。

私が或る契約をなんらかの物件、私が取得したいと思っている一頭の馬について締結し、その馬を同時にじぶんの厩舎に連れてかえるか、あるいはべつの仕方で私の物理的占有のもとに置くものとしよう。その場合なら馬は(*vi pacti re initi*)〔要物契約の効力によって〕私のものであり、私の権利は物件における権利である。私が、これに対して、馬を売主の手もとに残しておき、以下の件について売主と格別な取り決めもしなかったこととする。つまり、この物件を私が占有取得(*apprehensio*)〔把捉〕する以前、すなわち占有の転換以前には、該物件はだれの物理的占有(所持)のもとにあるべきか、ということである。その場合にはこの馬はいまだ私のものではなく、私がじぶんの権利として取得したものはたんに特定の人格、すなわち売主に対して、馬を私の占有のもとにもたらすことを求める(*poscendi traditionem*)〔引渡を請求する〕権利であるにすぎない。この占有こそが、馬を思うがまま任意な仕方で使用することを可能とする主体的条件となるけれども、これを言いかえれば〔占有以前の〕私の権利はひとえに一箇の対人的権利〔債権〕にすぎず、その権利にもとづき私は売主に対して約束の給付(*praestatio*)を、つまり私に当該物件を占有させることを請求しうるだけである。ところで、契約が同時に引渡を(*pactum re initum*〔要物契約〕の場合はそうであるように)含んでいるのではなく、したがって一定の時間が契約の締結と取得されるものの占有取得とのあいだで経過する場合であれば、私がこの時間内に占有へと辿りつきうるためにどうしても必要となるのは、私がなんらかの特殊な法的行為、すなわち或る占有行為(*actus possessorius*)を行使することである。この行為がひとつの特殊な契約を形成するのであって、その契約は私が「私は物件(馬)を取りにいかせるだろう」と言い、これに売手が同意するというものとなる。その〔契約が必要となる〕理由はこうである。この場合、売手がなんらかの物件を他者の使用に供するべく、みずからの危険負担のもとにその保管を引きうけることになるが、これは自明なことがらではなく、むしろそのためには特殊な契約を要する、ということだ。この契約に従って物件の譲渡者は定められた時間内でなおも所有者でありつづけ(したがって物件が被るかもしれない危険のすべてを負担しなければならず)、取得者のほうは他方この時間が経過するのを待ってはじめて、物件が同人に引きわたされたものと売手によって見なされうる。この占有行為以前には、したがって、契約によって取得されたものはすべてたんに対人的権利〔債権〕にすぎず、かくて受諾者が外的物件を取得しうるのは、ひとえにその引渡を俟ってのこととなる。

第三章　物権的様相を帯びた対人権〔債権〕について

第二十二節

この権利は或る外的対象を物件として占有し、おなじ対象を人格として使用する権利である。——この権利に従って「私のもの」「君のもの」(2)となるのは家政的なもの(1)であり、この状態に置かれた関係は自由な存在者たちの共同体の関係である。そこでこの存在者たちは相互に影響を与えあうことをつうじて（これは一方の人格が他方の人格に与える影響である）、しかも外的自由の原理に従い（原因性）一箇の社会を形成するが、この社会は（共同体のうちにある諸人格の）ひとつの全体に属する成員からなるものであって、この全体が世帯(3)と呼ばれる。——この状態を取得し、またこの状態において取得する仕方は、専断的な所為による（*facto*）ものでも、たんなる契約による（*pacto*）ものでもなく、法則をつうじて（*lege*）生じるものである。ここにいう法則は、問題となっているのが物件における権利ではなく、またたんなる人格に対する権利でもなく、むしろ同時にまた人格の占有でもあるのだから、いっさいの物権や対人権を超えたところに存する権利〔法〕でなければならない。すなわち、私たち自身の人格の内なる人間性が有する権利(4)であるはずであり、この権利から帰結として生じるものが一箇の自然的な許容法則であって、その許容法則のもとで私たちにはこうした取得が可能となるのである。

第二十三節

右にいう法則に従ってなされる取得は、その対象にそくして三通りにわかれる。(1) すなわち夫は妻を取得し、両親は子どもを取得して、家族は奉公人を取得する。――これら取得しうるもののいっさいは同時に譲渡しえないものであり、それらの諸対象を占有する者の権利はもっとも全人格的なものである。

家政的社会の権利 第一項

婚姻法

第二十四節

性的共同体(*commercium sexuale*)とは、ひとりの人間が他の人間の生殖器ならびに性的能力を相互に使用すること(*usus membrorum et facultatum sexualium alterius*)である。これは自然的使用(これをつうじて当人とひとしい者が産出されうる)であるか、反自然的使用であるかのいずれかであって、後者はまた同性の人格に対するものであるか、人類とは別種の動物に対するものであるかのどちらかである。このような法則を侵犯することは反自然的な悖徳《はいとく》(crimina carnis contra naturam)〔自然に反する肉欲の罪〕であって、口にするのも憚られるものである。それは私たち自身の人格の内なる人間性への侵害として、まったくなんらの制限も例外もなく、全面的な断罪を免れることができない。(1)

ところで自然的な性的共同体は、たんなる動物的自然に従う性的共同体(vaga libido, venus volgivaga, fornicatio)〔放蕩、乱交、買春〕であるか、あるいは法則に従った共同体であるかのいずれかである。――後者が婚姻(matrimonium)であって、すなわち異なる性の二人格が結びついて、生涯にわたってたがいの性的特性を相互に占有することになる結合である。――子どもを生み育てるという目的が、自然の目的であることはおそらくたしかなところであって、その目的のために自然は異性に向かう傾向性を両性のおのおのに植えつけたということになるだろう。とはいえ、結婚する人間がこの目的をみずからに課さなければならないということが、当該の〔婚姻という〕結合が適法であるために要求されるわけではない。というのもそうなると、出産活動が終了してしまえば婚姻は同時におのずと解消してしまうことになるだろうからである。

こうして、両性の性的特性を相互に使用しようとする欲望を前提としているにせよ、婚姻契約はけっして恣意的なものではなく、人間性の法則をつうじて必然的なものとなる契約である。すなわち男性と女性がたがいを相手の性的特性に従って相互に享受しようと思うならば、両者は必然的に結婚しなければならず、このことは純粋理性の法が有する法則に従って必然的なのである。

第二十五節

なぜなら一方の性が他方の性器を使用する場合、その使用が自然的なものであっても、それは一箇の享受であって、その享受のために一方が他方に身を委ねることになるからである。この行為において一箇の人間自身がみずからを物件とするわけであるが、そうしたことはその者自身の人格における人間性の権利に背反している(1)。ただひとつの条件のもとでのみこの件が可能となるのであって、その条件とは、一方の人格が他方の人格によってあたかも物件であるかのように取得されるときに、前者の人格も逆にまた後者を同様に取得する、ということである。なぜならそうすることで、前者はふたたびじぶん自身を獲得し、みずからの人格性を恢復《かいふく》することになるからである。ところが人間について その肢体の一部を獲得することは、同時にその全人格を取得することとなる。──なぜなら、人格とは一箇の絶対的な統一性であるからだ。──したがって、一方の性が他方の性の享受のために身を委ね、かつそれを受諾することは、ひとえに婚姻という条件のもとでのみ許容されるというばかりではない。むしろまたひたすらこの条件のもとでのみ可能なのである。とはいえこの対人的権利はそれでも同時に物権的様相をも帯びているが、その理由は以下の件にもとづいている。すなわち、夫婦の一方が逃げさったり、あるいは他者の占有に身を委ねたりした場合、他方の者には、その者をつねに否応なしにあたかも一箇の物件であるかのように、みずからの支配力のもとへと連れもどす権限が与えられているということである。(2)

第二十六節

おなじ理由にもとづいて、結婚した者どうしの関係は占有において平等な関係である。この占有の平等性(1)というのはまず、相手をたがいに占有しあう人格にかんしてであり(これは、したがってひとり一夫一妻制においてのみなりたつ。なぜなら一夫多妻〔一妻多夫〕制にあってじぶんを譲りわたす人格が獲得するのは相手の一部分にかぎられるにもかかわらず、その相手にみずからの人格を全面的に委ねることとなって、かくて自身をたんなる物件と化してしまうからである)、さらにまた財産の平等についてのことである。後者にかんしていえば、双方はしかしみずからの権能によって、ただ特殊な契約をつうじてのことであるとはいえ、その財産の一部の使用を放棄することができる。

内縁関係が法的に安定した契約とはなりえないことは、人格を賃貸(2)して一回的な享受へと供すること(*pactum fornicationis*)〔買春契約〕がそうであるのと同様である。この件は、右に挙げた理由から帰結するところである。というのも後者〔買春契約〕についていえば、だれでも認めるところであるように、或るひとがその契約を締結したとしても、そのひとは自身の約束を履行するべく法的に拘束されることはありえないのであって、とくにその約束を後悔した場合にはそうである。同様にまた第一の契約すなわち内縁関係の契約にしても、(*pactum turpe*〔恥ずべき契約〕として)無効になる。その理由はこうである。当該契約は一箇の賃貸契約(*locatio-conductio*)ということになり、しかもその契約は肢体の一部を他者の使用に供することにかかわるのであって、そのさい四肢が不可分な統一性を一箇の人格において有するがゆえに、該契約は、当人がじぶん自身を物件として他者の選択意思に委ねてしまうものとなるだろう。それゆえ〔契約当事者の〕いずれの側にしても相手と締結した契約を、そうしようと思えばただちに廃棄することができるのであり、そのばあい相手方はみずからの権利が侵害された件について根拠ある控訴を提起することができない、ということである。——まったくおなじことがまた、「左手婚姻(3)」にかんしても妥当する。これは両当事者間の身分上の不平等を、一方の側が他方に対してより大きな支配権をもつために利用しようとするものなのだ。というのも実際のところ、その結婚は純然たる自然法の見地からすれば内縁関係と区別されるものではなく、真正の婚姻ではないからである。――したがって、以下のようなしだいとなるだろう。問題は、かりに法律が夫と妻の関係にかんして「彼はあなたの主人であるべきだ（夫が命令する側であり、妻が服従する側である）」と語っているとすれば、それは結婚した者どうしの平等そのものと背反するのではないか、ということであったとしよう。そのさいこの件をもって、人間の一箇の対のあいだの自然的な平等(4)に背反するものと見なすことはできない。ただしそれは、この支配権のもとづくところがひとえに自然的な優越に、すなわち夫の能力が妻のそれよりも所帯にとって共同の利益を図るうえで優っていること、それを根拠として命令する権利が〔妻のそれを越えて夫に〕与えられるという事情のうちに置かれているかぎりでのことである。この命令権は、だからそれ自身、目的にかんしては〔夫と妻の両者が〕一体となり、かつまた平等でなければならないとする義務から導きだされうるものなのである。

第二十七節

婚姻契約は、ただ婚姻による同居（*copula carnalis*）〔肉の結合〕[1]によってのみ履行される。契約が両性に属する二人格のあいだで内密の諒解を伴い、その諒解のもとに肉体関係を差しひかえるか、あるいは一方もしくは双方がそのための能力をもたないことを意識している場合には、その契約は偽装された契約であって、なんらの婚姻も創設することがなく、したがってまた両者のいずれの側も任意にこれを解消することができる。しかし不能が事後的にあらわれるにすぎないときには、婚姻権は当人に責任のないこうした偶然によってすこしも損なわれることがない。

妻または夫の取得は、したがって *facto* に〔事実によって〕（同居をつうじて）、先行する契約を欠いても生じるものではなく、また *pacto* に〔契約によって〕（たんなる婚姻契約をつうじて、それに後続すべき同居を欠いても）生じるものでもない。取得はただ *lege* に〔法則によって〕生じるのであり、すなわち拘束性〔責務〕にもとづく法的帰結としてのみ生起する。その責務〔拘束性〕とは、性的結合へと参入するさいにはほかでもなく、ただ〔ふたつの〕人格の相互的占有を介してのみそうすべきであるとするものであって、当の相互的占有はひとえに両性が相互にひとしくたがいの性的特性を使用することをつうじてだけ、その現実性を保持するに至るのである。

家政的社会の権利　第二項
両親の権利

第二十八節

人間のじぶん自身に対する義務、すなわちみずから自身の人格における人間性に対する義務にもとづいて、両性の保有する一箇の権利（*ius personale*）〔人格的権利〕が生じ、この権利はたがいを人格として、しかも相互に相互を物権的様相において婚姻をつうじて取得するというものであった。これとおなじように、この〔両性の〕共同体《ゲマインシャフト》〔相互作用〕における出産から帰結する一箇の義務が、じぶんたちの産んだものにかんして、これを保護し扶養する義務にほかならない。言いかえれば子どもたちは人格として、出産と同時にひとつの根源的で生得的な（相続されたのではない）権利を有している。その権利とは両親によって扶養されるというものであって、当該の権利は子どもたちが能力を具え〔資産を手にし〕て(1)、じぶん自身を保護しうるに至るまでの期間に及ぶ。子どもたちはこの権利をしかも法則によって(lege)直接に有する。言いかえれば子どもは、なんらかの特殊な法的行為をそのために必要としていない。

その理由は以下のとおりである。産みだされたものは一箇の人格であり、そのさい自由を賦与された存在者の産出がなんらかの物理的操作によるものであることは理解しがたいところである(*)。そのかぎりで、実践的な見地からすればまったく正当かつまた必然的な理念として、産出という行為を以下のようなものと見なすことができる。すなわち、当の産出をつうじて私たちはひとりの人格を、当人の同意もなくこの世界のうちに連れだし、専断的にその世界へもたらしたということだ(2)。こういった所為のゆえに両親に対してはいまやまた一箇の拘束性〔責務〕が課されることになり、その責務〔拘束性〕とはこの人格が、およそじぶんたちの力の及ぶかぎり、この世界のうちにある状態に満足するように計らう、というものなのである。——両親はその子どもを、いわばじぶんたちの制作物として〔見なすことはできないのであり〕(なぜなら、自由を賦与された存在者はだんじて制作物ではありえないからである)、またみずからの所有物のように破壊したり(3)、あるいはそれをまたただ偶然に委ねたりすることもできない。というのも両親は子どもを産出することで(4)、たんに一箇の世界存在者を〔産みおとしたの〕ではなく、むしろまたひとりの世界市民を一定の状態のうちへと引きいれたのであって、その状態に対して彼らはいまやまた、法概念に従って無関心であることができないからである。

（＊）神が自由な存在者を創造することはいかにして可能か、このことすら理解できないのである。なぜならもしも神によって創造されたものとするならば、一見したところその存在者の将来の行為のいっさいは、神の最初の〔創造〕行為によってあらかじめ決定され、自然必然性の連鎖のうちに封じこめられてしまい、したがって自由ではないように思われるからである。とはいえくだんの存在者（私たち人間）がやはり自由であることは、定言命法が道徳的・実践的な見地から証明している。それは理性の或る絶対命令をつうじてのことであるけれども、しかもにもかかわらず理性によっては、原因と結果のこうした関係が〔神の創造において〕可能なことを理論的な見地から理解することはできない。なぜなら〔原因・結果の〕双方ともに超感性的なものであるからだ。[5]──そのさいひとが理性に期待しうるところといえばせいぜい、自由な存在者の創造という概念にはいかなる矛盾も含まれていないのを証明することである。くわえてこの証明は、以下の件を示すことでじゅうぶん遂行されうるのである。すなわち矛盾が生じるのはひとえに、原因性のカテゴリーと同時に時間という条件が、当の条件は感官の客体との関係において不可避であるということから（すなわち、結果の根拠となるものは結果に対して〔時間的に〕先行しなければならない、ということで）、超感性的なものどうしの関係にまで持ちこまれる場合にかぎられる、ということである（これは実際またくだんの因果概念が、理論的な見地からしても客観的な実在性を獲得すべきであると見なされるならば、起こらざるをえないところだろう）。[6]──それ──つまり矛盾──はしかし、道徳的・実践的な見地、したがってまた非感性的な観点から、純粋なカテゴリーが(なんらかの図式を根底に置くことなく)創造概念に対して使用される場合には消滅してしまうことだろう。哲学的な法学者であるならば、探究がこのようにして、人倫の形而上学において超越論的哲学の第一原理にまで及ぶことを不必要な穿鑿《せんさく》と見なして、それは当てもなく暗闇のなかで彷徨うようなものだなどと言いつのることはあるまい。哲学的法学者はこの場合、解決されなければならない課題が困難であり、それでもまたこの場面でも法の諸原理をじゅうぶん満足すべき必要があることを考慮に入れているからである。

第二十九節

右に挙げた義務からまた必然的に生じる両親の権利は、子どもを監督し、また教化することである。それは、子どもがじぶんの肢体をみずから使用すること、ならびに悟性を使用することになお習熟していないかぎりでのものであるが、扶養し、かつ保護することとはまたべつの、子どもを教育する権利であって、一方では実用的に、すなわち子どもが将来じぶん自身を養い、生計を立てていけるように教育し、他方ではまた道徳的に——なぜならそうしなければ、子どもを放任した責任が両親に降りかかることになるだろうから——教化する権利なのである。こうしたいっさいは、父権免除(1)(*emancipa-*

tio）のときにまで及ぶことになる。そのばあい父権免除によって両親は、命令を下すべきじぶんたちの家父長権ばかりではなく、それまでの養育と労苦に掛かった費用の償還を求める請求権のすべてをも放棄することになるのだから、それに替えて、かつまた教育が完了したのちに両親が子どもたちに期待することができるのは、彼らの（両親に対する）責務をたんなる徳義務のかたちで、すなわち感謝[(2)]という仕方で示してもらうことであるにすぎない。

子どもがこのように人格性を有するところから、いまひとつ帰結することがある。子どもはだんじて両親の所有物と見なされることができないにもかかわらず、両親の「私のもの」「君のもの」に属している（なぜなら子どもは物件とおなじく両親の占有のもとにあり、いかなる他者が子どもを占有していようと、そのもとから、子どもの意志に反しても両親の占有のもとへと連れもどされることができるからである）。それゆえ両親の権利はけっしてたんなる物権ではなく、かくてまた譲渡可能なものでもない（*ius personalissimum*）〔もっとも人格的な権利〕。しかしまたたんに対人的な権利〔たんなる債権〕でもなく、むしろ物権的様相を帯びた債権〔対人的権利〕[(3)]である、ということである。

かくして、この場面で明らかとなることがある。物権的様相を帯びた対人的権利という項目が法論にあってはさらに、物権ならびに対人権〔債権〕という項目のほかに必然的に付加されなければならず、従来の区分はしたがって完全なものではなかった、ということだ。なぜなら両親の権利が、じぶんたちの家の一成員としての子どもにかんして問題となる場合、両親はただたんに子どもたちに課せられた帰宅すべき義務を引きあいに出すばかりではなく、子どもが家出したときにはむしろこれを物件として（逃亡した家畜のように）先占し、捕獲する権能を与えられているからである。(4)

家政的社会の権利　第三項
家長権

第三十節

家の子どもたちは両親とともに一箇の家族を形成していたが、彼らはまたそれまでの依存関係を解消する契約をまったく取りむすぶことなく、ただみずから生計を維持する能力を獲得することで（これはひとつには自然な成熟として、自然一般の普遍的経過に従って生じ、またもうひとつには彼らおのおのに特殊な自然的性状に応じて生じることである）成年（*maiorennes*）となり、すなわち彼ら自身の主人（*sui iuris*）〔自権者〕となる。

かくて子どもがこの〔自権者たる〕権利を取得するのは、特別な法的行為によるものではないがゆえに、したがってそれはただ法則による(*lege*)ものであることになる。——そのばあい子どもたちは両親に、その教育にかんしてなんらの債務も負うことがなく、それに符合して後者も子どもたちに対する〔教育を与えるべき〕責務〔拘束性〕からまったく同様に解放されるのである。かくして両者はおのおの自然的な自由を獲得し、あるいはふたたび取得するに至るのだ。——家政的社会は、しかし法則に従い必然的であったにもかかわらず、ここに解消されることになる。(1)

両当事者〔両親と子ども〕はそうなっても現実には同一の世帯を維持することはできるとはいえ、その義務づけの形式は異なってくる。つまり世帯は〔その形式からすれば〕家長と奉公人(家に属する男女の奉公人)が結合したものとなっており、したがってひとしくこの家政的な社会を維持しているとはいえ、いまや家長の支配する社会(*societas herilis*)を維持しうるわけである。これはなんらかの契約によるものであり、その契約によって家長は成年に達した子どもたちと、あるいは家族に子どもがいない場合ならば他の自由な諸人格(家人たち)と一箇の家政的な社会を設立することになる。この社会はひとつの不平等社会(すなわち、命令者あるいは主人と服従者たちつまり奉公人から*imperantis et subiecti domestici* 構成される社会)となることだろう。

奉公人はそこで家長にとっての「じぶんのもの」に属し、しかもその形式(占有状態)からすれば、あたかも物権法に従うものであるかのように所属している。なぜなら家長は、奉公人がかりに家長のもとから逃亡した場合には、一方的な選択意思によってみずからの支配力のもとに連れもどすことができるからである。とはいえその実質から言うなら、すなわち家長がどのようにこのみずからの家人を使用しうるかという点からすれば、家長といえどもだんじて奉公人の所有者(*dominus servi*)〔奴隷の主人〕であるかのようにふるまうことはできない。なぜなら奉公人はただ契約をつうじてじぶんの支配力のもとにもたらされただけであり、しかしなんらかの契約が、一方の当事者は他方の利益のためにその自由のすべてを断念し、そのことで一箇の人格であることを止めて、したがってまたいかなる義務も契約を遵守することにかんして負うことなく、むしろひとえに支配力を承認するだけのものであったとしたならば、当の契約は自己自身のうちで矛盾しており、かくて無効となって、なんら契約ではないからである。(2)(所有権が、罪を犯してみずからその人格性を喪失するに至った者にかかわる場合については、ここでは問題としない。)

したがって家長と奉公人とのあいだのこうした契約は、その性質からすれば、奉公人を使用することがそれを消耗してしまうことになるようなものではありえない。この点にかんする判断はしかも家長によってばかりではなく、奉公人によっても下される〔奉公人はそれゆえだんじて、奴隷の身分ではありえない〕。(3) だからまたこの契約は生涯にわたるものではありえず、せいぜいただ不定の期間について締結されうるにすぎないから、その期間内であっても一方の当事者が他方に対して〔契約による〕結合関係の解消を申し出ることのできるものである。(4) 子どもたちは他方、〔犯罪によって奴隷となった者の子どもであっても〕つねに自由である。それも、人間はだれであれ自由に生まれついており、なぜなら本人はなおなんら罪を犯してはいないからであって、だから当人が成年に達するまでの教育に掛かる費用もまた、その者に対して自身が償還すべき一箇の債務として帰することができないからである。というのも奴隷であっても、それが可能なかぎりみずからの子どもをやはり教育しなければならないのであり、そのばあい子どもに対してそのための費用を負わせることができないからだ。奴隷の占有者の側が、したがってかわりに、奴隷がこのように資産を持たない場合には〔子どもに教育を与えるべき〕奴隷の責務〔拘束性〕を引きうけるのである。

＊　＊　＊

こうしてここでもまた、見てとられるところは前二項についてそうであったのと同様であって、なんらかの物権的様相を帯びた対人的権利〔奉公人に対する主人の権利〕が存在する、ということである。というのも主人は奉公人を連れもどすことができ、また「外的なじぶんのもの」としていかなる占有者に対しても〔奉公人についての〕返還要求をなしうるからである。しかもそのために、このようにふるまうことを許す根拠やその権利が、あらかじめ審理されるに及ばないのである。

契約によって取得されうるいっさいの権利の教説的な区分

第三十一節

形而上学的法論に対して要求されうるのは、それがア・プリオリに、区分された各分肢(*divisio logica*)〔論理的区分〕を完全かつ確定的に数えあげて、かくて法論について一箇の真正な体系を樹立することである。これに引きかえ、経験的な区分はすべてたんに断片的なもの(*partitio*)〔部分的なもの〕にすぎず、そこでは不確実なままでありつづけることがらがある。それはつまり「なお多くの分肢がほかにも存在して、区分された概念の全領圏を覆うためにそれらが必要とされることになるのではないか」という件なのである。――さて、ア・プリオリな原理に従ってなされる一箇の区分を（経験的な区分との対照において）、教説的なもの(1)と名づけることができる。

いっさいの契約はそれ自体として、つまり客観的に考察される場合には、ふたつの法的行為から成立している。すなわち、約束とその受諾ということである。後者をつうじた〔約束されたものの〕取得は（それが一箇の *pactum re initum*〔要物契約〕として、引渡を要求するものではないかぎり）、契約の一部分ではなく、むしろ法的に必然的なその帰結である。――たほう主観的に考量される場合には、事情が異なる。それはつまり「右の帰結は理性に従って必然的である（すなわち取得がなされるべきである）けれども、その帰結が現実的にも結果する（物理的帰結となる）ものであるのかどうか」という問いに対する答えとしては、ということである。これにかんして私としては、約束の受諾によってなおなんら保証を手にしていない。したがって、この保証は外的な仕方で契約の様相に属する。すなわち契約をつうじた取得の確実性に属するものであるから、それは手段を完備させるための補完的部分であって、その手段が目ざすのは契約の意図つまり取得を達成することなのである。――この補完を目的として、三つの人格が登場する。すなわち、要約者、受諾者、保証人の三者である。このうち最後の者、ならびに当該人が要約者と交わす特殊な契約をつうじて、受諾者はたしかに客体にかんしてより多くを獲得するわけではないとはいえ、それでも「じぶんのもの」を入手するためにより多くの強制手段を獲得することになる。

右の諸原則は論理的(合理的)な区分にかかわるものであって、その原則に従えば、いまや本来ただ三つの単純かつ純粋な契約の種類が存在するにすぎない。混合的な、しかしそれゆえ経験的な契約の種類についていえば、それらは純然たる理性法則に従って「私のもの」「君のもの」を与える原理に、さらに制定法上の、また慣習的な原理を付加するものであるから、その種類は無数に存在する。これらの種類の契約はしかし、形而上学的法論の圏外にあるのであって、ここではただ、形而上学的法論〔の圏内にあるもの〕を表示しておかなければならない。

そもそもいっさいの契約は、A一方的な取得を意図するものであるか(無償契約)、あるいは、B双方的な取得を意図するものであるか(有償契約)、もしくはなんら取得を意図することなく、むしろただ、C「各人のもの」の保証のみを意図するものであるか(この契約は一面では無償契約であるが、他面ではやはりまた同時に有償契約でありうる)、そのいずれかである。

A **無償契約**(*pactum gratuitum*)とは、以下のようなものである。(2)

a 委託された財産の保管(*depositum*)〔寄託〕

b　物件の使用貸借（*commodatum*）

c　贈与（*donatio*）

B　**有償契約**

I　譲渡契約（*permutatio late sic dicta*）〔広義における交換〕

a　交換（*permutatio stricte sic dicta*）〔狭義における交換〕、財貨 対 財貨

b　販売と購買（*emtio, venditio*）、財貨 対 貨幣[3]

c　消費貸借（*mutuum*）、ただ同種の物件を返還する（たとえば穀物 対 穀物、あるいは貨幣 対 貨幣）という条件のもとで、なんらかの物件を譲渡すること

II　貸借契約（*locatio conductio*）

α　私の物件を、だれか他者がそれを使用するために賃貸すること（*locatio rei*）〔賃貸借〕。この賃貸は、ただ同種の物件を償還してもらえばよいという場合、有償契約としてはまた利息の支払を伴うこともある（*pactum usurarium*）〔利息契約〕。

β　雇庸契約（*locatio operae*）、すなわち一定の報酬（*merces*）〔賃金〕と引きかえに、或る他者が私の労力を使用するのに同意すること。この契約に従って労働する者が、雇人（*mercennarius*）である。

γ　委任契約（*mandatum*）。これは、或る他者に代わり、かつまたその名義におい

て遂行される業務の執行である。この業務執行が、たんに他者の代わりに遂行されるだけで、同時にその他者（被代理人）の名義において遂行されるのではない場合には、委任なき業務執行（*gestio negotii*）〔業務管理〕であり、それがたほう他者の名義において執行されるときには委任と呼ばれる。委任はその場合には貸借契約として、一箇の有償契約（*mandatum onerosum*）〔有償委任〕である。

C　保証契約（*cautio*）

a　質入と質取の双方（*pignus*）〔質〕。

b　或る他者の約束に対する保証（*fideiussio*）。

c　人的担保（*praestatio obsidis*）。

右の一覧表は「各人のもの」の他者への移転（*translatio*）について、そのあらゆる種類を示したものである。そこに見いだされるのは、この移転にかかわる客体あるいは道具の諸概念であり、それらはまったく経験的なものであって、その可能性についてさえも、一箇の形而上学的法論のうちでは本来その場を持たないものであるかのように見える。(4) 形而上学的法論において、区分はア・プリオリな原理に従って設定されなければならず、したがって取引の実質（これは慣習的なものでありうる）は捨象され、ひとえにその形式に注目されなければならないからである。そうした〔慣習的でありうる〕概念としては、たとえば貨幣の概念が挙げられるが、この概念は他のあらゆる譲渡可能な物件すなわち財貨に対立するものとして、販売と購買の項において挙げられるだろうし、もしくはまた書物のそれもそのような概念として挙げられよう。――しかしながら以下では、つぎの件が示されることになるだろう。すなわち、貨幣とは最大で、かつもっとも有用なものとして、販売と購買（商取引）と呼ばれる、物件を介した人間の取引のいっさいの手段のうちであらわれるものであって、その概念は、思想の取引における最大の手段である書籍の概念と同様、やはり純然たる可想的諸関係へと解体されるのであり、またそうすることで、純粋な契約の一覧表は経験的な混合物によって不純なものとされずに済む、ということなのである。

I　貨幣とはなにか？

貨幣とはなんらかの物件でありながら、その使用がただ譲渡されることによってのみ可能となるものである。これは貨幣のすぐれた名目的説明であって（アッヘンヴァルに(5)よる）、すなわち選択意思のこの種の対象を他のすべての対象から区別するのに十分なものである。とはいえこの説明が私たちに与えてくれるのは、そうした物件が「どのようにして可能であるか」をめぐる解明ではまったくない。それでも、くだんの名目的説明から見てとることができることがらがふたつある。ひとつには、取引においてこの〔貨幣の〕譲渡がなされる場合、その意図するところは贈与ではなく、むしろ（*pactum onerosum*〔有償契約〕をつうじた）相互的な取得であるということだ。もうひとつには、貨幣とは（ある国民において）一般に選好されている、取引のたんなる一手段であり、それ自体としてはなんら価値を持たないものであるから、それは財貨としての物件との対立において（財貨とはすなわち価値を有し、当該国民のうち或る者もしくは他の者の特殊な欲求にかかわるものである）考えられることで、いっさいの商品を代表している、(6)ということとなのである。

一シェッフェルの穀物(7)はきわめて大きな直接的な価値を有しているのであって、それは人間の欲求を充足する手段となるからである。ひとはその穀物で家畜を飼育することができ、当の家畜は私たちの栄養となって、また移動に役だち、私たちに代わって労働してくれる。(8)さらに穀物によってこうしてまた人間も増加し、扶養される。増加した人間たちはただたんに穀物のような自然的産物をたえず再生産するだけではなく、その人工的産物をつうじてまた私たちのあらゆる欲求を充たすこともできる。つまり、私たちの住居や被服、洗練された嗜好品や、およそいっさいの快適なものを製作することによってであるけれども、それらは工業による財を形成することになるだろう[9]。貨幣の価値は、これに対してただ間接的なものにすぎない。貨幣そのものを享受〔飲み食い〕するわけにはいかないし、また貨幣自身をなにかのために直接に使用することもできない。しかしそれでも貨幣とは一箇の手段として、あらゆる物件のうちでももっとも有用性の高いものなのである[10]。

この件にとりあえず、貨幣の実質的定義の基礎を置くことができる。貨幣とは、人間たちの労苦を相互に取引するための普遍的な手段である[11]。それゆえ国富は、それが貨幣を媒介として取得されたものであるかぎりでは、本来ただ人間がたがいのもとでそれを支払う労苦の総和にほかならない。だから国富とは、国民のあいだで流通している貨幣によって代表されるものなのである。

ところで物件は、およそ貨幣と称さるべきものであるならば、したがってそれじしん労苦を費やして産出されたもの、あるいはまた他の人間の手もとに調達されたものでなければならないが、その労苦の量は、〔貨幣と交換される〕財貨が〔自然的産物もしくは人工的産物のかたちで〕取得されるのに要した労苦とひとしいものでなければならず、そうした〔財貨に費やされた〕労苦に対して、〔貨幣に費やされた〕労苦が交換されるわけである。理由については、かりに以下のような状態を考えてみればよい。貨幣と称されるものの材料のほうが、商品よりも調達するのに容易であれば、売りに出される商品よりも多くの貨幣が市場にあらわれることになるだろう。そのばあい売主(12)は買主にくらべて、より多くの労苦をじぶんの商品に費消しなければならなくなる。買主の手もとには貨幣が迅速に流れこむからだ。そうなれば商品を製造するのに費やされる労苦も、したがってまた取得のための勤労を要する営業一般も、それが公共的な富をもたらすものであるにもかかわらず、同時に収縮し減退してしまうだろう、ということである。――そうした理由からすると、銀行券やアシニア紙幣(13)を貨幣と見なすことはできないが、それはこれらの紙片がたとえ一時的には貨幣の代わりとなるにしてもおなじことである。これらはほとんどなんら労働も要さず作製されるかぎり、その価値はたんなる思わくにもとづくものにすぎないからだ。思わくとはつまり、それらを現金に替えることがこれまで成功してきた以上これからも継続するだろう、という見込みなのである。この思わくは、偶々のきっかけで、現金が容易かつ確実に取引されるのに、量的に十分なだけ準備されていないことが露呈してしまったときにはたちまち消えうせて、かくて支払の停止が避けがたいものとなってしまう。――こうして、以下の件が予想される。ひとびとは〔金銀を〕取得するために勤労を費やして、ペルーやニューメキシコで金鉱・銀鉱を開発してきている。しかしとりわけ、試掘があれほど失敗しながらも繰りかえされることで、無駄な労苦が鉱脈の探索に費やされたことを考えあわせてみよう。その勤労はおそらく、ヨーロッパにおいて財貨の製造のために費消された勤労よりも遥かに大きなものであると思われる。かくてその勤労は報いられないものとして、かくてまたおのずと衰退してゆき、右に挙げた国々はほどなく困窮に見舞われることになるだろう。ただし、以下のような場合はべつである。すなわち、ヨーロッパ人の労苦がまさにこれらの〔金・銀という〕原料に刺激されることで、この国々の労苦に対応し、それに比例するかたちで同時に拡張されていき、くだんの国々における採鉱への渇望がその国々に〔ヨーロッパから〕提供される奢侈《しゃし》品によって絶えず喚起され、それを持続させる、という場合である。その場合には、ここでもやはり労苦に対して労苦が競合してゆくことになる。

　ところでいったいどのようにして、もともとは財貨であったものがついには貨幣となることが可能なのだろうか？　〔それはつぎのような場合だろう。〕或る者が強大で権力を持ち、浪費をこととしており、その者はなんらかの材料を、最初はたんにじぶんの〔屋敷内の〕従者たちを飾りたてたり、光彩を与えたりするために使っていたものとする〔たとえば金・銀・銅、あるいはカウーリ[14]と呼ばれる美しい貝殻の一種、あるいはまたコンゴではマクーテと呼ばれる或る種の敷物や、セネガルでは鉄棒、さらにギニア海岸では黒人奴隷そのもの)。すなわちこの場合その者はひとりの首長なのであって、その首長がじぶんの臣民たちからの貢租を、この素材のかたちで(財貨として)要求することとしよう。そのとき臣民はこの徴収に応じて、素材を調達するために働かざるをえないことになるが、またこの臣民に対してまさにおなじ素材をもって労賃を支払うものとし、しかもその支払は(市場や取引所における)臣民間ならびに臣民と〔首長と〕のあいだの取引一般の約定に従うものとする。——このような経緯をつうじてのみ、(私見によれば)なんらかの財貨が労苦を取引する法定的な手段となったのであり、その取引は臣民相互間でおこなわれ、かくてまた国富の取引ともなって、当の財貨がとりもなおさず貨幣となることが可能となったのである。

　貨幣についても、可想的概念が経験的概念の根底に置かれているが、この可想的概念は、したがって以下のような物件についての概念となる。すなわちその物件は、占有の流通(*permutatio publica*)〔公共的交換〕に引きいれられて、他のいっさいの財物[15](商品)の価格を規定し、しかもその財物のなかには学すらも、それが他者たちに対して無報酬で教えられるものではないかぎりで含まれている。したがって或る国民における貨幣の総量が、当該国民の豊かさ(*opulentia*)をかたちづくるのである。なぜなら価格(*pretium*)

とはなんらかの物件の価値(*valor*)にかんする公共的判断であって、該物件の価値がそれと比例する量との関係によって測られるものとは、労苦の相互的交換(流通)にさいしてその普遍的かつ代表的な手段となるもの〔すなわち貨幣〕であるからだ。――それゆえ大量の取引がおこなわれている場合には、金も銅も本来の貨幣とは見なされず、ただの財貨として取りあつかわれる。というのも一方〔金〕の現存量はあまりにすくなく、他方〔銅〕の現存量はあまりに多いところから、これらを気安く流通へと投入することも、それらを小片に分割することもできないからだ。小片に分割するとは、交換によってなんらかの財貨、あるいは〔財貨自身が分割可能なものである場合には〕当の財貨を最小量だけ取得するときに、その交換のために必要となる小片へと分割すること〔であるが、金や銅についてはこれが不可能〕である。それゆえ銀が(多かれすくなかれ銅を混合されて)、世間の大量の取引のなかで貨幣の本来の材料と見なされ、あらゆる価格を算定するための規準とも見なされる。それ以外の金属は(したがって金属ではない材料はなおさらのことである)ある種の国民にかぎって、ちいさな取引にさいして用いられうることになる。――前二者〔金銅〕は、たんに計量されるだけではなく刻印も押された場合、すなわち徴標を付されて、「どれだけの価格として通用するべきか」が示されたときに、法定貨幣つまり鋳貨となるのである。

《貨幣とはそれゆえ(アダム・スミスにしたがえば)、その物体を譲渡することが、取引するさいの手段であると同時に規準となって、人間たちや諸国民がたがいに労苦を交換することになるものである》(16)。——この説明によって、貨幣の経験的概念はその可想的概念へと導かれてゆく。それはくだんの説明がただ、有償契約における相互的な給付の形式にのみ注目し(つまりこの給付の実質を捨象して)、かくて、「私のもの」「君のもの」の交換(*commutatio late sic dicta*)〔広義の交換〕一般における法概念だけに注目するものであるからだ。そのけっか先に挙げた一覧表〔一九〇—一九二頁〕がア・プリオリな教説的区分の表として、したがって一箇の体系である法の形而上学の区分表として適切であることが示されるのである。

II　書籍とはなにか?

書籍とはなんらかの著作物であり(それがペンで書かれているか活字でしるされているか、頁数が多いかすくないかは、ここでは問題ではない)、その著作物が提示するのは一箇の談話であって、当の談話はなんぴとかが可視的な言語記号をつうじて公衆に対しておこなうものである(17)。——公衆に対してじぶん自身の名義で語りかける者は、著作家(*autor*)と呼ばれる。或る著作物を介して他者の(著者の)名義で公共的に談じる者は、出版者である。後者が前者の許可のもとにそうする場合は適法な出版者である一方、許可なくしてそうするときには、適法ではない出版者すなわち偽版者となる。原著作物のいっさいの複製（複本）の総体が出版物である。

書籍の偽版は法によって禁じられている(18)

著作物は、なんらかの概念を直接に表示するものではなく（この点で、たとえば肖像として特定の人物を提示する銅版画や、胸像のかたちでそうする石膏像とは異なっている）、それが提示するのは公衆に向けられた一箇の談話である。すなわち著作家は、出版者をつうじて公共的に語りかけるのである。——たほう後者すなわち出版者が語りかけるのは（これは、じぶんのところの親方、*operarius*〔職人〕、つまり印刷者をつうじてのことであるが）じぶん自身の名義においてではなく（そうすれば、みずからを著者であると詐称することになるだろうからである）、著作家の名義においてである。出版者は、したがってただ著作家がじぶんに与えたなんらかの委任（*mandatum*）によって、そのようにふるまう権限を有しているにすぎない。——さて偽版者もみずからの専断にもとづく出版物をとおして、たしかに著作家の名義において語るのであるけれども、そのために委任を受けているわけではない（*gerit se mandatarium absque mandato*）〔委任を受けていないのに委任を受けた者のようにふるまっている〕。したがってその行為は、著者から受注した(したがって唯一適法な)出版者に対して一箇の犯罪を構成している。その犯罪とは、出版者がその権利の行使によって引きだすことが可能であり、かつ引きだそうと意欲した利益を窃取するという犯罪(*furtum usus*)〔使用窃盗〕である。(19) したがって、書籍の偽版は法によって禁止されている。

書籍の偽版といったことは、ほんの一瞥を加えただけで不正であることがあまりに明白である。にもかかわらずそうした行為は一見したところ適法であるかのように見えるが、その理由として以下の点を挙げることができる。すなわち書籍は一面では有体的な技術的生産物(*opus mechanicum*)、つまり模造されうるものである(これは、その複本を適法に占有している者によってなされることである)。したがってその模造されたものにかんして、物権が成立している。他面ではしかし書籍とはまた、出版者が公衆に向けておこなうたんなる談話であり、出版者がこの談話を、著作家の委任を受けずに公共的に反復することは許されないもの(*praestatio operae*)〔労務の給付〕であって、そこには一箇の債権〔対人的権利〕が成立している。それゆえここで誤謬は、このふたつの側面がたがいに取りちがえられるところにある。

＊　＊　＊

対人的権利〔債権〕と物権との取りちがえは、またもうひとつ、賃貸契約に属する場面（BのⅡのα）、すなわち借家（*ius incolatus*）〔居住権〕の場合でも係争のもととなっている。――問題となるのは、つぎのようなことである。すなわち所有者が、だれかに賃貸している家屋（もしくはその敷地）を、賃貸借期限の満了以前に或る第三者に売却する場合、その所有者は当該の売買契約に当たって、賃貸の継続という条件を付加するよう拘束されているのか？　あるいは「売買は賃貸借を破る」と言いうるのか？（もちろん、慣例によって定められている解約予告期間の終了後ということである。）――第一の場合には、家屋は事実上なんらかの負担（*onus*）を負っていることになるだろう。その負担とはつまりこの物件における或る権利であって、借家人はこの権利を当の物件（家屋）にかんして取得していたことになるはずである。こうしたことももちろんありうるだろう（たとえば賃貸借契約が家屋に付随すると登記することによって）。とはいえその場合にはたんなる賃貸借契約ではなくなってしまい、そのためにはなおもうひとつべつの契約が（多くの賃貸人はそうした契約に同意しないだろう）付加されなければならないはずである。[20] したがって妥当なのは、《売買は賃貸借を破る》という命題のほうである。すなわち、或る物件における完全な権利〔所有権〕は、それと両立しえないいっさいの債権〔対人的権利〕に優越する。ただしそのばあい対人的権利〔債権〕を根拠とする訴えが、賃借人には許されているのであって、それは賃借人が、契約の破棄から生じる不利益によって損害を受けないようにするためである。

挿入節　選択意思の外的対象の観念的取得について

第三十二節

私が観念的なものと名づける取得とは、時間のうちなる原因性をなんら含まず、したがって純粋理性のたんなる理念を根拠とするような取得のことである。こうした観念的取得は、それにもかかわらず真正の取得であって虚構による取得ではない。それが実在的なものと呼ばれないのはひとえに、取得する作用が経験的ではないという理由によるだけである。つまり主体が他者から取得するのが、その者がいまだ存在していない〔存在する可能性がたんに想定されているにすぎない〕ときか、あるいはいままさに存在しなくなるときか、もしくはもはや存在していない場合であるか、そのいずれかであって、占有に到達することが理性のたんに実践的な理念〔によるもの〕である、ということなのである。――こうした取得の様式には、つぎの三つのものがある。１取得時効によるもの、２相続によるもの、３不滅の功績（*meritum immortale*）によるもの。これはすなわち、死後の名声に対する請求権である。たしかに、これら三者はすべて公共的な法的状態においてのみその効果を有するものであるとはいえ、それらが基礎を置いているのは、ただたんに法的状態の基本法制[1]やその任意な制定法規ばかりではない。むしろまたア・プリオリに自然状態において、しかも必然的にあらかじめ思考されうるものであって、市民的な体制[2]におけるさまざまな法律は、あとからそれに従って制定されるのである（*sunt iuris naturae*）〔これら三者は自然法に属する〕。

Ｉ　取得時効による取得の様式

第三十三節

このばあい私が或る他者の所有物を取得するのは、たんにそれを長期にわたって占有してきたこと（*usucapio*）〔使用取得〕による。それは私が、その件に対する当該他者の同意を適法的に前提することが許されているから（*per consensum praesumtum*）〔推定された同意によって〕ではない。また私は、他者の抗弁がない以上、当人がその物件を放棄したものと（*rem derelictam*）〔放棄された物件であると〕想定しうるからでもない。かえって、たとえだれか真正の、該物件にかんして所有者たることを要求しうる者〔返還請求者〕が存在していたとしても、私はなおかつその者を、たんにじぶんが長期にわたって占有してきたことを理由として排除し、請求者〔旧所有者〕がそれまで現存していたことを無視して、それどころか、あたかもその者が私の占有期間中はただ思考物としてのみ存在していたかのようにふるまうのを許されるからなのである。かりに私が、旧所有者ならびにその要求が現実に存在することを事後的に通告される場合でも、事情はおなじである。——こうした取得の様式を時効による（*per praescriptionem*）取得と呼ぶのは、完全に精確なものであるとはいえない(1)。なぜなら〔前所有者の〕排除は、この取得の効果にすぎないと見なされるべきであって、取得のがわが〔時効に対して〕先行していなければならないからである。——取得のこの様式がいかにして可能であるかが、いまや証明される必要がある(2)。

なんらかの継続的な占有作用（*actus possessorius*）を「じぶんのもの」である外的物件について行使しない者は、法的には〔占有者として〕まったく現存しない者と見なされる。なぜなら、その者が〔占有に対する〕侵害を訴えることができるためには、まず占有者たる権原を有することを正当化しなければならないからである。だから本人がたとえ後になってから、だれか他者がすでに当該物件の占有を取得しているときに、じぶんが占有者たることを宣言したとしても、当人が語りうることといえば、それでもただ「じぶんがかつて一度は所有者であった」ということにすぎず、「じぶんはいまなお所有者であり、占有は連続的な法的行為がなくても中断せずに継続している」と語ることはできない。——したがってなんらかの法的な、しかも連続的に保持され、かつ記録によって証明される占有作用《アクト》によってのみ、当人が長期にわたって該物件を使用していなくてもなお「じぶんのもの」であることを保証されるのである。

というのも、以下のように考えてみればよい。すなわち、右にいう占有行為《アクト》を怠ったのであれば、その結果として、だれか他者が適法かつ善意の占有(*possessio bonae fidei*)にもとづいて、法的に有効な占有(*possessio irrefragabilis*)〔抗弁しえない占有〕を設立し、かくて現にみずからの占有のもとにある物件をじぶんが取得したものと見なすことになる。ところがいま、このような結果が生じないものと想定してみる。そうなれば、およそいかなる取得も確定的な(確立された)ものとはならず、むしろいっさいの取得がたんに暫定的な(一時的な)ものとなってしまうことだろう。なぜなら歴史的に探索してみても、その探究が最初の占有者ならびにその取得行為にいたるまで遡及することは不可能だからである。――取得時効（*usucapio*）〔使用取得〕の基礎となる推定は、したがってたんに推測として適法的である（許容されている、*iusta*）だけではなく、同時にまた法的〔に正当〕（*praesumtio iuris et de iure*）〔法の、ならびに法に従う推定〕であるが、それはこの推定が強制力のある法規にもとづく前提（*suppositio legalis*）〔法的前提〕だからである。だれであれ、本人の占有作用を証明する記録の作成を怠った者は、みずからの請求権を現在の占有者に対しては喪失しているのであって、そのばあい怠っていた期間の長さ（これはまったく規定されえないし、規定されてはならない）はただ、この不作為を確証するために引証されるにすぎない。これに対して、それまで占有者として知られていなかった者が、くだんの占有作用は（当人の責めによるものではないにしても）中断されていたにもかかわらず、いつでも当該物件を取りもどし（返還請求し）うる（*dominia rerum incerta facere*）〔物件の所有権を不確定にする〕とすれば、それはすでに挙げた、法的・実践的理性に属する要請に矛盾することになる。

ところでいっぽう当該本人が公共体の一成員であるとき、すなわち市民的状態のうちにある場合には、国家はその者に代わって当人の占有を（代理で）保持しうるが、これはくだんの占有が私的占有としては中断されていても同様である。そこで現在の占有者はみずからの取得の権原を、その最初の取得にまで遡って証明する必要はなく、またその基礎として取得時効という権原に訴えるにも及ばない。これに対して、自然状態では後者〔取得時効という権原〕のほうが適法的であるが、それは本来この権原によってなんらかの物件を取得するためのものではなく、なんらかの法的行為を伴わずに該物件の占有を保持するためのものである。だから〔返還〕請求権から解放されることも、実際また取得と呼ばれるのが通例なのである。――以前の占有者の〔占有には〕時効[4]〔があること〕は、それゆえ自然法に属する（*est iuris naturae*）[5]。

II　相続（*Acquisitio hereditatis*）〔相続財産の取得〕

第三十四節

相続とは、財産の移転[1]（*translatio*）が、死にゆく者から生き残る者へと、両者の意志の一致をつうじて生起することである。――相続人による（*heredis instituti*）〔指定相続人による〕取得と被相続人による（*testatoris*）〔遺言者による〕放棄、すなわち「私のもの」「君のもの」のこの交替は一瞬のうちに（*articulo mortis*）〔死の瞬間に〕、つまり後者〔被相続人〕がまさに存在を停止するその瞬間に生起する。その交替はそれゆえ本来、経験的な意味における移転（*translatio*）ではない。その意味での移転なら継起するふたつの行為を前提し、すなわちそこで一方がまずじぶんの占有を手放して、つづいて他方がそれに取ってかわることを前提としているものであるが、〔ここで問題としている相続による〕交替はこれに対してむしろ一箇の観念的取得なのである。——遺言（*dispositio ultimae voluntatis*）〔終意処分〕によらない相続を自然状態において考えることはできないし、また相続契約（*pactum successorium*）であろうと一方的な相続人指定（*testamentum*）〔遺言〕であろうと、問題となるのは要するにこういうことである。すなわち「主体が存在を停止するまさにその瞬間に、「私のもの」「君のもの」の移転がはたして可能なのか、またそれはいかにして可能となるのか？」ということだ。そうであるがゆえに「相続による取得の様式はいかにして可能であるか？」という問いは、相続が実施される種々の可能な形式（これらはひとえになんらかの公共体にあってのみ成立する）からは独立に考察されなければならない。

《相続人指定によって取得することは可能である》。——その理由は以下のとおりである。被相続人カイウスがその最終意志〔終意〕において、そのような約束のことなどなにも知るよしがないティティウスに「じぶんの財産は死亡のさいにティティウスに移転すべきこと」を約定し、かつ宣言したものとする。したがってカイウスは、生きているかぎりはその財産の唯一の所有者でありつづけるわけである。ところでたしかに、たんなる一方的意志によってはなにものも他者へと移転しえないのであって、そのためにはむしろ約定にくわえてなお相手方の受諾（*acceptatio*）ならびに一箇の同時的意志（*voluntas simultanea*）が必要であるが、この意志がしかしながら当面の場合には欠落している。なぜならカイウスが生存しているかぎり、ティティウスは明示的に〔約定を〕受諾して、かくて〔遺産を〕取得するというわけにはいかないからだ。カイウスはただじぶんが死亡した場合についてだけ約定したにすぎないからである（というのももしそうでなければ、所有権は一瞬のあいだ共同的なものとなるだろうが、このことは被相続人の意志するところではないからである）。――ティティウスはしかしそれでも暗黙のうちに独特な権利(2)を遺産に対して、しかも一箇の物権として取得する。その権利とはすなわち、排他的に遺産を受領する権利（*ius in re iacente*）〔帰属未定の物件における権利〕であって、したがってこの遺産は問題の〔死亡の〕時点では *hereditas iacens*〔帰属未定の相続財産〕と呼ばれる。ところでひとはだれであれ必然的に（なぜならひとはそのことで獲得することはあっても、しかしけっして喪失することはないのだから）そのような権利を、したがってまた暗黙のうちに受領するのであり、カイウスの死亡後のティティウスの事例はこうした場合に当たるのであるから、ティティウスは相続財産を約定の受諾によって取得することができる。そのさい相続財産は、いくらかの中間期間があったとしてもまったくの無主物(*res nullius*)となったわけではなく、ただ現有者空位のもの(*res vacua*)〔空主物〕であったにすぎない。というのも、ティティウスが排他的に有していたのは一箇の選択権であって、遺された財産を「じぶんのもの」とするのを欲するか、あるいは欲しないかが、ティティウスに委ねられていた〔にすぎない〕からである。

それゆえ遺言はまた、たんなる自然法に従っても有効である(*sunt iuris naturae*)〔自然法に属する〕。この主張は、とはいえ正しく解されるなら、遺言に具わる資格と価値は、市民的状態においてこそ(将来ひとたびそれが設立されるときに)導入され裁可されるべきである、という意味である。なぜなら、ただこの状態(その状態における普遍的意志)のみが遺産の占有を保証するのであって、それはとりわけ遺産が受領と放棄とのあいだを浮動して、本来はなおなんぴとにも帰属しない状態が継続する場合に問題となるからである。(3)

III 死後の名声という遺産(*Bona fama defuncti*)〔死者の名声〕

第三十五節

死者がその歿後も(つまり当人がもはや存在しないときに)なおなにものかを占有しう

るとは、その遺産がなんらかの物件であるならば、およそ考えるだけでも不合理なことだろう。ところがしかし名声は、外的なものとはいえ、一箇の生得的な「私のもの」「君のもの」であって、それはたんに観念的なものでありながら人格としての主体に所属している。しかも人格の本性についていえば、「それがはたして死亡に伴いまったく存在を停止するのか、それとも依然としてそのものとして残存するのか」といった問題を私としては捨象することができるし、また捨象しなければならない。なぜなら私は他者たちとの法的関係にあっては、いっさいの人格をひとえにその人間性に従って、かくてまた *homo noumenon*〔本体人〕(1) として現実に考察することになるからである。それゆえ、本人の死後に偽りの悪評を立てようとする試みには、それがどのようなものであれつねに〔犯罪の〕疑いがある。当人について根拠のある批難がたとえ成立するにしても（したがって *de mortuis nihil nisi bene*〔死者については良きことのほか語るなかれ〕という原則は正当ではないにせよ）、このことは変わらない。なぜなら、不在の者はみずからを弁護することができないのだから、その者に対して、きわめて確実であるというわけでもないのに批難を口にし、それを言いふらすことは、すくなくとも寛大なわざとは言えないからである。

　ある人間が批難の余地のない生を紡ぎ、そのうえで死によってその生を閉じたものとしよう。そのことで当人がなんらかの〔消極的な意味での〕名声を、「じぶんのもの」でありつづけるものとして取得するのは、本人が *homo phaenomenon*〔現象人〕(2)としてはもはや存在しないこととはかかわりがない。だから生存者たちは〔親族であろうと、そうでなかろうと〕、当人を法廷においても弁護する権能を有する〔というのも証拠もない弾劾〔を看過するとすれば、それ〕によって、その者たちは総じて死後に同様な災難に遭遇する危険にさらされるからである〕。要するに、右に挙げたような人間はそういった種類の権利を取得しうるということであるけれども、こうした件はおよそ奇妙であるにはちがいないが、それにもかかわらず否認しがたい現象として、ア・プリオリに立法する理性に属している。理性はかくてみずからの命令ならびに禁止を、生の限界をも超えて拡張するわけである。――かりになに者かが或る死者についてなんらかの犯罪〔の事実〕について言いふらし、その犯罪は存命中における当人の名誉を失わせるに足り、もしくは同人をひとえに軽蔑にあたいする者と化してしまうほどのものであったとしよう。その場合だれであれ証拠をもって、こうした批難が故意に真実を枉げて捏造されたものであることを証明しうるならば、「死者に悪評をもたらした当人こそ中傷する者である」と公的に宣言し、そうすることでその者自身の名誉を喪失させることができる。前者〔中傷者を告発する者〕がこれを為しうるためには、以下の件を前提することが正当でなければならない。すなわち、本人がすでに死亡しているにしても、その件で死者は侮辱されたということ、また死者に対してくだんの弁護によって名誉を恢復することができ、それは当人がもはや存在しないこととはかかわりがないこと、である。(*) 死者に代わって弁護者の役割を演じるのは、ひとつの権能ということになるだろうが、弁護者としてはまたこれを証明する必要もない。なぜならあらゆる人間がみずから恃《たの》んで、この権能を具えているものと主張するのは当然のところであって、それは当の権能がたんに〔倫理的に考えて〕徳義務に属するばかりでなく、かえってさらに人間性一般の権利に所属するものだからである。だからこの場合、とくべつな個人的不利益がたとえば〔故人の〕友人たちや親族のうえに、死者の被る汚名のゆえに降りかかるかもしれないといったことは、弁護者に対してそうした譴責の権能を付与するために、なんら必要とはされないのである。――したがってこうした観念的取得、ならびに人間がその死後もなお生存者に対して有する権利には十分な根拠があり、この件については争いがたいのであって、これはそうした権利の可能性がなんら演繹を受けつけないものであったとしても変わるところがない。

(*) とはいえここで、来世の生の予感であるとか、離脱したたましいとの不可視の関係であるとかについて夢想し、それによって推論することがあってはならない。なぜならこの場面で問題となっているのは、純粋に道徳的で法的な関係以外のなにものでもなく、それは人間たちのあいだでその生存中にも生じるものだからである。その関係のなかで人間は叡智的存在者として登場し、そのさいいっさいの自然的なもの(3)(空間・時間内におけるその生存に属するもの)は論理的にそこから分離され、すなわちそこでは捨象される。とはいえだからといって、人間たちがそうしたみずからの自然を脱けだして、亡霊となり、その状態に置かれることでじぶんを中傷する者による侮辱を感受するというわけではないのである。――百年後に私についてなにごとか悪事を偽って伝える者は、すでにいま私を中傷することになる。なぜなら、純粋な法的関係とはまったく可想的なものであって、そのような関係にあっては、いっさいの物理的条件(時間)は捨象されるのであり、だから名誉を毀損する者(中傷者)が可罰的(罰を受けるべき)であるのは、その者が私の存命中におなじ罪を犯した場合とまったく同様なのである。ただしこの処罰は刑事法廷によるものではなく、むしろひとえに以下の件をつうじておこなわれることになるだろう。すなわちその者に対しては、同害報復の法理に従って、世論をつうじて名誉の毀傷が加えられ、その毀傷は当人がだれか他者に加えた侵害とひとしいものとなる、ということである。――ちなみに剽窃は、だれか著作家が死者に対して犯したものであって、つまりそれが故人の名誉を汚すものではなく、故人からただその名誉の一部分を抜きとるだけのものであっても、それでも法的にはやはり死者への侵害(人間毀損)として処罰されることになる。

第三篇　公的裁判の判決により主観的に制約された取得について

第三十六節

自然法のもとでただ非制定的な法、したがって、端的にア・プリオリな仕方であらゆる人間の理性によって認識可能な法が理解されるとすれば、自然法に属するのは、相互的な交通(1)のうちにある諸人格のあいだで、彼らのもとで妥当している正義（iustitia commutativa）〔交換的正義〕ばかりではない。さらに配分的正義（iustitia distributiva）〔分配的正義〕もまた、ひとしく自然法のうちに含まれている。これは、くだんの配分的正義がそれ自身の法則に従ってア・プリオリに認識されうるところでは、当の正義もまたみずからの判定（sententia）〔判決〕を下さなければならないかぎりにおいてのことである。

正義を司る道徳上の人格が裁判所(2)（forum）〔法廷〕であり、その職務を執行している状態においては裁判（iudicium）と呼ばれる。こうしたいっさいについてここではただ、法の諸条件にそくしてア・プリオリに考察されるにすぎないのであって、そのさいこのような一箇の制度がどのようにして現実に設立され、また組織されるべきかといったこと(そのためには制定規則が必要であり、したがって経験的な原理が必要とされる)は、考量されることがない。

問題となるのは、かくてここではたんに「なにがそれ自体において正しいのか?」、すなわち「それについて各人がどのようにみずから判断すべきか?」ということばかりではない。それにくわえてさらに「なにが裁判所において正しいのか?」、すなわち「なにが合法であるか?」が問題なのである。そしてその場合、四つの事例にかんしては、これら両種の判断が異なった、しかも対立するかたちで下されるにもかかわらず、たがいに両立することが可能である。というのもそれらの判断は、ふたつの相異なる、双方ともそれぞれ真正な観点から下されるからである。すなわち一方の判断は私法に従い、他方の判断は公法の理念に従って下されるということだ。——四つの事例とは以下のとおりである。1贈与契約(*pactum donationis*)。2使用貸借契約(*commodatum*)。3回収(*vindicatio*)。4宣誓(*iuramentum*)。

法学者が犯しがちな誤謬に、すり替えの誤謬(*vitium subreptionis*)〔詐取の誤謬〕(3)というべきものがある。それはつまり、つぎのようなものである。裁判所にはたしかに、なんらかの法的原理をそれ自身の必要から（したがって主観的な意図において）想定する権能があるばかりか、その原理を想定する責務すらある。それは各人に帰属する権利にかんして宣告し判決を下すためであるが、すり替えとは、そのような原理をまた客観的にもそれ自体として正しいと見なす、ということである。これが誤謬と呼ばれるのは、前者と後者とはやはりまったく異なったものだからだ。――それゆえ、こうした特種な差異を明らかにし、それに注意を喚起しておくことは、それなりに重要な仕事ということになるだろう。

A

第三十七節　贈与契約について(1)

この契約（*donatio*）〔贈与〕は、それによって私が「私のもの」、私の物件（あるいは私の権利）を無償で（*gratis*）譲渡する、というものである。そこに含まれている関係は、私すなわち贈与する者（*donans*）の、或る他者すなわち贈与を受ける者（*donatarius*）に対する、私法に従う一箇の関係であって、この関係をつうじて「私のもの」〔贈与物〕が当該の他者へと、後者（*donum*）〔贈与物〕の受領によって移転する。――しかしその場合、以下のように推定することは許されていない。すなわち私がここで、じぶんの約束を遵守することを強制され、かくてみずからの自由をも無償で放棄し(2)、かくてまたいわば私自身を放擲《ほうてき》する意向を有している、といったことである（*nemo suum iactare praesumitur*）〔なんぴともじぶんのものを放棄すると推定されることはない〕。こういったことはそれでも、市民的状態における法に従う場合には起こりうるだろうが、それは市民的状態では、贈与を受けるはずの者が私を強制して、約束を履行させることもありうるからである。したがって、事案が法廷に持ちこまれたとき、すなわち公法に従うことになる場合には、以下のいずれかが推定されなければならないだろう。ひとつは、贈与者がこうした強制に同意したと推定される場合であるけれども、これは不合理である。もうひとつには裁判所がその裁定（判決）にあたって、贈与者が当の約束を破棄する自由を留保していたかどうかをまったく顧慮せず、むしろ確実なことがら〔のみ〕を考慮すると推定される場合であって、確実なことがらとはこの場合にはつまり、約束がなされ、諾約者がこれを受諾したということにほかならない。したがって、こうなるだろう。かりに要約者が、じゅうぶん予想されうるところであるけれども、こう考えたとしよう。すなわち「じぶんがなおその約束を履行するまえに、約束してしまったことを後悔するならば、じぶんがその約束に拘束されることはありえない」と考えたとしてみよう。そうであってもなお法廷が採用するのはべつの想定であって、「同人はその件を明示的に留保しておく必要があったのであり、その留保がなされていない以上、同人は約束の履行へと強制されうる」と考える。こちらの原則を裁判所が採用するのは、もしそうしなければ、判決を下すことが限りなく困難になるから、あるいはまったく不可能となってしまうからなのである。

B

第三十八節　使用貸借契約[1]について

この契約(*commodatum*)〔使用貸借契約〕は、私がそれによって或る者に無償で「私のもの」を使用することを許諾し、しかもそのばあい「私のもの」が一箇の物件であるならば、契約締結者〔である両名〕が以下の件に同意している契約である。すなわち、当の或る者が私に、まさに同一の物件をふたたび私の支配力のもとに返却すべきである、ということである。この契約においては、貸与物の受領者(*commodatarius*)〔使用借主〕が、ただちにつぎのように推定することはできない。すなわち、くだんの貸与物の所有者(*commodans*)〔使用貸主〕が、物件のありうべき損失というい っさいの危険(*casus*)〔災厄〕をもみずから引きうけるということであって、そのさい損失は所有者にとって有用な当の物件の性状にかかわる場合もあり、またその損失はそもそも所有者が物件を受領者の占有下に引きわたすことから生じうるものであったとしてもおなじことである。というのもここには自明とはいえないことがらがあるのであって、それは所有者が、じぶんの物件を使用させることについては使用借主と同意したとしても(これには、物件の使用と不可分なその毀損は含まれている)、それ以外さらに、損害の可能性が物件をじぶん自身の保管の範囲から逸失させたこと(物件を貸与したこと)で生じるにもかかわらず、そうした損害のすべてに対しても〔借主に対して〕保全を免除した、ということである。そのためにはむしろ、特殊なもうひとつの契約がなされていなければならない。問題となりうるのは、したがって以下の件のみである。使用貸主と使用借主の双方にかんして、そのどちらの責務として、物件に降りかかりうる危険を負担するという条件を、使用貸借契約に明示的に付加することを課するべきか？ あるいはかりにこの付加がなされなかった場合には、いずれのがわについて使用貸主の所有物の保全にかんし同意していること(その保全は同一物件の返還、またはなんらかの等価物による)を推定しうるのか？　こうした推定は使用貸主についてはなされえない。なぜなら本人が、物件のたんなる使用を越えることまで無償となるのに同意した(すなわちさらになお、所有物の保全までも引きうけた)と推定することはできないからである。たほう使用借主にかんしていえば、こうした推定がなされうるだろう。というのは借主がその場合はたすことになるのは、まさに契約中に含まれていること以上のものではないからなのである。

私がたとえば急な雨に降られ、或る家に上がりこみ懇願して、コートを貸してもらったとする。そのコートにしかし、たとえばだれかが不注意で、窓から染色剤を投げすてたのがかかってしまい、まったく使いものにならなくなったとする。あるいはそのコートは、私が立ちよったべつの家で脱ぎすてておいたところを盗まれてしまった、としてみよう。その場合でも私がつぎのように主張したとすれば、それはだれの目にも不合理なものと映ることだろう。つまり私がなすべきことは、コートをその現状のまま返還すること、あるいは盗難に遭ったのをただ報告すること以上のものではない、ということだ。持ち主に対してコートの損害を嘆いてみせるのは、所有者はその権利からはなにごとも請求できない以上、せいぜいたんなる礼節の問題であるとすることも同様だろう。――以下のような場合には、事情はまったく異なる。すなわち、右のような使用を懇願したさい私が同時に、物件がじぶんの手もとで不慮の災難に見舞われるケースを想定して、あらかじめ頼みこみ、じぶんは貧しくてその損害を弁償するだけの資力がないので、そうした危険も引きうけてくれるよう求めた場合である。およそだれであれ、こうした懇願を余計で嗤うべきものとは思わないだろう。ただし、貸主が有名な資産家で、かつ善意の持ち主でもある場合はべつである。それというのも、右に挙げたような事例で、貸主が私の負債を気前よく免除してくれるだろうと推定しないことのほうが、ほとんど侮辱ともなるだろうからである。

＊　　＊　　＊

ところで、使用貸借契約にもとづく「私のもの」「君のもの」についていえば、(この契約の本性から当然そうなるとおり)物件に降りかかるかもしれない災難(*casus*)〔災厄〕をめぐってなんら申合せがなされていない場合には、当の契約は、合意がたんに推定されるにすぎないのだから、なんらか不確定な契約(*pactum incertum*)であり、そういった災難にかんする判断、すなわち「だれがその不慮の損害を被らなければならないか」をめぐる判定は、契約の諸条件そのものからは決定されうるものではない。むしろ裁判所においてのみ判断されうるのであって、それは裁判所がつねにただ当該契約において確実なもの(それはここでは、物件の所有物としての占有である)にだけ注意するかぎりにおいてのことである。それゆえ自然状態における判断、すなわちことがらの内的性状に従う判断は以下のようなものとなるだろう。「貸与された物件をみまう災難によって生じた損害は、使用借主に負わされる」（*casum sentit commodatarius*）〔災厄は使用借主が被る〕。これに対して市民状態つまり法廷では、判決がつぎのように下される。「損害は使用貸主に負わされる」（*casum sentit dominus*）〔災厄は所有者が被る〕。たしかにこの判決は、たんなる健全な理性〔常識〕の判定とは根本的に異なっていることだろう。その理由は、公的な裁判官は当事者の一方または他方のがわが抱いているかもしれないさまざまな推定に立ちいるわけにはいかないという点にある。むしろなんぴとかが、貸与した物件に生じる損害のいっさい〔を負担すること〕からじぶんは自由であることを、なんらかの特別な付随契約によって留保しなかった場合には、当人がこの損害をみずから負担しなければならないわけである。——こうして、一方では法廷で下されなければならない判断、他方では各人の私的理性がそれだけで権能をもって下す判断とのあいだには区別が存在し、当該の区別は、法的諸判断を整序してゆくうえでだんじて見過ごされてはならない点なのである。(2)

C　遺失物の回収（再先占）について（*vindicatio*）〔所有物回収の訴え〕

第三十九節

私のものである〔それ自身も〕持続する物件は、私がその物件を持続的に所持していなくても「私のもの」でありつづけ、当該物件はなんらかの法的行為（*derelictio vel alienatio*）〔放棄または譲渡〕を欠くかぎりでは、それ自身がおのずから「私のものであること」を止めることはない。[(1)]かくて私には、この物件における権利（*ius reale*）〔物権〕が、かくてまたたんに特定の人格に対抗するにすぎない権利（*ius personale*）〔債権〕ではなく、いかなる所持者に対しても対抗しうる権利が帰属している。以上の件は、右に述べたところから明らかである。とはいえこの権利がまた、いかなる他者によってもそれ自身として持続する所有権と見なされる必要があるが、そのためには私が権利を放棄してさえいなければそれでよいのであって、当該物件が他者の占有下にあるとしてもかかわりがないのか？　いまやこれが問題である。[(2)]

物件がだれかの手もとから逸失して（*res amissa*）〔遺失物〕、ひとりの他者がそれを発見物と誤想することによって、善意で(*bona fide*)私の手もとにもたらし、あるいは該物件の占有者による公式の譲渡をつうじて私の手に入ったものの、その占有者は所有者としてふるまっていたとはいえ、じつは所有者ではなかった、としてみよう。問題となることがらはこうである。すなわち、私は所有していない者から(*a non domino*)なんらかの物件を取得することはできないのだから、〔適法な〕所有者によってこの物件におけるいっさいの権利〔物権〕から排除されてしまい、たんなる対人権〔債権〕が適法ではない占有者に対して残されているにすぎないのか、ということである。――明らかにそのとおりであるが、それはこの場合、取得がただたんに(自然状態において)内的に正当化される根拠に従って判定されているにすぎず、裁判所の便宜に沿って判定されているのではないからである。

たしかにそもそもいっさいの譲渡されうるものは、だれかがこれを取得しうるのでなければならない。取得の適法性がもとづくことになるのは、ところでまったくのところその形式であり、当該の形式に従って或る他者が占有しているものが私に移転し、私がそれを受領する必要がある。問題となるのはすなわち、形式的に正当な仕方で取引(*commutatio*)という法的行為が、物件の占有者とその取得者とのあいだでおこなわれることであって、このばあい私としては右にいう「占有者がいかにして占有するにいたったのか」を問うてはならない。なぜなら、そのように問うことがすでにして侮辱ともなりうるからである(*quilibet praesumitur bonus, donec etc.*)〔～までは、だれであれ善意の者と推定される〕。(3) さて、のちに明らかになったところでは、右の占有者が所有者ではなく、じつは他の者こそが所有者であったとしても、この所有者のがわが私に対してただちにことを起こしうると言うことはできない(これはまた、物件の所持者でありうる他のだれに対しても同様である)。なぜなら私はこの所有者からなにものも窃取したわけではないからである。むしろ私は、たとえば馬が公共の市場で売りに出されたのを、法則に従い(*titulo emti venditi*)〔売買という権原によって〕競り落としたにすぎない。つまり、取得の権原は私のほうにかんしていえば争う余地のないものであり、私はしかも(買手として)相手方(売手)の占有の権原を詮索することを責務として負ってはおらず——そういった詮索はつぎつぎに遡って無限に継続するだろうからである——、それどころか権能すらもまったく有してはいないからである。こうして私としては、必要な権原を伴った買入によって、くだんの馬についてたんなる誤想による所有者となったのではなく、その真正な所有者となったのである。

これに反対して挙げられるのが、とはいえ以下のような法的根拠〔権原〕である。取得はすべて、それが物件の所有者からのものではない(*a non domino*)場合には、無効であってなにものでもない。私が、或る他者にとっての「じぶんのもの」から引きだすことができるのは、当人自身が適法に持っていたものを超えることがない。だから私が、取得の形式(*modus acquirendi*)にかんしていえばまったく法的に〔正当な〕手続きを取ったとしても、盗まれた馬が市場に売りに出されていたのを買いいれるならば、そこではやはり取得の権原が欠落している。なぜなら、くだんの馬はもともと売手にとって「じぶんのもの」ではなかったからである。私はともあれ馬の善意の占有者(*possessor bonae fidei*)ではあるだろうが、それでもやはりたんに誤想的な所有者(*dominus putativus*)であるにすぎない。それゆえ真正な所有者は、回収の(*rem suam vindicandi*)〔じぶんの物件を回収する訴をなす〕権利を有するのである。

問われているところが、「いったいなにが(自然状態においては)人間たちのあいだで、人間相互の取引における正義の原理(*iustitia commutativa*)〔交換的正義〕に従うことによって、外的物件の取得にさいしてそれ自体として合法であるか?」であるならば、以下の件が承認されなければならない。すなわち合法的な取得を意図するならば、その者がどうあっても詮索する必要があるのは、じぶんの取得しようとしている物件が「すでにだれか他者に所属してはいないかどうか」である。つまりはこういうことである。その者がかりに他者にとっての「じぶんのもの」から物件を導出する形式的な諸条件を厳格に遵守した(馬を市場で正規に競り落とした)としても、当人はそれでもせいぜい一箇の対人的権利〔債権〕を物件にかんして(つまり *ius ad rem*〔物件への権利〕を)取得しえたにすぎない。本人にはいまだ知られていない事情があり、それは「だれか(売手以外の)第三者がその物件の真正な所有者であるかもしれない」という件であるかぎりでは、ということだ。したがって、みずからの所有権が当該物件にかんして先行することを文書によって証明しうるようなだれか〔第三者〕が見いだされた場合には、誤想によってあらたに所有者となった者に残されているのは、じぶんが善意の占有者としてそれまで物件から引きだし、この瞬間までは適法的に享受してきた利益以外になにもない。(4) ——ところで誤想によって所有者となった者たちは、たがいにおのおの権利を導出しあっていると思いこんで、一連の系列をかたちづくっているが、そのような系列のなかで端的に第一の所有者(原所有者)を見いだすことはたいていのばあい不可能である。(5) だから外的な物件にかかわる取引は、それがどのようなものであり、さらにまたこの種の正義(*iustitia commutativa*)〔交換的正義〕の形式的条件とどれほど一致するものであったとしても、確実な一箇の取得を保証しうるものではないのである。

＊　＊　＊

　さてここでふたたび法的・立法的理性が配分的正義の原則とともに立ちあらわれて、占有の適法性を判定するさいの基準を以下のようなものと定めるのである。すなわち当の適法性は、それが「自体的に各人の私的意志との関係において（つまり自然的状態にあって）どのように判定されるか」ではなく、ひたすら「一箇の裁判所において、すなわち普遍的に結合した意志をつうじて成立した或る状態のなかで（つまり市民状態にあって）どのように判定されるか」を基準とするということである。かくてそこでは、取得の形式的条件との一致が、くだんの条件がそれ自体としてはただ一箇の対人的権利〔債権〕を基礎づけるにすぎないにもかかわらず、実質的な根拠を補完するのに（その実質的根拠こそが、先行して所有者を自称する者にとっての「じぶんのもの」から〔私の占有を〕導出することを基礎づけるものであるにもかかわらず）十分なものとして要請され、かくてまたそれ自体としてはひとつの債権〔対人権〕であるものが裁判所に持ちだされると一箇の物権として妥当することになる。(6) たとえば例の馬であるけれども、公共的な、監督官庁の条例によって規制された市場で売りに出されたものであれば、それがだれによって売りに出されたものであれ、売買の規則のいっさいさえ厳密に遵守されているかぎり「私の所有物」となる（ただしそれでも真正の所有者には権利が残されており、売手に対して、以前のじぶんの、なお有効な占有を理由に、〔損害賠償を〕請求することができる）。私の権利はこうしたことがなければ一箇の対人的権利（債権）にすぎないが、その権利がかくて一箇の物権に変えられる。その物権によって私は「じぶんのもの」を、それがどこにあろうと取りもどす（回収の訴えをなす）ことができるのであるけれども、しかもそのばあい私は、売手がどのような仕方でそれを入手したかを詮索するには及ばない。

したがってただ裁判所における判決の便宜のために（*in favorem iustitiae distributivae*）（配分的正義のために）のみ生起することがらがあるのであって、ここでは、なんらかの物件にかんする権利がそれ自体としてあるとおりに（債権として）ではなく、もっとも容易かつ確実に判定されうる仕方で（物権として）、ただし一箇のア・プリオリな純粋原理に従って想定され[7]、取りあつかわれる場合がそれに当たるわけである。――この件にもとづいて、ところで事後的にさまざまな制定法規（条例）が定立されることになる。それらの法規が主要に意図しているところは、諸条件を設定して、そのもとでのみ取得様式が法的に有効なものとなるようにすることであって、その結果、裁判官は「各人のもの」をそれぞれの者に対してもっとも容易かつ疑義の生じないかたちで裁定しうることになるのである。たとえば命題「売買は賃貸借を破る」についていえば、そこでは、契約の本性に従うなら、すなわち自体的にいえば一箇の物権であるもの（賃貸借）がたんなる債権と見なされ、逆に右で挙げた事例のように、自体的にはたんなる債権にすぎないものが物権と見なされる。それは、問題となるのが「裁判所は、市民的状態においてはどのような原理に依拠することで、各人に帰属する権利をめぐる判決を下すにさいしてもっとも確実にことを進めることができるのか」である場合なのである。

D　宣誓による保証（*Cautio iuratoria*）の取得について

第四十節

法的に能《よ》く人間を拘束して、「神々が存在する」と信じ、かつそれを告白させる根拠としては、ただつぎの件を挙げることができるだけである。すなわち、彼らはそう告白することで宣誓をおこなうことになり、かくて全知全能の力への畏怖、つまりかりにじぶんの陳述が偽りであるならば、彼ら自身に対する報復を厳粛に招来せずにはおかない[1]ような力への畏怖をつうじて、陳述において真実であり、約束において誠実であることを強要されうるであろう、ということである。このばあい右のふたつのことがら（陳述において真実であり、約束において誠実であること）の道徳性ではなく、むしろひとえに人間の見さかいのない迷信こそが当てにされていたわけであるが、この件は以下の消息からも見てとることができよう。(2)すなわちひとびとは、訴訟にあたって法廷で繰りひろげられるたんに儀礼的な陳述には〔それが真実を語るものである〕なんの保証も期待してこなかった、ということである。それは、真実を語るのが義務であることは、そもそも人間たちのもとで存在しうるもっとも神聖なものが（つまり人間の権利が）問題となる場合には、だれの目にも瞭然と明らかであるにもかかわらず、そこになんの期待もかけられてこなかったかぎり、〔各種の宣誓の〕動因となっているのはただのおとぎ話にすぎないということだ。(3)たとえばこういうことである。レジャングズ族というスマトラの異教民族は、マースデンの証言によれば、死亡した親族の遺骨にかけて宣誓するものの、彼らとしてはまったく、死後になおひとつの生が存在することなど信じてもいない。あるいは、ギニアの黒人たちの宣誓もおなじことであって、彼らがじぶんたちの呪物、たとえば鳥の羽などにかけて敢えて唱えるところでは〔誓いを破ったときには〕「その羽がじぶんの首をへし折るべし」とのことである、等々といったしだいになる。彼らの信じているところによれば、なんらか不可視の力が、それじしん悟性を有しているか、あるいは悟性など有していないかにかかわりなく、すでにその本性からしてこの種の魔力を具えており、その魔力はこうした呼びかけに応じてじっさいに働きはじめるわけである。

——こういった信仰は宗教と名づけられているものの、本来はしかし迷信と称されるべきものであって、その信仰はそれでも司法にとって欠くことができない。というのも、この信仰に頼ることがなければ、裁判所としてはじゅうぶん果たしえない職務があるからであり、それは秘密に閉ざされた事実を明らかにして、正しく判決を下すということなのである。なんらかの法則がこのような責務を負わせるものであるとすれば、それはしたがって明らかに司法的権力の便宜のためにのみ与えられていることになる。

ところで問題はこうである。いったいなににもとづいて、或る者が法廷で負うべきとされる責務は、だれか他者の宣誓を法的に妥当な証拠として、当人の申し立てが真実であることを想定するべく拘束して、その証拠をもっていっさいの係争を終わらせるものと見なさせるのか？　すなわち、私を法的に拘束して、或る他者（宣誓者）がそもそも宗教を有しているものと信じさせ、私の権利をその者の宣誓に依存させる、その責務とはどのようなものなのか？　同様にして逆に、私は総じて宣誓するように拘束され（責務を負わされ）ることがありうるのか？　これは双方ともに、それ自体として不法である。

とはいえ裁判所にかんしていえば、したがって市民的状態にあっては、以下のようになるだろう。想定されるところ、他のどのような手段をもってしても、なんらか特定の場面では真実を見ぬくことができず、そのために宣誓以外の手段は存在しないものとしよう。そのときには宗教にかんして、だれもがこれを有するものと前提され、宗教を非常手段として(*in casu necessitatis*)〔やむを得ない場合に〕裁判所における法的な手続きのために使用しなければならない。法廷としてはこうした〔宣誓の強要という〕精神的強制(*tortura spiritualis*)を、より迅速で、しかも迷信に弱い人間の性癖により適合した手段として、秘匿されたものを発見するに適したものと見なし、それゆえこれを使用する権能がみずからに与えられているものと見なすのである。——しかし立法的権力がそうすることが根本的に不法となる場合があるのであって、それはこの権能を司法的権力に対して〔立法をつうじて〕付与するときである。なぜならば市民的状態にあってすら、宣誓行為を強制することは失うことのできない人間の自由に背反しているからである。(4)

官吏の宣誓は通常は約定的なものとして、要は「誠実な企図をもってみずからの職務を義務に従って執行する」というものである。かりにそれが確定的な宣誓に転化する、すなわち官吏がたとえば一年の(あるいは数か年の)終わりに責務として、当該期間中の職務の遂行に忠実であったことを宣誓するよう拘束されているものとしてみよう。(5)そうなればこのことによって、一方では約定的な宣誓よりも良心をいっそう活動させることになるだろう。後者であるならば、つねになお内心の口実が残されていて、「最善の企図を〔当初は〕有していたにもかかわらず、さまざまな困難についてはあらかじめ見とおすことはできず、それらはそもそもただあとになって職務執行中に経験されたものだから〔当初の企図を実現しえなかった〕」と言い訳することもできるからである。さらにまた〔他方では〕義務違反についても、監督者による違反の総監査がさきざき待ちかまえているときのほうが、指弾にかんするより多くの懸念を起こさせるものであって、それは違反がただひとつひとつ（この場合まえの違反は忘れられている）叱正される場合の比ではない。――しかしながら信仰をめぐる（*de credulitate*）宣誓についていえば、それはだんじて法廷でこれを要求することができない。なぜなら第一に、そうした宣誓がそれ自身のうちに含むのは一箇の矛盾だからである。信仰とは思いなすことと知ることとの中間物(6)であって、それはひとにとって賭けの対象となる或るものだろうが、だんじてしかし敢えて誓いの対象とすることはできないものなのだ。第二に裁判官がそうした信仰の宣誓を当事者に強要して、なにごとかじぶんの意図にとって必要なことがらを、それがたとえ公益のためとはいえ探ろうとするならば、そのことでくだんの宣誓者の良心に対して或る大きな過失を犯すことになる。過失が犯されるのは、ひとつにはそれが当事者を誘いこむ軽率さによるけれども、おなじ軽率さによって裁判官もじぶん自身の意図を台無しにしてしまう(7)。もうひとつには良心の呵責によるのであって、その呵責を人間が感じざるをえないのは、人間というものは、今日はひとつのことがらをなんらかの観点からみてもっともらしいと思い、とはいえ明日になればべつの観点からして、まったくそうは思わないことがありうるからである。裁判官はこうして、じぶんがそういった宣誓行為を強要しようとする者を侵害することになるのである。

一般に、自然状態における「私のもの」「君のもの」から法的状態におけるそれへと移行すること

第四十一節

法的状態とは人間相互のあいだの一箇の関係であり、その関係に含まれているのは、そのもとでのみ各人がみずからの権利に与りうる諸条件である。かつ、そうした関係を可能とする形式的原理は、一箇の普遍的な立法的意志という理念から考えられるならば、公共的な正義と呼ばれ、法則に従って生起する（選択意思の実質である）対象の占有にか

んして、その可能性、現実性、あるいは必然性に関連して、保護的正義(*iustitia tutatrix*)、交換的正義(*iustitia commutativa*)、ならびに配分的正義(*iustitia distributiva*)に区分されうる。[1]――法則の語るところはここで第一の場合にはひとえに、どのようなふるまいが内的にその形式からして正しいか(*lex iusti*)〔(内的)正しさの法則〕ということであり、第二の場合ならば、なにがその実質からして外的にも法則に適っているか、[2]すなわちその占有状態が法的であるか(*lex iuridica*)〔外的正しさの法則〕ということであって、[3]第三の場合であれば、なにが、またどのような判決が裁判所において、なんらかの特殊な事例にかんして所与の法則のもとでその法則に適うのか、つまりなにが合法的であるのか(*lex iustitiae*)〔正義の法則〕ということである。この最後の場面では元来また、くだんの裁判所そのものが一国の正義と呼ばれているのであって、そのかぎりでは「そうした正義が存在するか、存在しないのか」がもっとも重要なことがらとして、すべての法的懸案のなかで問われうることにもなるだろう。

法的ではない状態、すなわち配分的正義を欠いている状態は、[4]自然的状態(*status naturalis*)と呼ばれる。この状態に対置されるのは(アッヘンヴァルの考えるように)社会的状態ではなく、また人工的状態(*status artificialis*)と称しうるものでもない。対置されるのはむしろ市民的状態(*status civilis*)であり、つまりは一箇の配分的正義のもとに立つ社会なのである。なぜならば、自然状態においてもさまざまな適法的社会(たとえば婚姻による社会、家父長的な社会、一般的には家政的な社会、またそれ以外の任意な社会)が存在しうるのであって、しかもこれらの社会については《あなたはこの状態に参入すべきである》とするア・プリオリな法則が妥当しない。これに対して法的状態にかんしてなら十分に、「すべての人間は、相互に(たとえその選択意思に反してであれ)法関係を取りむすびうるかぎりで、この状態に参入すべきである」と語られうるのである。

私たちとしては第一の状態ならびに第二の状態を私法の状態と呼び、最後の、すなわち第三の状態をたほう公法の状態と名づけておくことができる。後者には、人間相互の義務にかんしていえば、前者にあって考えられうる以上の義務、あるいはそれ以外の義務はなにひとつとして含まれていない。私法の実質はまさに、双方において同一なのである。後者の諸法則がかかわるのは、したがってひとえに人間たちの共存の法的形式(体制)のみであって、この形式にかんしていえば、当該の諸法則は必然的に公共的法則と考えられなければならない。(5)

市民の統合体(*unio civilis*)であっても、一箇の社会と呼ぶことはできないだろう。なぜなら命令権者(*imperans*)と臣民(*subditus*)とのあいだには、いかなる仲間関係も存在しないからである。(6)両者は仲間ではなく、かえって相互に上下の秩序に置かれており、並列の秩序に置かれてはいない。そして相互に並列の秩序に置かれている者たちは、まさにそれゆえにたがいに平等なものと見なされなければならないが、それは彼らが共通の法則のもとに立っているかぎりでのことなのである。市民の統合体はそれゆえ、社会であるというよりはむしろ社会をつくるものなのだ。

第四十二節

自然的状態における私法にもとづいて、ところで以下のとおり公法の要請が生じてくる。すなわち「あなたは、すべての他者たちと避けがたく併存[1]の関係に置かれているのだから、自然的状態から脱却して一箇の法的状態へ、すなわち配分的正義の〔実現可能な〕状態へと移行すべきである」という要請がそれである。——この要請の根拠はそもそも、外的関係における法の概念が暴力（*violentia*）と対立しているところから分析的に展開されるものである。

およそだれであれ責務として、他者の占有に対する侵害を抑制するよう拘束されているのは、他者のほうでもじぶんに対しておなじくまた保証を与えて、他者もまったく同等の抑制をじぶんに対して遵守することになる場合にかぎられる。だれにしても、したがってたとえばなんらかの悲しむべき経験をつうじて、他者が敵対的な心根を隠しもっていることを教えられるのを俟つには及ばない。なぜならいったいなにごとがその者を拘束して、「損害をとおしてはじめて賢明になるべきである」などという責務を課することになるのだろうか。だれであれ人間が一般に傾向〔性〕として、他者たちに対して主人としてふるまおうとすること(他者の権利が優越しているのを尊重するとすれば、それは他者たちが、権力あるいは狡智からしてじぶんに優越していると感じる場合にかぎられるということ)をじぶん自身のうちでじゅうぶん感知することができるのだから、現実の敵対行為を待つまでもないからである。だれであれ、相手になんらかの強制を加える権能を有している場合があるのであって、それは当の者がじぶんに対してすでにその本性からして強制を加える恐れがある場合なのである(*Quilibet praesumitur malus, donec securitatem dederit oppositi*)〔相手の安全を保障するまでは、なんぴとであれ悪人と推定される〕。

人間たちの企図するところが、このような外的に規制する法則を欠いた自由という状態のうちで存在し、かつそこに留まりつづけようとすることであるならば、彼らが相互に攻撃しあったとしても、人間たちはたがいに対してまったく不法をなすものではない。なぜなら一方の者に妥当することは、交互的に他方の者に対しても妥当するのであって、それはあたかもなんらかの協定が〔あらかじめ〕存在するかのようなものだからである

(*uti partes de iure suo disponunt, ita ius est*)〔当事者たちがそれぞれじぶんの権利について定めるとおり、そのとおり法が存在する〕。これに対して総じて人間たちが最高度の不法をなすことがあるとすれば(＊)、それは彼らが存在し、かつそこに留まりつづけようとする状態が、まったく法的ではない状態であり、すなわちそこではだれにとっても「じぶんのもの」が暴力に対抗して保全されていない状態である場合なのである。(2)

(＊)このように区別が、たんに形式的に不法なことと実質的にも不法なこととのあいだに設定されるが、その区別は法論にあってさまざまなかたちで使用される。敵方が〔たとえばかりに〕包囲された城塞を守っている部隊とのあいだで結ばれた降伏協定を誠実に履行することなく、この守備隊の撤退にさいして彼らに虐待をくわえ、あるいはその他の仕方で当該協定を破ったものとする。そのような敵は相手方の犯す不法を訴えることができないが、それは敵方が機会をえて、彼らに対しておなじような狼藉をくわえた場合であっても変わらない。(3)しかしながら、双方はそもそも最高度の不法を犯しているのである。なぜなら彼らは、法の概念そのものからすべての妥当性を剝奪し、いっさいを野生の暴力へといわば合法的に引きわたして、かくて人間の権利を総じて顚覆してしまうからである。

法論・第二部

公　法

第一章　国家法

第四十三節

法則が一般に公布されることを必要とし、そうすることでなんらかの法的状態を設立することになる場合、こうした諸法則の総体は公法である。——公法とは、したがって諸法則の一箇の体系であり、それはひとつの人民(1)、すなわち以下のような〔条件を満たす〕一群の人間たち、あるいはおなじく一群の諸人民のために存在する。つまり、彼らはたがいに対して相互的な影響を与えあう関係のうちにあって、法的状態を、彼らを結合する一箇の意志のもとに必要とし、すなわちなんらかの体制〔憲法〕(*constitutio*)を必要として、そのことで合法的であることがらに与ることができるようになる、ということである。——人民に所属する諸個人が、たがいにこのような関係に置かれている状態は市民的状態(*status civilis*)と呼ばれ、そうした諸個人の全体が、その固有の成員との関係において捉えられる場合に国家(*civitas*)と呼ばれる。この国家は、その形式にかんして、法的状態において存在しようとする万人の共通の関心[2]によって結合したものとしては、公共体（*res publica latius sic dicta*）〔広義の共有物（共和国）〕と名づけられる一方、他の諸人民との関係においては端的に主権（*potentia*）と呼ばれている（ここから主権者という語が由来するのである）。それはさらにまた、その（いわゆる）父祖伝来の結合のゆえに民族（*gens*）とも名づけられ、かくて公法の一般的概念のもとに、ただたんに国家法ばかりではなく、国際法（*ius gentium*）〔諸民族の法〕をも含めて考えるべき機縁を与えている。この件からしてさらにまた、地表は際限のない平面ではなく、それ自身としては閉じられた平面であるがゆえに、〔国家法と国際法の〕双方を合わせて諸民族からなる国家の法（*ius gentium*）〔万民法〕ないしは世界公民法（*ius cosmopoliticum*）という理念へと不可避的に導かれてゆくことになるだろう[3]。その結果としてかりに、法的状態にかかわるこの三つの可能な形式のうちただひとつでも、外的自由を諸法則によって制限する原理を欠いているならば、それ以外の形式に属するどの建物も不可避的にその基礎を掘りくずされて、しまいには倒壊せざるをえないはずなのである。

第四十四節

私たちはおよそ経験を俟って、人間たちのあいだでは暴力的行為が〈現に採用されている）準則であることを教えられるわけではなく、また人間たちの悪意をも教えられるというわけでもない。悪意とはつまり、権力を伴うなんらかの外的な立法があらわれるまでは相互に攻撃しあうということであるが、したがってなにか事実が、公的に法則による強制を必然的なものとするわけではない。むしろ、人間がたとえどれほど善良で正義を愛するものと考えられたにしても、それでも以下の件がア・プリオリに、そうした（法的ではない）状態にかんする理性理念のうちに含まれているのである。すなわち、一箇の公的に法則的な状態が設立されていないかぎりは、個々の人間、人民や国家はけっして、たがいに対する暴力的行為のまえで安寧ではありえず、しかもそのような事態の由来するところは、各人の有するみずからに固有の権利に、つまりおのおのが「じぶんにとって正しくかつ善いと思われることをなし、この点については他者の意見に左右されることがない」とする権利にある、ということである。したがって、決定すべき第一のことは、各人がいっさいの法概念を放棄しようと思うのでないとすれば、以下のような原則になるだろう。すなわち、各人が自身の思うがままふるまう自然状態から脱却して、すべての他者たちと（彼らとの相互作用のうちに入りこむことが避けえないかぎり）ともに結合して、一箇の公的に法則的な外的強制のもとに従属しなければならない、というものである。したがってここで参入しなければならない状態とは、各人に対して

「みずからのもの」として承認されるべきところが法則によって規定され、十分な権力によって(その権力は各人のものではなく、一箇の外的な権力にほかならない)配分されるような状態のことである。以上を要するに、すなわち各人は、なによりもまず一箇の市民的状態へと参入するべきなのである。

たしかに各人にとって自然状態はかならずしも、それが自然的なものであるがゆえにただちに不正の状態[1](*iniustus*)、つまりたがいがただその端的な実力の多寡に応じて対峙しあうといった状態であるというわけではない。とはいえそれはやはり無法の状態(*status iustitia vacuus*)であったのであり、そこでは、権利にかんして係争が生じた(*ius controversum*)ときに、だれか権限を有した裁判官が法的に有効な判決を下すといったことはありえなかったのである。こうしていまや自然状態を脱却して一箇の法的状態へと参入することを、各人が他者たちに強制力をもって促すことが許容される。その理由は、各人がそれぞれの法概念に従うことでも、外的な或るものは先占によって、あるいは契約をつうじて取得されうるにしても、そうした取得はそれでもなお、さらにまた公的な法則によって裁可がそれに対して与えられないかぎりは、たんに暫定的なものであるにすぎない、という点にある。というのもくだんの取得はいまだ、いかなる公的な(配分的)正義によっても規定されておらず、この法(権利)を執行するいかなる権力によっても保証されていないからである。

かりにひとびとが、市民的状態へと参入する以前にはまったくいかなる取得も、たとえ暫定的なかたちであれ法的〔に正当〕なものと承認しようとしないとするならば、市民的状態そのものが不可能となってしまうことだろう。なぜなら形式からすれば、自然状態における「私のもの」「君のもの」にかかわる諸法則が含んでいるのは、市民的状態にあって命じられるのとまったくおなじものであるからであり、それは市民的状態がひとえに純粋な理性概念に従って思考されているかぎりではそのとおりなのである。ただし違いは、市民的状態にあっては、それらの法則を〔配分的正義に従って〕執行するにいたるまでの諸条件が提示されているという点にある。――したがってかりに、自然状態においては、暫定的なかたちでも「外的な私のもの」「君のもの」が存在しないとしたならば、それらにかんするなんらの法的義務もまた存在せず、かくてまた「自然状態を脱却せよ」とするいかなる命令も存在しないことになるだろう。

第四十五節

国家(*civitas*)とは、法の諸法則のもとにおける人間たちの集合の統合である。この法の諸法則がア・プリオリな法則として必然的なものであるかぎり、すなわち外的法一般の諸概念からおのずと帰結する（つまり制定的ではない）ものであるかぎりにおいて、その国家の形式は国家一般の形式であって、いいかえれば理念における国家にほかならない。理念とは「国家が純粋な法原理に従っていかにあるべきか」を示すものであり、その理念は一箇の公共体への現実的な統合にさいし、そのすべてに対して（したがって内的に）基準（*norma*）〔規範〕として用いられる。

それぞれの国家のうちには三つの権力が含まれている。つまり普遍的に統合された意志が、三重の人格（*trias politica*）〔政治的三位一体〕において含まれているのである。すなわち、以下のとおりである。立法者という人格における統治権（主権）、（法則に従う）執政者という人格における執行権、ならびに裁判官という人格における（各人にとっての「じぶんのもの」を法則に従って裁定する）裁判権がそれである（*potestas legislatoria, rectoria et iudiciaria*）〔立法権、行政権、ならびに司法権〕。これらはちょうど実践的理性推論[1]における三つの命題に相当している。すなわち、大前提はくだんの意志の法則を含み、小前提は法則に従った手続きの命令、つまり法則のもとに包摂する原理を含み、さらに結論は法的宣告（判決）を含んで、この最後のものが当面の事例にあって「なにが合法的であるのか」を示すことになるのである。

第四十六節

立法権はひとり、人民の統合された意志にのみ帰属することができる。なぜなら、この立法権からいっさいの法は発出すべきなのであるから、立法権はみずから定めた法則によってだんじてなんぴとに対しても不法をなしうるものであってはならないからである。ところで、だれかがなにごとかを或る他者に対して指図する場合であるならば、当人がそのことで他者に対して不法をなすことはつねに可能であるとはいえ、しかしだんじて、本人がじぶん自身にかんして決定することについてはそうしたことはありえない(なぜなら、*volenti non fit iniuria*〔欲する者には不法はなされない〕からである)。[1] したがってひとり万人の一致し、かつ統合された意志のみが、各人が万人にかんし、万人が各人にかんして、まったく同一のことがらを決定するかぎりで立法的でありえ、したがってまたひとり普遍的に統合された人民の意志のみが立法的でありうる。

立法のために統合された成員はこうした社会(*societas civilis*)〔市民社会〕すなわちひとつの国家に所属しているが、その成員が国家市民(*cives*)と呼ばれる。[2] その場合、法的な属性として、彼らの本質(そのもの)と不可分なその属性は、以下のとおりである。すなわち〔第一に〕法則的自由であり、これによって市民は自身が同意を与えた法則以外のいかなる法則にも服従しない。〔第二に〕市民的平等であり、つまり彼らがじぶんよりも上位の者を人民のなかで認めるとすれば、それはひとえに、相手が当方を拘束し責務を与えうるのとおなじように、当方もまた相手を法的に拘束し責務を与える道徳的能力を有している者にかぎられる、ということである。(3) 第三には、市民的自立性という属性であって、その意味するところは、みずからの生存と維持とを人民中のだれか他者の選択意思に負うのではなく、むしろ公共体の成員であるじぶん自身の権利と力能とによってそれらを獲得しうる、ということである。この属性はしたがって市民的人格性にほかならず、この市民的人格性からして〔市民は〕さまざまな法的事案において、〔じぶん以外の〕いかなる他者によっても代表されてはならない。(4)

ひとり投票の権能のみが、国家市民である資格を付与するものである。この権能はしかし、人民における当該国家市民の自立性を前提としている。この自立性によってくだんの市民は、たんに公共体の一部分であるだけではなく、その成員でもあろうとする。すなわち自身の選択意思によって、他者たちと協働しながら行為する、公共体の部分であろうとするのである。この最後に挙げた資格によって、しかしながら必然的に、能動的な国家市民と受動的な国家市民とが区別されることになる。もっとも後者〔受動的国家市民〕の概念は、国家市民一般の概念にかんする説明と、一見したところでは矛盾するものであるようにも思われよう。――以下の例が、この難点を取りのぞくのに有用だろう。すなわち、なんらかの商人もしくは手工業者のもとで働いている徒弟、奉公人(ただし国家の職務に従事しているのではない者)、未成年者(*naturaliter vel civiliter*)〔自然的に、あるいは市民として〕、すべての婦人、ならびにだれであれ総じてじぶんの生業によってではなく、他者の指図(ただし国家によるそれはべつである)に従うことを強要されて、みずからの生存(扶養と保護)を維持せざるをえない者たち。これらはすべて市民的人格性を欠いており、彼らの生存はいわばたんなる内属性であるにすぎない。――私の邸内で雇用している木こり、インドの鍛冶工《かじ》といった者もそうである。インドの鍛冶工はじぶんの槌《つち》と鐨《かなとこ》と鞴《ふいご》を携えながら家々を回って、そこで鍛冶仕事をおこなう。彼らはヨーロッパの指物師《さしもの》や鍛冶工とくらべるとこの点で異なっているのであって、後者はみずからの労働から生まれる産物を、商品として公的に売りに出すことができるのだ。家庭教師も、学校教師とくらべるならそのとおりであり、借地人と比較された場合の小作人等々もまた、公共体にとってたんに下働きであるにすぎない。その理由は、彼らが他の諸個人によって指揮され、あるいは保護を受けなければならず、したがってまたなんら市民としての自立性を有していないという点にある。

彼らはこのように他者の意志に依存しており、それゆえ平等ではないが、この件はしかしながらいかなる意味でも、人間としての彼らの自由と平等とに対立するものではない。彼らも人間として、一箇の人民をともに構成しているからである。むしろこの自由と平等という条件に従うことによってのみ、当該の人民はひとつの国家となり、かくて一箇の市民的体制へと参入しうるのだ。しかしながら、この体制のなかで投票権を有し、すなわちたんに国家の同胞であるばかりでなく国家の市民である(5)という資格についていえば、それはすべての者に同等の権利をもって付与されているわけではない。その理由はこうである。彼らが他のすべてのひとたちに要求しうるのは、じぶんたちも自然的自由と平等との法則に従って、国家の受動的な部分として取りあつかわれることである。とはいえこの件からは能動的な成員としても国家そのものを管理し、組織して、あるいはなんらかの法則の制定に参与する権利が帰結するわけではない。帰結するのはただ、後者〔能動的成員〕が投票で定める実定的な法則〔法律〕がどのような種類のものであれ、その法律〔法則〕はそれでも自然的な法則と背反するものではあってはならない、ということにすぎない。自然的法則とは、人民に属する万人の自由と、この自由に適合した平等とにかかわり、その定めるところはすなわち、このような受動的状態から能動的状態へと向上しうるように努めなければならない、とするものなのである。

第四十七節

さきに国家における三つの権力を挙げたが、それらはすべて尊厳を具えたものである。その三つは本質的な権力として、国家一般の理念にもとづき、国家の設立（国家体制）のために必要なものとして生じるのであって、国家の尊厳を示している。それらが含んでいるのは、或る普遍的な統治権者(1)（これは、自由の法則に照らしてみれば、統合された人民そのもの以外ではありえない）と、当の人民が臣民として個別化された場合のその集合との関係である。この関係とはすなわち、命令する者（*imperans*）の服従する者（*subditus*）に対する関係にほかならない。――その行為をつうじて人民自身がみずからをひとつの国家へと構成する行為があるとすれば、それは本来しかしたんに当該行為の理念であるにすぎず、当の理念に従ってのみ国家の正当性が思考されうるものであるが、そうした行為は根源的契約(2)であることになるだろう。この契約に従っておよそ人民に属するすべての者（*omnes et singuli*）〔万人と各人〕がみずからの外的自由を放棄するが、それは一公共体の成員、すなわち国家と見られるかぎりでの人民の（*universi*）〔統合体の〕成員として、くだんの外的自由をただちにふたたび受けとるためである。だからここで、こう語ることはできない。つまり「国家は、あるいは国家に属する人間[3]は、じぶんの生得的な外的自由の一部のみをなんらかの目的のために犠牲にした」といったことである。むしろ野生の、法則を欠いた自由を全体として放棄することで、みずからの自由一般をなんらかの法則への従属において、すなわち或る法的状態において、すこしも目減りすることなくふたたび見いだすのである。なぜならこういった従属こそ、自身に固有の立法的意志から生じるものであるからだ。

第四十八節

国家の含む三つの権力は、それゆえ第一に、三つの道徳上の人格[1]として相互に並列的である（*potestates coordinatae*）〔並列関係にある諸権力〕。すなわち、一権力は他の権力を補完して、国家体制を完全なものとしている（*complementum ad sufficientiam*）〔十全性のための補完物〕。しかし第二にまた、三つの権力は相互に従属関係にある（*subordinatae*）〔従属関係にある諸権力〕。そのけっか一権力は、それが一権力であると同時に他の権力の機能を簒奪することはありえず、むしろその権力を援助することで、おのおの固有の原理を有する。つまり一権力はたしかに或る特殊な人格の資格において命令を下すとはいえ、それはなお上位の権力の意志によって制約されているのである。第三に、

以上ふたつの秩序が統合されることで、臣民各人にその権利が授与されることになる。(2)

これら三つの権力にかんして、その尊厳という点を考慮すれば、以下のように称されるだろう。すなわち、立法者の(*legislatoris*)意志は「外的な私のもの」「君のもの」にかんしていえば、批難すべからざるもの(*irreprehensibel*)であり、最上命令権者の(*summi rectoris*)〔最上行政官の〕執行能力は抵抗すべからざるもの(*irresistibel*)であって、最上裁判官の(*supremi iudicis*)判決は変更すべからざるもの(*inappellabel*)〔控訴不可能なもの〕なのである。

第四十九節

国家の元首(*rex, princeps*)〔国王、君主〕とは一箇の(道徳上の、または自然的な)人格であり、その人格に執行権(*potestas executoria*)が帰属している。すなわち国家の代理人であって、官吏を任命し、人民に規則を指定する。その規則に従って人民のだれもが法則〔法律〕に適合する仕方で(個々の事例をその法律〔法則〕のもとに包摂することで)なにものかを取得し、あるいは「各人のもの」(1)を保持することができるのである。道徳上の人格として考えられるとき、元首は執政府つまり政府と称される。その命令は、人民と官吏、またその長(大臣)に向けられ、最後の者は国家管理(*gubernatio*)〔統治〕の責を負うことになるが、この場合の命令は政令つまり布告である（法律ではない）[2]。なぜならそういった命令は、個々の特殊な事例の決定にかんして下され、それらは変更可能なものとして与えられるからである。政府が同時に立法をになう場合ともなれば、その政府は専制的と呼ばれて、愛国的政府と対置されるべきだろう。愛国的政府のもとでしかし、家父長的政府（*regimen paternale*）が解されてはならない。その政府はあらゆる政府のなかでもっとも専制的なものであるからだ（つまり市民を子どもとして取りあつかうのである）。むしろ祖国的政府[3]（*regimen civitatis et patriae*）〔市民による祖国の政府〕が理解されなければならないのであって、そこでは国家そのもの（*civitas*）がみずからの臣民をたしかにあたかもひとつの家族の成員であるかのように遇するのではあるけれども、それでも同時に国家市民として、すなわち彼らに固有の自立性の法則〔法律〕に従って取りあつかうのであり、この政府のもとで人民はおのおのじぶん自身を占有し、みずからと並列し、もしくはみずからの上位にあるなんらかの他者の絶対的意志に従属することがない。

人民という支配者（立法者）[4]が、したがって同時に元首であることはできない。なぜならば、元首は法律〔法則〕のもとに立ち、法則〔法律〕をつうじて、したがって或る他者、すなわち主権者によって義務を負わされているからである。支配者はまた元首からその権力を剝奪して、元首を退位させる、あるいはその行政を改革することはできるとはいえ、元首を処罰することはできない(ちなみにただひとつこの件のみを、イングランドの慣用句は意味しているのである。すなわち「国王つまり最上の執行権は不法をなすことができない」)。なぜならそうした(処罰をくわえる)こともふたたびまた執行権の一作用にほかならないのであって、この執行権にはもっとも勝れて、法律(法則)に適合した仕方で強制をくわえる能力が帰属しているにもかかわらず、(かりに執行権を代理する元首が処罰されることになれば)この執行権そのものがそれでもなお一箇の強制に服することになってしまうからである。これは自己矛盾というものである。

最後に、国家支配者にしても執政者にしても裁判を執りおこなうことはできないのであって、むしろ可能なことは裁判官を官吏として任命することにかぎられる。人民はじぶん自身をじぶんたちの同胞市民のうちの或る者たちをとおして裁くことになるが、その者たちは人民の代表者として自由に選ばれ、しかもそれぞれの審理のために特別に指名されるのである。なぜなら、法的宣告(判決)とは公的な正義(*iustitia distributiva*)(配分的正義)が個別的に作用することであり、それはなんらかの国家管理者(裁判官あるいは裁判所)によって臣民に対して下されるものであって、この臣民は人民に属しており、したがって身に帯びたなんらかの権力によってみずからに「じぶんのもの」を裁定する

〔賦与する〕ことができないからである。ところが人民に所属する各人はこうした〔上位の権力との〕関係についてはたんに受動的であるほかはないから、先に挙げたふたつの権力〔立法権と執行権〕のいずれにしても、それらの権力が臣民にかんして、それぞれの「各人のもの」をめぐって係争が生じている場合になんらかの決定を下すとすれば、臣民に対して不法をなすこともありうることだろう。というのもそのばあい人民自身がそのような決定を下して、「有責であるか有責でないか」を同胞市民にかんして宣告しているわけではないからである。そこで訴訟案件にあってはこのように事実関係の確認を俟ってはじめて裁判所は法律〔法則〕を適用し、執行権を介して各人に「各人のもの」を応分に与えるため司法権を有しているのである。こうしてひとり人民のみが、自身が選出したみずからの代理人〔陪審員〕[5]をつうじて、人民に所属する各人にかんして、間接的な仕方であるにすぎないとはいえ裁判を執りおこなうことが可能なのだ。――じっさいまた国家元首がみずから裁判官を演じるとなると、それは元首の尊厳にかかわることにもなるだろう。すなわち不法をなす可能性にさらされ、かくてまた上訴される（*a rege male informato ad regem melius informandum*）〔あやまって知らされた国王から、よりよく知っているはずの国王へ〕可能性にさらされる破目になるだろう。

　こうして、三つの相異なる権力（*potestas legislatoria, executoria, iudiciaria*）〔立法権、

執行権、司法権）が存在し、それをつうじて国家（*civitas*）はみずからの自律を手にしている。すなわちじぶん自身を自由の法則に従って形成し維持しているのである。――これら三つの権力の統合のうちになりたつものが、国家の健全さである[6]（*salus reipublicae suprema lex est*）〔国家の健康が最高の法である〕。ただしこの健全さという語のもとに、国家市民の安寧やその幸福が理解されてはならない。なぜなら安寧や幸福ならおそらく（ルソーもまたそう主張しているように[7]）自然状態のうちで、あるいはまた専制的政府のもとでさえ、遥かに快適で望ましいかたちで結果しうるからである。くだんの〔健全さのもとで理解される〕状態はむしろ、当の体制が法の諸原理と最大限に一致している状態であって、そうした状態に向かって努力するべく、理性は私たちを一箇の定言命法をつうじて拘束し、責務を負わせているのである。

市民的統合の本性から生じる法的な諸効果にかんする一般的注解

A

最上権力の源泉は、現にそのもとに立っている人民にしてみれば、実践的見地からして探究してはならないものである。すなわち臣民はこの源泉をめぐって、最上権力に対してとうぜん服従することにかんして、一箇のなお疑ってしかるべき権利（*ius controversum*）〔争わるべき権利〕があるかのように、あれこれと詭弁を弄するべきではない。なぜならば、人民が法的効力をもって最上の国家権力（*summum imperium*）〔最高の命令権〕にかんして判断を下しうるためには、人民はすでに一箇の普遍的な立法的意志のもとに統合されているものと見なされなければならない以上、現在の国家元首（*summus imperans*）〔最高の命令権者〕が欲する以外の判断を下すことができず、また下してはならないからである。――根源的にいって、国家元首のもとでの服従にかんして、現実的な契約（*pactum subiectionis civilis*）〔市民の服従契約〕が一箇の事実として先行したのか、それとも権力が先行し、法則〔法律〕がただそのあとにあらわれたにすぎないのか、あるいはまた両者はそうした順序で継起すべきであったのか。こうした問いは人民にとって、じぶんたちがいまやすでに市民的法則のもとに立っている以上、まったく目的をもたない、そればかりか国家を危殆に瀕せしめる詭弁というものである。というのも、臣民が〔権力の〕究極的な源泉にここで穿鑿をくわえて、現に支配しているくだんの権威に対抗しようとするものなら、自身がこの権威による法律〔法則〕に従い、つまりは完全に法にもとづいて処罰され、抹殺され、あるいは（法外者、つまり *exlex* として）追放されることになるだろうからである。――なんらかの法則〔法律〕がきわめて神聖（不可侵）であるがゆえに、その法律〔法則〕を実践上ほんのわずかであれ疑問にさらし、したがってその効果を一瞬であっても宙づりにするだけでもすでに一箇の犯罪となるような場合には、その法律〔法則〕が表象されるさい、それはあたかも、人間ではなく、それでもなんらか至高にして完全無欠な立法者に由来するものであるにちがいない、と考えられることだろう。そしてこれこそが、《すべて上長は神より来たる》[1]とする命題の意味するところなのである。くだんの命題は市民的体制の歴史的根拠を言明するものではなく、一箇の理念を実践的な理性原理として言いあらわしているものなのだ。その命じるところは、現に存立している立法権に、およそその源泉がなんであれ服従すべきである、ということにほかならない。

ここから帰結するのは、ところで以下のような命題である。すなわち「国家における統治者[2]は臣民に対してひとえに権利のみを有しており、いかなる（強制される）義務も負わされていない」というものである。――さらに、かりに支配者の機関である元首が法律〔法則〕に違反するふるまいをしたとしても、たとえば課税や徴兵等々にさいして公課の配分における平等性の法則〔法律〕に背反したにせよ、臣民はこの不正義に対して抗告することgravamina)は許容されているものの、しかしなんらかの抵抗を試みることは許されていないのである。

それればかりか憲法のなかでさえ、およそ含まれることのありえない条項がある。それは、国家のなんらかの権力に対して、憲法の諸法則に対する違反を最上の命令権者が犯した場合には、最上の命令権者に抵抗し、したがって命令権者に制約を加えることを、可能なことがらとして許容する条項といったものである。そのような条項がありえない理由はこうである。国家権力に制約を加えるべき者であるならば、やはりより以上の、あるいはすくなくとも同等の権力を、制約を加えられる者とくらべて有していなければならない。前者がしかもひとりの適法な命令者として臣民に抵抗を命じるかぎりでは、当人はまた臣民を保護しうる者でなければならず、生じうるすべての場合について法的に有効な判断を下し、したがってまた公的に抵抗を命令しうる者でなければならない。そうなった場合には、しかし後者〔制約を加えられる者〕ではなく、前者〔制約を加えるべき者〕こそ最上の命令権者であることになるが、これは自己矛盾である、ということなのである。主権者はこうした場合、みずからの大臣をつうじて同時に元首としてふるまっており、したがってまた専制的にふるまうにいたっている。つまりここには欺瞞があって、人民〔自身〕に、じぶんたちの代議士をつうじ、制約を加える権力であると表象させる。ところがこうした欺瞞によっては(人民には本来はただ立法権のみが属するのであるから)この専制を覆いかくすことはできず、結局はそれが専制であることが、大臣の用いる手段から露呈してしまうのだ。人民を(議会において)代表するのは人民の代議士たちであり、人民にとって代議士たちとはみずからの自由と権利とを保証する者である。ところが人民がじっさいに手にするそのような輩といえば、じぶんの一身とその一族のこと、ならびに当の一族が大臣に諂《へつら》うことでありつく、陸軍や海軍や文官の就職口にまったく気を取られているのだ。だから彼らとしては(政府の越権に対して抵抗するどころではなく、またこうした抵抗を告知するためにはいずれにしても、そのためすでに人民における合意があらかじめ必要とされるのであって、そうした合意はしかし平時にあって許容されるべくもないのだから)、むしろつねにその時ともなれば、みずからすすんで政府と結託しようと待ちかまえているものなのである。——こうしていわゆる穏健な国家体制なるものは、国家の内的な法体制としては(3)不可解なもの(4)であり、法に属するものであるどころか、たんに一箇の賢明(5)さの原理であるにすぎない。その原理が可能なかぎり押しとどめようとするのは、人民の権利に対する強力な侵犯者が、じぶんの恣意的な影響力を政府に及ぼそうとすることなどではなく、くだんの原理こそがかえって、人民にはなんらかの対抗が許されているという仮象のもとに、そうした恣意的な影響力を包みかくそうとするものなのである。

国家の立法権を有する統治権者に対しては、かくて人民の抵抗は、どのような場合でも適法なものではありえない。なぜなら、ただその統治権者の普遍的・立法的な意志のもとに服従することによってのみ、なんらかの法的状態が可能となるからである。かくてまた、騒擾(*seditio*)の権利なるものはおよそ存在せず、いわんや叛乱(*rebellio*)の権利はなおさら存在しえない。これらすべてにもまして〔その権利の存在が否定されなければならないのは〕、個別的人格(君主)である統治権者に対して、その権力の濫用(*tyrannis*)〔暴政〕を口実として、その者の人格を、否それどころか当の者の生命すら侵襲すること(*monarchomachismus sub specie tyrannicidii*)〔暴君放伐論〕[6]なのである。これを企てようとするほんのわずかな試みも大逆罪(*proditio eminens*)であって、したがってこの種の叛逆者はみずからの祖国を殺そうと試みる者(*parricida*)〔尊属殺人者〕として、その刑罰が死刑よりも軽いものとなることはありえない。――人民はその義務として、最上権力の濫用がどれほどまでに耐えがたく圧しかかってきても、なおもそれに耐えなければならない。この義務の根拠はつぎの点にある。すなわち、最高の立法そのものに対する人民の抵抗はだんじて、法則〔法律〕に背反するものとなるほかはなく、否それどころか、法律〔法則〕の体制全体を否定するものと考えられざるをえない、ということである。なぜなら、こういった抵抗への権能を具えているためには、公的な法則〔法律〕が存在して、そうした抵抗を人民に許容するのでなければならないだろうからである。これはすなわち最上の立法が「みずからは最上位のものではない」とする規定を含み、そのけっか臣民としての人民を一箇同一の判断において主権者とすること、つまり人民を彼らが臣従している者に優越する存在とすることにほかならない。これは自己矛盾であって、なおかつその含んでいる矛盾は、以下のように問うてみればただちに目にも瞭《あき》らかとなる。すなわち「いったいだれが、人民と主権者とのあいだのこの係争において裁判官となるべきなのか?」(というのもこの両者は、法的に見ればやはりつねにふたつの相異なる道徳上の人格であるからだ。) そうなれば〔人民の抵抗を許容するという場合には〕明らかに、人民がじぶん自身の案件にかんして裁判官であろうとしていることになる。(*)

(*) 君主の退位はそれでもまた、君主が自発的に王位を退き、その権力を放棄して、これを人民に返還したものと考えることもできる。あるいはまた、最高の人格に対する侵襲をなんら伴うことなく、その人格の廃棄が執行され、そのことで当該人格が私的身分へと移された、と考えることもできよう。それゆえ退位を強要した人民の犯罪は、やはりまたすくなくともみずからのための緊急権(casus necessitatis)という口実を持っているとはいえ、だんじてしかしおよそいかなる権利をもってしても、この者すなわち統治権者を以前におこなわれた執政のゆえに処罰することはできない。というのもいっさいのことがらは、当人が以前に統治権者の資格においてなしたものであるかぎりでは、外的には適法的になされたものと見なされざるをえず、したがって本人も自身がさまざまな法律〔法則〕の源泉と考えられるかぎり、不法をなすことができないからである。叛乱による国家の顚覆におけるありとあらゆる凶行のなかで、君主の殺害でさえ、それでもなお最悪のものではない。なぜならそれでもやはり考えようによっては、その殺害が起こったのは人民のがわの恐怖心からであると見ることもできるからである。つまり君主がもし生きながらえるならば、ふたたび奮起して、人民に対してしかるべき刑罰をもって思いしらせるかもしれない、ということだ。そうであれば君主の殺害は、したがって刑罰的正義が命じた処置ではなく、たんなる自己保存をめざす処置であったと見ることができる。正規の処刑こそが〔これに対して〕、人間の権利という理念に充たされたたましいを或る戦慄をもって揺さぶることになる。そうした戦慄をひとは、チャールズ一世やルイ十六世(7)を見舞った運命のような場面を思いうかべるたびに、ただちに繰りかえし感じるのである。ところで、こうした感情はいったいどうやって説明されるものだろうか？　それはここでは直感的なもの(8)(同情、つまり構想力の作用として、苦しむ者の立場に身を置いたときに生じるもの)ではなく、道徳的なものであって、いっさいの法概念がまったく顚倒したときに感じられる感情であるからには、ということである。このような所業は、永遠に消えず、けっして抹消されえない犯罪(crimen immortale, inexpiabile)と見なされ、神学者たちがあの大罪と呼ぶものに似ているとも思われる。大罪とは、現世であれ来世であれ許されることのありえないものなのである。人間のこころのなかでそういった（戦慄という）現象が生起するしだいを説明するには、自己自身にかんする以下に挙げるような反省をとり上げておけばよいように思える。そのような反省はそれ自身、国家法の諸原理にも或る光を投げかけるものなのだ。

　およそ法則に対するどのような違反であっても、つぎのように説明されることができ、またそのように説明されるほかにすべがない。すなわち違反とは、犯罪者のなんらかの準則から（この準則はそうした悪行をみずからの規則とするものなのだ）生じるものである、ということである。なぜならば、かりにこの違反が感性的な衝動から導出されるのであれば、当の違反は犯罪者が自由な存在者として犯したものではなく、それゆえくだんの犯罪者に対して帰責することが不可能になるだろうからである。しかしおよそ主体にとってこのような準則を、立法的理性の明白な禁止に反して懐《いだ》くことがどのようにして可能であるのかは、端的に説明されることのありえないことがらである。というのも、ひとり自然のメカニズムに従うできごとのみが説明可能であるからだ。さて犯罪者がその悪行を犯しうるのは、（普遍的に妥当するものと）想定された客観的規則を準則とすることによってであるか、もしくはただたんに規則からの例外として（じぶんを一時的にその規則から免除して）であるか、そのどちらかである。後者の場合には犯罪者は（たしかに故意にであるとはいえ）ただ法則から逸脱するにすぎない。当人がじぶん自身の犯した違反を同時に嫌悪することもありうるし、法則に対して正式に服従を拒否するのではなく、ただそれを回避しようとするだけである場合もある。前者の場合であれば、これに対して、犯罪者が拒否するのは法則そのものの権威であって、その妥当性を同人といえどもみずからの理性のまえでは否認しえないにもかかわらず敢えてそれを拒否し、じぶんの規則として、法則に反して行為することを採用するのである。その者の準則は、したがってただたんに欠如的（*negative*）〔否定的〕にではなく、そのうえ破壊的（*contrarie*）〔反対的〕に、あるいは俗にそう言われるとおり *diametraliter*〔対極的〕に、（いわば敵意をもって）対抗することで、法則に対して対立しているのだ。私たちの見てとりうるかぎりでは、およそそういった犯罪行為、つまり正式の（まったく無益な）悪意によって罪を犯すことは、人間には不可能であるけれども、それでも（やはり極限的な悪というたんなる理念であるにしても）道徳の体系にあってこれを見過ごしておくことは許されないだろう。

およそ「君主がその人民によって正式に処刑されることを考えると戦慄を覚える」〔と先に述べておいた〕が、その戦慄の根拠は、したがって以下の件にある。すなわち、殺害であるなら、それはたんに規則の例外と考えられるにすぎず、規則〔そのもの〕は人民も準則として採用しているのに対して、処刑ともなれば原理の完全な顛倒と考えられなければならない。その原理とは主権者と人民との関係にかかわるものであって、（人民はみずからの生存をひとえに主権者の立法に負うものであるというのに、処刑はその人民を、主権者を超えた支配者とするものであるから）処刑はこの原理の顛倒なのであり、かくてまた暴力行為が厚かましいことに原則に従ってもっとも神聖な権利を越えて高められるにいたる、ということである。こうしたことは、いっさいを呑みこんで二度とふたたび還すことのない深淵のようなものであり、国家がみずからに犯す一箇の自殺行為であるかぎり、およそいかなる贖罪もありえない犯罪行為であるように思われる。したがって、以下のように想定されるのは理由のあるところである。すなわち、そういった処刑に対して同意が与えられるのは実際には、なんらかの法的原理が想定されることによるのではなく、むしろ復讐に対する恐怖心、つまり、おそらくはいつの日か復活するかもしれない国家が人民に対して加える報復への恐れに発するものである、ということである。となればくだんの（処刑を決する）正規な手続きを取ることが企てられるのも、こうした所業にひたすら処罰という外観を与え、したがってまた一箇の法的手続き（殺害であればそうはならない）という見かけを与えるためなのである。そういったごまかしは、しかし失敗してしまう。なぜならこうした人民の越権行為は殺害そのものよりも悪質であるからだ。それというのも、くだんの越権行為のうちには一箇の原則が含まれており、その原則たるや、瓦解した国家の再興さえも不可能にしてしまうにちがいないものだからなのである。

（欠陥のある）国家体制の変更——これはたしかに時として必要となるだろうが——は、そうしたしだいで、ひたすら主権者自身による改革をつうじて実行されうるのであって、けっして人民によって、したがってまた革命をつうじて遂行されるものではありえない。そのうえ、改革がおこなわれるとしても、それはただ執行権にかかわりうるにすぎないのであり、立法権にまで及ぶことはありえない。——なんらかの国家体制がその性格からして、人民は(議会における)みずからの代表者たちをつうじて、執行権ならびにその代表者(大臣)に対して合法的に抵抗しうるとするものであるとしても——国家体制はちなみにそのばあい制限された体制と称される——、そのような国家体制にあっても、それにもかかわらず積極的な抵抗(人民がその恣意によって結束し、政府に対してなんらか特定の積極的な行動を強要して、かくてまた人民自身が執行権のなんらかの作用をあえて遂行すること)はまったく許されていない。そこでも許されているのはむしろひたすらなんらかの消極的な抵抗、すなわち(議会における)人民による拒否であるにすぎない。消極的抵抗とはつまり、政府が国家行政に必要であると称しておこなうもろもろの要求について、かならずしもつねに政府の意に従うとはかぎらない、ということである。というよりもむしろ、いつでも政府の意を迎えるというのであれば、その件が確実にしるしづけていくのは、人民が腐敗しており、その代表者たちには買収に応じる準備があり、政府の統治権者がみずから任命する大臣をつうじて専制的にふるまい、いっぽう大臣たち自身にしてからが人民に対する裏切り者である、といったところだろう。

さらに、革命がひとたび成功し、あらたな体制が定礎されると、革命の開始とその遂行が適法的ではなかったからといって、臣民たちが拘束性〔責務〕から解放されて、ものごとのあらたな秩序に善良な国民として従うことを免れるというわけではなく、臣民としては拒否しがたく、くだんの〔あらたな〕上位者に対して誠実に服従しなければならない。いまや権力を握っているのはその者だからである。退位させられた君主(当人がかの国家転覆を生き延びたとして)は、じぶんの以前の政務執行を理由として訴追されることもなければ、ましてや処罰されることもありえない。ただしそれは、かつての君主がひとりの国民という身分へと退き、自身と国家との安寧を選んで、無謀な賭けに及ぶことがない場合なのだ。無謀な賭けとはつまりこの〔あらたな〕国家から逃亡し、王位請求者としてふたたび王位を奪還するという冒険に打ってでるといったことであって、これについては、秘かに企てられた反革命によるものであろうと、あるいは他国の援助を受けてのことであろうと選ぶところがないのである。しかしもし君主が最後の選択肢を採るのであれば、叛乱は、本人をその占有〔していた国家〕から放逐するものであるかぎり不法であったというしだいとなるから、この〔国家という〕占有に対する君主の権利はなお失われずに当人のもとにある。とはいえ果たして他の国々には、この遭難した統治権者のために国家の同盟を取りむすぶ権利があるものかどうか。しかもひとえに、あの人民によってなされた犯罪を罰せずに放置しないよう、つまりすべての国家にとっての醜聞としてそのままにはしておかないために、ということだ。これは要するに「他のどの国においてであれ、革命によって成立した体制を、実力をもって以前のそれへと復せしめる権限ならびに使命を有するかどうか」ということであって、この問題は国際法に属することになる。(9)

B

支配者は(土地の)最上所有権者と見なされうるのか、あるいは支配者が人民にかんする最上の命令権者と見なされることができるのは、法律〔法則〕をつうじてのことであるにすぎないのか? 土地は最上の条件として、そのもとでのみ外的物件を「じぶんのもの」として持つことが可能となるものであり、しかもそれらの物件を占有し使用しうることが第一の取得可能な権利をなすものであるがゆえに、領主であり、否むしろ最上の所有権者(*dominus territorii*)〔領地の所有者〕である主権者から、そういったいっさいの権利は導きだされなければならないことになるだろう。人民は臣民の集合として、また主権者に帰属する(人民はその者の人民である)けれども、しかし所有者としての主権者に(物権的に)帰属するのではなく、むしろ主権者が最上の命令権者であるかぎりで、当人に(債権的に)帰属するのである。――この最上所有権は、とはいえたんに市民的結合にかかわる一箇の理念にすぎず、この理念によって表象されるのは、人民に属するすべてのひとの私的所有がひとりの公的・普遍的占有者のもとに必然的に統合されていることとであって、そのことによって特殊的所有権が（部分から全体へと経験的に進行する）集合の諸原則[2]に従ってではなく、法概念にもとづく区分（土地の分割）の必然的・形式的原理に従って規定されるのである。法概念に従えば、最上所有権者はいかなる私的所有権をもなんらかの土地にかんして手にすることができない（なぜなら、そうなってしまえば最上所有権者が自身ひとりの私的人格となってしまうからである）。土地はむしろただ人民に（しかも集合的な仕方ではなく、かえって配分的なかたちで）帰属する。もっともこの件にかんして、遊牧民として統治されている人民は例外とされなければならず、そこでは土地の私的所有はまったく成立していない。——最上命令権者は、したがってなんらの御料地も、すなわちじぶんが私的に利用するための（たとえば宮廷を維持するための）領地も持つことができない。というのも、持つことが可能ともなれば、それは最上命令権者自身の裁量しだいで、どこまでも拡張されることにもなりかねないがゆえに、国家が危殆に瀕するはこびともなるだろうからである。要するに土地のいっさいの所有権が政府の手中に収められて、あらゆる臣民は農奴（*glebae adscripti*）〔土着隷民〕、つまりいつまでも他者の所有物であるものの占有者、したがっていっさいの自由を奪われた者（*servi*）〔奴隷〕と見なされるはめになる、ということだ。——およそ領主にかんしては、こう語ることができる。「領主は、じぶん自身以外には(じぶんのものとして)なにものも占有しない」。なぜならば領主が、だれか他の者と並んで国家のなかでなにものかを「じぶんのもの」として有していたとするならば、その他の者とのあいだで係争が起こりうるが、当の係争を調停するのにおよそいかなる裁判官も存在しないことになるだろうからである。他方では、こうも語ることができよう。「領主はいっさいを占有している」。というのも、領主は人民に対して命令権者の権利を有しており(各人に対して「彼のもの」を配分するということだ)、この国民にはいっさいの外的物件が(*divisim*)〔配分されて〕帰属しているからなのである。

ここから帰結するのは、以下の件である。国家のなかに存在しうるおよそどのような組合、身分、団体も、所有権者として土地を独占的な利用のために後続世代へと(無限に)一定の規約に従って引きつぐことはできない。国家のがわとしては、そのような規約をいつでも廃棄しうるのであって、そのためには条件としてただ、なお生存している者に対して損失補償を済ませればよい。騎士団(組合として、あるいはまたたんなる階層として、格別な名誉を与えられた個々人を糾合したものであれ)、教会と呼ばれる、聖職者たちの団体といったものでもだんじて、それらに賦与された特権によって、後継者に移譲しうる土地の所有権を取得することはできないのであって、ひたすら土地の一時的な利用〔権〕を取得しうるにすぎない。一方で騎士団の管轄地、他方で教会の財産は、それらを〔適切な〕手段とみなす世論、つまり〔前者は〕彼らに軍事的名誉を与えることで、国防への無関心に抗して国家を防衛するための手段とし、あるいは〔後者は〕国家に属する人間たちを、死者のためのミサ、祈禱ならびに彼らを永遠の業火から守るために任命されるべき数多くの聖職者たちを鼓舞するための手段とみなす世論が消滅した場合には、躊躇なく（それでも先に挙げた〔損失補償という〕条件のもとで）それらを廃棄することが可能である。そこでたまたまこうした改革に居合わせた者たちにしても、じぶんたちの所有権が剝奪されたと訴えることはできない。なぜなら、彼らにそれまで認められてきた占有の根拠はひとえに人民の世論にあったのであり、その根拠はまたくだんの世論が存続するかぎりで妥当するはずのものであったからである。しかしこの世論が消滅すればただちに、しかもそれがただ或る種の者たちの判断、つまり人民たちを先導するさいに、その功績によって最大の権利を要求するひとびとの判断において消滅したにすぎない場合であっても、あたかも国家に対する人民の上訴（*a rege male informato ad regem melius informandum*）〔あやまって知らされた国王から、よりよく知っているはずの国王へ〕がなされたかのように、誤想による所有権は撤廃されざるをえなかったのである。

根源的に取得されたこのような土地所有権にもとづいて、最上所有権者（領主）としての最上命令権者には、土地の私的所有者たちに対して租税を公課する権利が生じる。すなわち、地租、消費税ならびに関税の納付、あるいは役務の給付（成人男子が兵役に就くのはこれに当たる）を求める、といったことである。ただし租税公課は、人民がみずからに課するというかたちのものでなければならない。というのも、そのような法式こそがこの場合には法の諸法則に従ってことを進める唯一の方法として、人民の代表者がかたちづくる団体によっておこなわれるところだからである。ただしまた、大権にもとづいて強制される（既定の法律から逸脱した）国債も、国家がその解体の危機に瀕している場合にかぎって許容されることになるだろう。

国家経済の権利(3)もまた、この最上所有権にもとづいている。国家経済とはつまり財政ならびに警察〔監察〕のことであって、後者は公共の安全、快適ならびに風紀を管轄する（風紀を監察するのは、この風紀に対する感情（*sensus decori*）は消極的な趣味であるとはいっても、それが路上の物乞いや喧噪、悪臭や売買春（*venus volgivaga*）といった道徳感情を毀損するものによって鈍感にされないようにすることをつうじて、法律〔法則〕に従い人民を導くという政府の仕事がかなり容易なものともなるからである）。

国家の維持のために、さらになお第三の権利が必要とされる。つまり査察の権利（*ius inspectionis*）であって、これによってすなわちいかなる結社も、それが社会の公共の福社(*publicum*)に影響を与えうるものであるかぎり(国家の、もしくは宗教の光明会[4]のそれも含め)国家に対して秘密にされることがなく、警察が要求する場合にはその組織を公開するのを拒否することもできない。とはいえ、各人の私宅の捜索というかたちを取る査察[5]は、ただ警察にとって緊急の場合に〔認められるものに〕すぎず、その捜索のために警察はより高次の権威によっておのおの特定の事案について権限を与えられているのでなければならない。

C

最上命令権者には間接的に、つまり人民の負うべき義務を引きうける者として、人民に租税を課する権利が帰属する。これはつまりそれ(人民)自身の維持のためなのであって、この維持のために存在するものとしては、たとえば窮民施設、孤児施設、また教会制度といったものがあり、その他にも慈善基金や篤志基金と呼ばれているものもある。普遍的な人民の意志はすなわち一箇の社会へとみずからを統合したのであり、その社会は恒常的に維持されるべきである。人民の意志は、したがってこの目的のために対内的な国家権力に服従して、この社会の成員、とりわけみずからを維持する資産を持たない成員を維持しなければならない。国家の名においてそれゆえ政府には、与えられた権限において資産のある者たちに強要し、もっとも必要な自然的欲求すら充たすことのできない者たちを維持するための手段を調達させることができる。なぜなら、そうした資産のある者たちが生存するためにも、そこでは同時にまた、彼らが公共体の保護のもとに置かれ、じぶんたちの現存のために不可欠な配慮のもとに置かれて、その公共体に服従していることが作用しているからである。資産のある者たちも公共体に服従することへと拘束され〔責務を負っ〕ているのであり、この服従にもとづいて国家はいまや権利をもって、同胞たちの維持のために「彼らのもの」〔資産〕を供出させることができるのだ。これがおこなわれうるのは、以下の件を介してである。すなわち、国民たちの所有または商取引に対する課税によってであるか、もしくは基金の設立とその利子をつうじてのことなのである。これはしかも国家の必要のためではなく（国家は裕福だからだ）、人民の必要のためである。他方それは、自発的な醵出《きょしゅつ》によるだけではない（それというのも、ここではただ人民に対する国家の権利のみが問題となっているからである）。自発的醵出とはいっても、そのなかには射幸的なものもいくらか含まれている（たとえば宝くじがそれであるが、これはより多くの貧者たち、したがって公的所有権にとって危険な者たちをそれ以前にもまして生じさせるがゆえに、許されるべくもないのであるけれども）。いずれにしても、それは強制的な仕方で、国家の課する負担というかたちでもおこなわれるわけである。さてここで問題となるのは以下の件である。つまり、貧者たちへの配慮が一時的な醵出によって賄われ、その結果おのおのの世代がじぶんの同世代を扶養することになるのか、あるいはしだいに蓄積されてゆく基金(1)により、また総じて篤志基金(寡婦施設、養育施設といったもの等々がそれである)をつうじてなされるべきなのか、ということだ。そのうえ前者の場合ならば、強盗にも似た寄付集めによるのではなく、法律による課税を介して遂行されるべきか、ということになるだろう。――前者の処置が、ただひとつ国家の権利にふさわしいものと見なされざるをえないのであり、それも国家とは、なんぴとからも生きる権利を奪いえないものだからである。その理由は、一時的な醵出(2)であれば、それが(篤志施設では心配されるところだが)貧者たちの数とともに増大するにしても、貧困であることを怠惰な人間たちにとっての生計手段とさせるようなことはなく、したがって人民にとって不正な負担が政府によって負荷されるようなことにはならないだろう、という点にある。

子どもが困窮あるいは羞恥のゆえに捨てられることがあり、それればかりかおなじ理由で殺されてしまうことさえあるが、そうした子どもたちの扶養にかんしていえば、国家は一箇の権利をもって、人民に対して以下のような義務を課することができる。その義務とはつまり、たとえ歓迎されたものではないにしても、そうした(望まれざる子どもたちという)国家資産の増大を故意に減失させることがないようにする、ということである。そうした減失を防ぐことが、そうはいっても、両性の独身者のうち有為な者(この語のもとで解されているのは、資産のある独身者たちということである)に対して、ただそれだけでそうした子どもたちに対してやはり部分的には責任があるという理由で課税して、そのために孤児施設を設立するというかたちでなされうるのか、あるいはそのためにこれ以外の正当な仕方がありうるのか(捨て子を予防するためのべつの手段を見つけることは、そうはいっても困難だろうが)。これが一箇の課題であるとはいえ、それを解決するさいに、法に背反することも道徳性と衝突することもないような仕方は、これまでのところなお見いだされていない。

ちなみに教会制度は内面的心根(にかかわるもの)としての宗教から、後者がまったく市民的権力の作用圏外にあるかぎりで慎重に区別されなければならず(教会という施設は人民が公共の場で神を礼拝するために設けられたものであり、この礼拝は実際また人民にその起源を有するものであって、それが人民の思いなしであれ確信であれ、選ぶところはないのである)(3)、この制度は国家にとって真に必要とされるものである。それは人民がみずからをまた最高位の見えざる権力の臣民と見なし、その権力に忠誠を誓うべきであると考えているからであるけれども、そのうえこの権力は往々にして市民的権力と類を絶した抗争に陥ることがありうるからである。それゆえ国家は〔教会に対して〕権利を有していることになるが、その権利は〔教会の〕内的構成にかかわる立法に及ぶものではない。つまり国家が教会制度をみずからの意向に従って、じぶんにとって有利となると思量するがままに設立するとか、〔特定の〕信仰や神を礼拝する形式（*ritus*）〔儀礼〕を人民に指示したり、あるいはそれを禁止したりするものではない（なぜならこうしたことがらはことごとく、人民がみずから選んだ説教者や牧会者に委ねられなければならないからである）。国家の有する〔教会に対する〕権利はむしろただ消極的なものであり、それは要するに、公けの場で説教する者が目に見える政治的共同体に対して与える影響が、公共の安寧にとって有害なものとなりうる場合にこれを抑制し、したがってまた教会内部の、あるいは相異なる教会相互の抗争によって市民間の融和が危機に瀕することのないようにするものであって、これはしたがって実際には一箇の警察権であるにすぎない。教会はなんらかの信仰を、それがどのようなものであれ有するべきであるとか、その信仰を変わらず保持していなければならず、みずから改革を試みてはならないとかといったことがら〔に国家が容喙《ようかい》するとすれば、それ〕は、上位の権力の干渉というものであって、そもそも当の権力の尊厳に悖ることである。というのもそのさい上位の権力は、なんらかの教義論争の場合にそうであるように、その臣民たちとおなじ立ち位置に置かれることになり（つまり君主がみずから説教者と化するわけである）、臣民たちとしては上位の権力に向かって「問題についてなにも分かっていない」と直言しうることになるからである。とりわけ最後の件、つまり内部改革の禁止にかんしてはそのとおりなのである。――というのも、全人民がじぶん自身について決定しえないことは、立法者もまた人民について決定することができないからだ。ところでしかし、どのような人民であれ決定しかねるのは、信仰にかかわるじぶんたちの洞察（啓蒙ということだ）がだんじてこれ以上は進展することがなく、したがってまた教会制度にかんしてもけっして自己を改革することはない、などといったことである。なぜなら、そのような決定を下すことは人民各自の人格の内なる人間性に、かくてまた人民の最高の権利に背反するものだろうからである。それゆえにまたおよそいかなる上位の権力であっても、この件を人民について決定することはできない。――ところで、教会制度を維持する費用にかんしていえば、その費用は、右に述べたのとまったく同一の理由によって、これを国家の負担とすることはできない。その費用はむしろ人民の一部、つまりおのおのの信仰を告白している者たち、すなわちひとえに各教団が負担するところとされなければならないのである。

D

国家における最上命令権者の権利は、さらにまた以下の件に及ぶ。1 さまざまな官職の配分。官職とはつまり、なんらかの俸給を伴った職務を遂行するものである。2 位階の配分。位階とは高位の身分が与えられていることで、ただし報酬を伴わない。すなわち上位者（命令を下すべき者）である地位を授与されていることであって、これは下位者とのかかわりにおいてのことである（下位者とはたしかに自由であるとはいえ、ひとえに公的な法律によって拘束されて、上位者に服従するべくあらかじめ定められている者のことである）。この位階は、かくてひたすら名誉に基礎を置くものである。――最後に、3 以上の（それぞれ恩恵を与えるものである）ことがらのほかにまた、国家における最上命令権者の権利が及ぶものとしては刑罰権がある。

およそ市民に与えられる官職にかんしていえば、ここで問題となるのは以下の件である。すなわち主権者には、いったん或る官職に任命した者からその官職を、じぶんの思いつきに任せて（当人からすれば、罪を犯したわけでもないのに）とり上げてしまう権利があるのだろうか？　私は断乎として「否！」と言う。なぜなら、人民の統合された意志が市民出自の官吏にかんしてけっして決定しないであろうことがらは、国家元首もまた同人について決定しえないからである。ところで人民としては(人民が、官吏の任命によってじぶんたちにかかってくることになる費用を負担しなければならないのであるから)まったくなんの疑いもなく、官吏が当人に課せられたみずからの職務に完全に堪えるものであることを欲している。しかしこの件が充たされうるとすれば、それはほかでもなく、十分な期間にわたって同人が右の職務に対する準備と修得とを継続することによってのみである。その期間についていえば、当人が費やすことになった時間は、それでじぶんが生計を立てるべき他の職能を修得するのに充てることができたかもしれない時間であったということになる。かくて〔官職の任免が主権者の恣意に委ねられるとすれば、そのけっか〕概していえば、官職が委ねられるにいたるひとびとは、その職務のために必要な熟練も、習練をつうじて手にされる成熟した判断力もすこしも身につけていない者たちということになるだろうが、これは国家の意図に背反することである。その意図に沿うために必須とされる要件もまたあるのであって、それは「だれであれ下位の官職から上位の官職へと昇進することができる」ということである(もしそうでなければ、上位の官職はまったく不適任な者たちの手に落ちることになるだろう)。そのためにはまた、だれもが終身雇用を当てにすることができなければならないのである。

位階についていえば、そのうちにはなんらかの官職に伴いうるものばかりではなく、当の位階によって、それを保持する者がなにか特別な官職に就いていない場合でも、当人がなんらかの上流階級の一員とされるものも含まれる。それが貴族であって、〔位階としての〕貴族は人民の置かれた市民の身分からは区別される。この〔貴族という〕位階は男系の子孫へと継承され、男系の子孫をつうじて当然また貴族の出自ではない妻にも及ぶ。ただし貴族に生まれた女性は貴族の出自ではないじぶんの夫に対して、逆にこの地位を継受させることはなく、むしろみずからも〔婚姻契約とともに〕たんなる市民の身分（人民の身分）へと降下する。――ここで問われるのはつぎの件である。すなわち、主権者はそもそも貴族身分といったものを、世襲的な一箇の中間身分として、自身と他の国民たちとのあいだに創設する権限を有しているのか、ということだ。この問題にあって問われているのは、自身と人民にとっての利益をはかる「主権者の賢明さ[1]にとってこれが適合しているのか」ではなく、むしろ問題はひとえに「人民の権利にとってそれが適合しているか」である。つまり「一定の身分の者たちをみずからの上位に有し、そのひとびとはじしん臣民でありながら、しかしそれでも人民に対しては生まれながらの命令権者（すくなくとも特権を有する者）である」といったことが、人民の権利にかなっているのかが問われているのである。――さてこの問題への回答は、ここでもまえの場合とおなじように、以下の原理から導きだされる。すなわち《人民（臣民の集合全体）がじぶん自身とその同胞について決定しえないことは、主権者もまた人民にかんして決定することができない》。ところで世襲貴族なるものは一箇の地位であるとはいえ、その地位は功績に先行し、しかも功績を期待させる根拠をもなんら持たないものであるから、それはひとつの思考物(2)であって、すこしも実在性を有していない。なぜなら、かりに祖先が功績を立てたとしても、その功績をやはりじぶんの子孫に受けつがせるわけにはいかないのであって、子孫としても功績をどのみちじぶんで獲得するほかはなかったからである。つまり自然の仕組みからして、国家に対する功績を可能とするような才能や意志を生来のものとするわけにはいかないということだ。ところでだれについてであれ、およそ考えることもできないことといえば、それはみずからの自由を放棄することであるから、そのかぎりでは普遍的な人民の意志が右に挙げたような根拠のない特権的地位にひとしく同意するなどといったことは不可能であり、したがって主権者としてもまたこれを通用させておくことはできないのである。――とはいえしかし、こうした変則的な体制が旧い時代の統治機構(それは封建制の時代であって、封建制度はほとんどまったく戦争のために組織されていたのである)のなかに忍びこんでおり、それが〔一般〕国民以上の臣民、すなわち生まれついての官吏(たとえば世襲の教授)であろうとする者たちの所業によるものであったとしても、国家としてはみずからが犯したこの過ちをしだいに訂正してゆくほかにすべはない。過ちとはつまり、法に反して世襲的な特権(3)を与えてしまったことであるが、それを匡《ただ》してゆくにはそのような地位を廃棄し、また空位にしてゆくほかにないわけである。そのかぎりで国家には暫定的に一箇の権利が帰属して、こうした位階を称号のうえでは存続させておくことができる。ただしそれも、世論にあってさえ、主権者・貴族・〔一般〕人民という区分が、主権者と人民というただひとつ自然な区分に席を譲ってしまう時が来るまでのことなのである。

ところでたしかにどのような人間も、いっさいの位階を持たずに国家のうちで存在することはできない。だれであれ、すくなくとも国民という位階は手にしているからである。ただし、だれかがみずからの犯罪によってその位階を失ってしまう場合はべつであって、そのとき当人はなるほど生かされてはいるけれども、だれか他の者の(国家もしくは或る他の国民の)選択意思に従属するたんなる道具とされているのである。ところでこのような道具となった者は(その者はしかしただ判決ならびに法によってのみ、そうした道具となるのであるが)一箇の奴隷(*servus in sensu stricto*)〔厳密な意味での奴隷〕であり、或る他者の所有(*dominium*)に帰属する。この他者はしたがって、たんにその者の主人(*herus*)であるばかりではなく、さらに当人の所有者(*dominus*)でもある。所有者であるかぎり、本人を物件として譲渡し、意のままに(ただし恥ずべき目的のためにではなく）使用して、当人の労力を、その生命ならびに四肢にいたるまでというわけではないにしても、自由に処理（処分）することができる。契約をつうじては、なんぴとであれこのような従属状態へと拘束されることはありえない。そのような従属状態に置かれることで当人は、そもそも一箇の人格であることを止めてしまうのであって、だれであれ人格であるかぎりにおいてのみ、契約を取りむすぶことができるからである。ところでたしかに一見したところ、人間はなんらかの労役の義務を、それが質にかんして許容されたものであれば、程度についてはしかし無規定なものであっても、だれか他者に対して（賃金、賄い、あるいは保護を受ける代償として）賃貸借契約（*locatio conductio*）によって負うことができるように思われ、この場合しかも当人はそのことでたんに家僕[4]（*subiectus*）〔従属者〕となるだけであって、奴隷（*servus*）となるわけではないかのようにも思われる。しかしながら、これはたんにあやまてる仮象であるにすぎない。なぜなら主人の有する権能が、じぶんの家僕の労力を意のままに利用しうるというものであるならば、主人はその労力を（ちょうど黒人たちが砂糖諸島[5]においてそうした災厄に遭遇したように）死にいたるまで使いつくし、あるいは絶望のみが残されるほどに使いはたすことができるのであって、かくて家僕はみずからをその主人に実際には所有物として売りわたしてしまったことになるからである。これはしかし、およそ不可能な〔あってはならない〕ことである。――人間はしたがって、その質および程度において規定された労働にかんしてのみ、みずからを賃貸借することができる。つまり、日雇いの労務者としてであるか、あるいは定住した小作人として(6)であるか、そのいずれかということになる。後者の場合であれば小作人は、ひとつには主人の土地を〔耕地のかたちで〕使用する代償として日当を受けとることなく主人の土地に労役を提供することになり、もうひとつにはおなじく主人の土地をじぶんで利用〔して収穫を手に〕する代償として一定の使用料を(つまり地代を(7))支払うことになるのであるけれども、これも一箇の小作契約に従ってのことである。小作人はそこでみずからを農奴(*glebae adscriptus*)〔土着隷民〕とすること、つまりじぶんの人格性を犠牲としてしまうことはないのであって、かくて年期小作もしくは永代小作を確立することができるのである。おなじ人間がところでしかしまた(8)、じぶんが罪を犯すことで人格として従属する者となってしまったということならありうるとしても、この従属状態が当人にとってそれでもやはり継承されたもので(9)あることはありえない。本人がその従属状態をみずからに招きよせたのは、ひとえにじぶん自身の責めによるものだからである。そしてまったく同様に〔おなじ理由からして〕、奴隷の子どもとして生まれた者がじぶんに要した教育費用にかんして返還請求を受けるということもありえない。なぜならば、教育は両親にとって絶対的な自然的義務であって、両親が奴隷である場合ならば、それは主人の義務となるのであり、主人たちは従属する者を占有するとともにまたその者たちの義務をも引きうけたからである。

E 刑罰権ならびに恩赦権について

I

刑罰権とは命令権者が従属者に対して有する権利であって、これによって従属者の犯罪を理由として当人になんらかの苦痛を科することができる。国家内の最上位の者にはそれゆえ処罰を加えることができず、ひとがなしうるのはむしろただ、その支配から逃れることだけである。——公的法則〔法律〕の侵犯は、それをあえて侵した者に、国民である資格を喪失させるものである場合には、端的に犯罪(*crimen*)と呼ばれ、あるいはまた一箇の公的犯罪(*crimen publicum*)とも称される。(1)(2) それゆえ前者(私的犯罪)は民事裁判に、後者なら刑事裁判にそれぞれ付されることになる。——横領、すなわち取引のために委託された金員ないし財貨を着服すること、売買にさいして他者の眼前でおこなわれる詐欺は、私的犯罪である。これに対して、貨幣もしくは手形を偽造すること、窃盗、また強盗といったものが公的犯罪となる。というのも、そうした犯罪によって危殆に瀕するにいたるのはまさに公共体であって、たんに個別の人格に止まらないからである。――これらの犯罪は、破廉恥な気質によるもの(*indolis abiectae*)と暴力的な気質によるもの(*indolis violentae*)とに区分されることができる。

裁判によって加えられる刑罰(*poena forensis*)は、自然によって加えられる刑罰(*poena naturalis*)から区別される。後者は、それによって罪悪自身がみずからを罰するものであって、これにかんして立法者はなんら顧慮するところがない。それとは異なり前者は、〔犯罪そのものとは〕べつの善を促進するたんなる手段であることはだんじてできない。これはその善が犯罪者自身にとってのものであれ、あるいは市民社会に対してのことであれ、同様である。裁判によって加えられる刑罰はむしろつねにひとえに本人が罪を犯したがゆえに、まさにその当人に科せられるものでなければならない。なぜなら一箇の人間はだんじてたんに或る他者の意図にとっての手段としてのみ取りあつかわれることができず、物権の対象と混同されることもできないからである。そのように取りあつかわれることに対して、その生得の人格性が当人を守るのであり、それはたとえその者が市民的人格性(3)を判決によって剝奪されることがあったとしても変わることがない。本人はまず罰せられるべきである〔可罰的である〕と認定されなければならず、その認定に先だって「当のその刑罰から本人自身あるいは同胞市民にとって効用のいくらかが引きだされるか」などといったことが考慮されてはならないのである。刑罰の法則は一箇の定言命法である。だから、幸福論の曲がりくねった道を這いまわる連中には災いあれ！　彼らときたら、見込まれる利益ゆえに犯罪者をその刑罰から免除し、あるいはまたすくなくとも刑罰の一段階なりとも軽減すべきなにごとかを見つけだそうとしているのだ。しかもそのさい連中が従うものといえば、例のパリサイ派の格言[4]《ひとりの人間が死ぬほうが、全人民が滅びるよりはよい[5]》なのである。だがそもそも正義が滅びるなら、人間が地上に生きることにはもはやなんの価値もない。――それでは、以下のような提案に対してどのように対応すべきだろうか？　その提案とはつまり、死刑を宣せられたひとりの犯罪者を生き延びさせてやろうとするもので、ただしそのためには当人が承諾しなければならないことがある。すなわち、じぶんを被験者として危険な実験が試みられ、かつたいそう幸運にもその危険を切りぬけて、しかもその実験結果によって医学者たちがなんらかのあらたな知見を獲得し、その知見が公共体にとって有益なものとならなければならない、という条件である。法廷は、医師団がこのような提案をするとしても、軽蔑をもってこれを斥けることだろう。なぜなら、正義が一箇の正義でありつづけるためには、正義はみずからをいかなる対価に対しても売りわたしてはならないからである。

　ところで、どのような種類と程度の刑罰を科することを、公的正義はみずからの原理とし、かつ基準とするのだろうか？　相等性の原理以外にはありえないのであって、その原理は（正義の秤においてその針の状態で示されるとおり）一方のがわにも他方のがわにも過剰に傾くことがない、というものである。したがって、こうなるだろう。いわれのない害悪をあなたが人民に属するだれか他者に対して加えるとすれば、それはどのようなものであれ、あなたがあなた自身に加えるものとなる。あなたがだれかを侮辱するならば、あなた自身を侮辱することになり、あなたがだれかから盗むとすれば、あなたはあなた自身から盗むのだ。あなたがだれかを打つのなら、あなたはあなた自身を打つこととなり、あなたがだれかを殺すとすれば、あなたはあなた自身を殺すことになるのである。ひとり同害報復の法（*ius talionis*）〔同害報復の権利〕のみが、ただしむろんそれが（あなたの私的判断においてではなく）法廷における法〔権利〕として理解されている場合にかぎり、刑罰の質ならびにその量を決定的な仕方で示すことができる。それ以外のいっさいの原理は左右へとたえず動揺するものであって、そこには他のさまざまな顧慮が混入してくるがゆえに、純粋で厳格な正義の判決にさいして適切なことがらをなんら含むことができないのである。――さてたしかに一見したところでは、身分の違いによって、同害報復の原理「同等のものに対して同等のものを」は許されないかに見える。しかし当該原理が文字どおりには可能とはならないとしても、くだんの原理はなおその効果からすると、より優位な者の受けとりかたを考慮するならば依然として妥当でありうる。――だから、たとえば口頭侮辱罪に対して罰金刑が科せられることは、加えられた侮辱と比べてまったくつり合いが取れていない。なぜなら、じゅうぶん金さえあれば、そうした侮辱をときにあえて愉しみとすることも、その者には許されてしまうからである。とはいえ、一方の者の名誉心が傷つけられたことはそれでも、他方の者の自尊心に苦痛を与えることとじゅうぶん同等となる場合もある。それは、後者が公的に謝罪するばかりでなく、前者に対して、じぶんより身分が低い者であるにもかかわらず、たとえば〔謝罪と〕同時にその者の手に接吻するといったことが、判決と法によって強制されるような場合だろう。おなじことは、優位な者が粗暴な性格で、じぶんより身分は低いが、しかしなんの罪もない国民に殴打を加えたとき、その代償として謝罪のほかさらに判決によって、なんらかの孤独で苦痛を伴う拘禁に処せられるような場合についても当てはまる。というのも、そのことで〔暴行犯が〕不如意を覚えることに加えてなお、暴行犯の虚栄心が手ひどく傷つけられ、こうして恥辱を加えられることをつうじ「同等なものが同等なもので」適正なかたちで報復されることになるだろうからである。――ところで《あなたがだれかから盗むとすれば、あなたはあなた自身から盗むのだ》とは、いったいなにを意味しているのだろうか？　およそ窃盗をはたらく者は、すべての他者たちの所有権を不確実なものとする。当人はこうして自身から（同害報復の法に従って）いっさいの可能な所有権の確実性を剝奪してしまうのである。本人は〔その結果〕なにものも持たず、またなにごとも取得しえないことになるが、それでもなお生きることを欲する。ところで、そのように生きることが可能となるためには、その者を他者たちが扶養するほかはない。しかしこうした扶養を国家が無償で請け負うことはないだろうから、当人は国家にみずからの労力を委ねて、それを国家の命じる任意の労務（手押し車による運搬や、それ以外の懲役労働）に捧げなければならず、かくて一定期間、もしくは事情によればさらに無期にわたって奴隷身分へと転落する。――これに対してもしだれかがひとを殺害したのであれば、その者は死なな︀くてはならない。この場合には、正義を満足させる代替物はまったく存在しない。およそいかなる同種性も生と死とのあいだには存在せず、それは前者がかりにどれほど苦痛に満ちたものであっても変わらない。したがってまた、〔殺人という〕犯罪とその報復とのあいだでなりたつ相等性としては、殺人犯に対して裁判をつうじて執行される死刑以外には存在しない。ただしこの死刑はあらゆる残忍なやりかたを離れたものでなければならず、受刑者の人格の内なる人間性を怪物めいたものにしかねないものであってはならない。――たとえ市民社会がすべての成員の合意によって解散する（たとえば、ある島に居住する人民がばらばらになって、全世界に分散することを決定する）場合であっても、最後に牢獄に残された殺人犯が、解散に先だってあらかじめ処刑されなければならないだろう。そうすることで、各人が報いとして受けとるものはおのおの所業に相応しいものとなり、人殺しの汚名がその人民に帰せられることもなくなることだろう。彼らがこの処刑を完遂しなかったなら、そう呼ばれることになったのだ。その場合くだんの人民は、正義に対するこの公然たる侵害についてその共犯者と見なされうるからである。

　刑罰のこうした相等性が可能となるのはひとえに、裁判官が厳格な同害報復の法に従って死刑の判決を下すことによってである。その相等性はまた以下の件において明らかに示されることになる。つまり、この〔同害報復の法に従う〕ことによってのみ、犯罪者たちの内面的な悪意に相応するかたちで彼らすべてに対する死刑判決が（たとえ問題となっているのが殺人ではなく、それ以外のただ死をもってのみ贖われるべき国事犯である場合であっても）言いわたされる、ということである。――ここで、最近のスコットランドの叛乱[7]のような場合を考えてみよう。そこでは、この叛乱に加担したいくらかの者たち（バルメリーノその他）が「じぶんたちは謀叛によってほかでもなくスチュアート家に負っている義務を果たそうとしている」と信じていたのに対して、その他の者たちはもろもろの個人的な思わくを懐いていた。最高裁判所が下した判決には、以下のように述べられていたものとしてみよう。「各人は死刑か手押し車懲役刑か、そのいずれかを自由に選びうるものとする」。私はあえて言うが、その場合、名誉を重んじる人間は死刑を選び、いっぽう恥知らずなら手押し車を選ぶ。そうした帰結が、人間のこころの本性からおのずともたらされるところというものだ。なぜなら前者が知っているなにごとかは、当人が生すらも超えてより高く評価するもの、すなわち名誉であるのに対して、後者の考えるところでは、恥辱に塗れた生であっても、それがまったく無くなってしまうよりはましなのである（*animam praeferre pudori*）〔名誉よりも生命を重んじて〕（ユヴェナリス）[8]。前者こそが、さて異論のありえないところ、後者よりも軽く罰せられるべきであり、したがって〔前者・後者いずれにせよ〕彼らは、全員にひとしく死刑が科せられることによってまったく〔それぞれに〕相応しく処罰されることになる。つまり、前者はその感じようからすれば寛大に、後者はおなじく過酷に処罰されるわけである。これに対して、ひとしなみに手押し車懲役刑という判決が下されてしまったとすれば、前者はあまりに過酷に、後者はその下劣さに比してひどく寛大に処罰されることになるだろう。だからここでもまた、徒党を組んで陰謀を企てた多数の犯罪者に対する宣告にあって、公的正義をもっとも良く釣り合わせるものは死刑にほかならない。――くわえてまた、謀殺のゆえに死刑を宣告された者が不平を鳴らして、「その判決はじぶんにはあまりに重く、それゆえに不法がなされているのだ」などと言うのを、だれもいまだかつて聞いたこともない。当人がそんなことを口にしようものなら、だれであれ本人の面前で嘲笑うことだろう。――以上で述べてきたことが当たらないというのなら、つぎのように想定しなければならないことになってしまうだろう。すなわち、その犯罪者に対して法律からすればたとえ不法がなされているわけではないとしても、そもそも国家における立法権にはそのような種類の刑罰を科する権限はなく、よってもしこれを定めるとすると自己矛盾に陥る、ということなのである。

だから謀殺者はすべて、つまり謀殺を実行した者であれ、それを命令した者であれ、あるいは協力した者であっても、そのことごとくがまた死刑に処せられなければならない。この件を正義が欲するのは、正義とは司法権の理念であって、その理念はア・プリオリに基礎づけられた普遍的な法則に従うものであるからだ。――とはいえそれでも、こういった所業に参加した共犯者たち(*correi*)の数があまりに多すぎて、国家がそうした犯罪者を残らず根絶やしにしようとすれば、ほとんどひとりも臣民がいなくなるといった破目になりかねず、かといって国家を解消してしまって、つまりはなお遥かに劣悪な、外的正義のいっさいを欠いた自然状態へと移行すること(とりわけ、虐殺の光景を目にすることで人民の感情が麻痺すること)を欲しないとすれば、主権者の有する権力のうちにはまた、こうした緊急の場合(*casus necessitatis*)にはみずから裁判官となり(その役を演じ)、判決を下して、死刑に替えてなにかべつの刑罰を犯罪者たちに言いわたす権能が含まれていなければならない。人民の数がなお維持されるためであれば、それはたとえば流刑といった刑罰となるだろう。この件それ自身は、とはいえ、公的な法則〔法律〕に従ってなされるものではない。むしろ勅命をつうじて、すなわち大権の作用によってなされるものであって、その作用は恩赦としてつねにただ個々の事例にかんしてのみ発動されうるのである。

ところが、これに対してベッカリーア侯[9]は、気取った人間性とでもいうべきもの(*compassibilitas*)〔共感癖〕に対して感傷的な共感を示しながら、「死刑はすべて適法ではない」とする持論を主張した。その理由は、死刑が根源的な市民契約のうちに含まれていたことはありえない、という点にある。なぜなら、もしそうであれば、人民に属する者がだれであれ同意しなければならなかったことのうちに「もしだれか(おなじく人民に属する)他者を殺害してしまった場合には、みずからの生命を失うべきである」ことが含まれていなければならないが、しかしそれに同意するのは、だれもじぶんの生命を処分することができない以上は不可能だからである、と言われる。これらはすべて詭弁であって、法を曲解するものにほかならない。

或るひとが刑に処せられるのは、その者が刑罰を欲したからではなく、当人が処罰さるべき行為を望んだからである。なぜなら、或るひとに本人の欲するところが起こるのであれば、それはなんら刑罰ではないからであり、かつ罰せられるのを欲することは不可能であるからだ。――「じぶんがだれかを殺害したとすれば、私は罰せられることを欲する」と語ることが意味するところは、以下の件以上のなにものでもない。すなわち「私は、じぶん以外のすべての者たちとともに法則〔法律〕に服従する」ということであり、その法律〔法則〕は当然また、犯罪者が人民のなかに存在する場合には刑罰法規〔刑法〕ともなることだろう。私は共同立法者として刑罰法規を制定するが、その「私」が同一の人格でありながらも、臣民としては当該法規に従って処罰されることは不可能である。というのも、処罰される者すなわち犯罪者としては、私が立法にさいして一票を有することはとうてい不可能であるからだ（立法者は神聖である）。したがってかりに私がなんらかの刑罰法規〔刑法律〕を作成し、しかもそれがひとりの犯罪者たるじぶんに対しての刑法律〔刑罰法規〕でもあるとするならば、私の内なる純粋な法的・立法的理性（*homo noumenon*）〔ヌーメノン的人間〕(10)が私を、犯罪をなしうる者として、したがってまた別箇の人格（*homo phaenomenon*）〔フェノメノン的人間〕として、市民的統合体に属する他のいっさいの者たちとともにその刑罰法規〔刑法〕に服従させるわけである。言いかえれば、こうなるだろう。人民（そこに属する各個人）ではなく法廷（公的正義）が、かくてまた犯罪者とはべつの或る他者が死刑を科する。だから社会契約のうちにはだんじて、みずからを処罰させるという約束は含まれておらず、だからまたじぶん自身とじぶんの生命とを処分するという約束も含まれていない。なぜならかりに、処罰する権能の根底には、「みずからが罰せられることを欲する」という違反者の約束が存していなければならないとしたならば、この違反者にもうひとつ〔判断を〕委ねなければならないことがあるからだ。それはじぶんが「処罰されるべきかどうか」ということであって、かくして犯罪者はじぶん自身の裁判官であることとなるだろう。――こうした詭弁の主要な誤謬[11]（πρῶτον ψεῦδος）は以下の点にある。つまりひとは[12]、犯罪者がみずから下す判断（その理性は須らく信頼されなければならない）、すなわち「生命が失われなければならない」を、「生命をみずから奪わなければならない」とする意志の決定と見なし、かくてまた法の執行と法的評価とを一箇同一の人格のうちで統合されたものと考えてしまう、ということなのである。

それにもかかわらずふたつの犯罪があって、それらは死刑にあたいするものでありながら、当の犯罪にかんして、はたして立法にはこれにも死刑を科する権能があるのか、なお疑問が残されている。それらふたつの犯罪へと誘うものは名誉感情である。一方は女性の名誉にかかわる犯罪、他方は軍人の名誉にかかわる犯罪であり、しかもそれらはいずれも真の名誉にかかわるものであって、その名誉はいま挙げた人間のふたつの部類のそれぞれが義務として負っているものなのである。前者の犯罪は母親による嬰児殺害（*infanticidium maternale*）であり、後者の犯罪は戦友殺害（*commilitonicidium*）つまり決闘である。——立法は婚姻外の出産という恥辱を除きさることができない。同様にまた、臆病者であるという嫌疑から下級士官に汚名が降りかかった場合、つまり「当人は侮辱的な目に遭いながらも、死の恐怖を乗りこえ、みずからの実力でこれに対抗することができない」とする汚名が降りかかったときに、その汚名を拭いさることもできない。それゆえ一見したところひとびとはこのような場合、自然状態に置かれているように見える。だから殺人（*homicidium*）はそこではけっして謀殺（*homicidium dolosum*）とは呼ばれるべきではないだろうし、双方の事例のどちらも可罰的であるのは言うまでもないとしても、しかし最高権力がこれを、死刑をもって処罰することはできないようにも思われる。婚姻によることなくこの世に生まれてきた子どもは、法律の外部に（というのも、婚姻〔の法律的な意味〕とはそうしたものだからである）、かくてまた法律の保護の埒外に生まれてきたことになる。そうした子どもは、公共体のなかへいわば（あたかも禁制品のように）忍びこまされたのであるから、公共体もその子どもが生存していることとを無視して(なぜなら、そうした仕方で生存することは正当なことではなかったはずだからである)、したがってまたその子が抹殺されることをも無視することができる。それでも母親の恥辱は、かりに婚姻外の分娩が知れわたってしまった場合には、いかなる命令をもってしてもこれを取りのぞくことができないのである。——おなじように、下級士官に任命された軍人ならば、じぶんが侮辱を受けたときになすべきことが、自身と階級をともにする仲間たちの世論をつうじて強要されているしだいが、よく分かっている。その下級士官としては、償いを求め、侮辱した者の処罰を求めなければならないが、しかもあたかも自然状態に置かれているかのようにそれらを求めなければならない、ということである。つまり、法廷において法律を介してそうするのではなく、じぶんの生命を危険にさらす決闘をつうじてこれをおこなう、ということなのである。それはみずからの武勇をあかし立てるためであり、自身の身分の名誉は本質的にこの武勇にもとづくのであって、それが相手を殺害することと結びついていようとかかわりがない。殺害は、このばあい闘争が公然と、しかも双方の同意のもとに、たとえ不本意なかたちにおいてであれ遂行される以上、ほんらい謀殺(*homicidium dolosum*)と称されうるものではない[13]。——それでは、このふたつの(刑事裁判にかけられるべき)事例にあって、なにが合法的であるのか?——ここで刑罰的正義は、まったくの窮地に陥ってしまう。

つまり「名誉という概念（それはここではだんじて妄想ではない）を法律によって無効なものと宣言し、かくて死刑をもって処罰すべきか」、それとも「この犯罪については死刑という相応の刑罰を免除すべきか」ということだ。要するに「無慈悲であるべきか、寛大であるべきか」ということなのである。この難問は、以下のようにして解決される。刑罰的正義の定言命法（法律に反して他者を殺害することは死刑をもって処罰されなければならない）は存続するものとする。立法それ自身はしかし（かくて市民的体制もまた）、それがなお粗野で未開なままであるかぎりで、以下の件について責めを負うこととする。すなわち、人民における名誉の動機が（客観的には）その動機の意図するところと適合している処置と（主観的には）合致しようもない場合、そのかぎりで国家のがわに由来する公的な正義は、人民のがわに由来する正義にかんして一箇の不正義となる、ということである。

Ⅱ

恩赦権（*ius aggratiandi*）とは、犯罪者に対して刑罰を軽減する、あるいはこれを全面的に免除する権利であるが、この権利は主権者の有するあらゆる権利のなかでもっとも逸脱しがちな権利であって、主権者の輝かしい至高性をあかし立てるものであるとともにに、その権利を行使することでやはり至上の不法がなされることもある。——臣民相互のあいだの犯罪にかんしていえば、主権者にはだんじてこの恩赦権を行使することが許されていない。なぜなら、その場合には刑罰の免除(*impunitas criminis*)は臣民たちに対する最大の不法だからである。したがってただ、侵害が主権者自身に対してなされた場合(*crimen laesae maiestatis*)にのみ、[14]主権者は恩赦権を行使することができる。しかしこの場合でも、処罰がおこなわれないことで、人民自身にその安寧にかんして危殆が生じうるときにはべつである。——この権利が、大権という名にあたいする唯一の権利にほかならない。

祖国および外地に対する市民の法的関係について

第五十節[1]

なんらかの地域(*territorium*)について、その住民がすでに憲法によって、つまり特別な法的作用を行使することなく(したがって出生に伴い)、一箇同一の公共体に属する同胞市民となる場合、そのような地域は祖国と呼ばれる。住民がこのような条件のもとにない地域は外地と呼ばれることになるが、ここにいう外地が統治領一般の一部分をなしている場合には（ローマ人たちがその語を用いたのとおなじ意味で）属州と呼ばれる。(2) 属州は同胞市民の定住地として帝国（*imperium*）に統合されたその一部分を形成するものではなく、ただたんになんらかの臣民が住む居住地として帝国の領地をかたちづくるにすぎないのであるから、じぶんを支配する国家の土地に対しては母国（*regio domina*）〔本土〕として敬意を払わなければならない。(3)

1　臣民は（市民とも見なされるのであるから）国外へ移住する権利を有している。というのも国家としても臣民を、みずからの所有物として〔自国内に〕引きとどめておくわけにはいかないだろうからだ。ただし臣民は〔移住にさいして〕ただその動産にかぎって持ちだすことができるのであって、不動産についてはこれを持ちだすことができない。もっともかりに不動産を持ちだすといったことが起こりうるとすれば、それは臣民に、じぶんのこれまで占有していた土地を売却して、その代金を身柄とともに持ちだす権能が認められている場合ということになるだろう。

2　国邦領主(4)はその権利によって、外地居住者（植民地の人民）(5)の国内への移住と定住とに便宜を与えることができる。これは領主にとっての本国臣民がこれを嫉ましく思おうと変わらないが、ただ本国臣民にとって土地に対するその私的所有権が縮小されない場合にかぎられる。

3 国邦領主はまた、臣民のだれかの犯罪によって、この臣民と同胞市民とのあいだで相互関係[6]が結ばれることが、およそすべて国家にとって危険なものとなったような場合には、同人を外地に属する属州のいずれかへと追放し、そこで本人がいかなる市民権にも与らないようにする権利、すなわち流刑に処する権利を有する。

4 国邦領主はまたおしなべて国外追放の権利(*ius exilii*)を有する。これは、犯罪者を遠い世界へ、つまり総じて外国[7](古いドイツ語では異郷と呼ばれているところ)へと追いやってしまう権利である。国邦領主は当該の犯罪者からいまやいっさいの保護を剝奪するのであるから、その意味するところは、同人を国邦領主の領地内においては法律の保護外に置く[8]ことにひとしい。

第五十一節

国家における三つの権力は、公共体一般(*res publica latius dicta*)〔より広義の共和国〕の概念から生じてくる。これら三権は、統合された人民の意志の三様の関係にほかならず、その人民意志はア・プリオリに理性から由来するものであるから、それらは国家統治権者の純粋な理念であって、その一箇の理念は客観的で実践的な実在性を有している。

この統治権者(主権者)が、とはいえ、たんにひとつの(全人民を代表する)思考物にすぎないとすれば、それは統治権者がなお一箇の自然的な人格を欠いている場合であって、それも自然的人格こそが最高の国家権力を代表し、右に挙げた理念に対して人民の意志に作用する力を与えるからである。ところで、この自然的人格の人民の意志に対する関係を、三様の相異なる仕方で考えることができる。(1) すなわち、国家内のひとりの者がすべての者に命令するか、あるいはたがいに平等な若干の者が統合されて他のすべての者に命令するか、あるいはまた万人が共同して各人に、したがってまたじぶん自身に命令するか、そのいずれかである。言いかえれば国家の形式は専政制的であるか、貴族制的であるか、民主制的であるか、のいずれかなのである。(「専政制的」の代わりに用いられる「君主制的」(2) という表現は、私たちがここで示そうとしている概念には適合しない。なぜなら君主は最高の権力を持つのに対して、専政者もしくは独裁者はいっさいの権力を有する者だからである。後者は主権者であって、前者はたんに主権者を代表するにすぎない)。——たやすく分かるとおり、専政制的な国家の形式がもっとも単純な形式である。すなわちそれは、ひとりの者(国王)が人民に対しているという形式であり、したがってそこではただひとりの者だけが立法者なのである。貴族制的な国家の形式となると、それはすでにふたつの関係から合成されている。すなわち〔ひとつは〕(立法者としての)貴族たち相互の関係であって、これによって主権者が形成されるが、もうひとつはこの主権者と人民との関係にほかならない。(3)民主制的な国家の形式が、さらにしかしもっとも多くの関係から合成されたものであって、すなわち第一に万人の意志を統合することで一箇の人民をかたちづくり、第二には国民の意志を統合することによってひとつの公共体を形成したのちに、〔第三に〕当の公共体のうえに主権者を、つまりこの統合された意志そのものを据えるのである。(*)国家における法〔権利〕の管掌という点からすれば、単純な国家の形式が同時に最善の形式であることは言うまでもない。とはいえたほう権利〔法〕そのものが問題であるならば、これは人民にとってももっとも危険な国家の形式であって、それは、この形式をつうじて招きよせられがちな専制のことを考えてみればよい。より単純にすることが、強制的法則をつうじて人民を統合する機械的な機構にあってはもっとも理性的な準則であることはたしかである。それはすなわち、人民の全員が受動的で、じぶんたちの上位に位置するひとりの者に服従する場合であるが、けれどもこうした単純化によっては、臣民のだれひとりとして国民として立ちあらわれることがない。人民を宥めすかして慰めようとする言葉があって、それはつまり「君主制(この場合でいえば、ほんとうは専制ということになる)こそが、もし君主が善い君主であるならば(すなわち、たんに善い君主であろうとする意志ばかりではなく、そのため

の見識も具えているならば）最善の国家体制である」というものだ。これについていえ
ば、そうしたものは同義反復的な格言に属すると見るべきであって、その言葉が語って
いるところは以下の件以上のものではないのである。いわく、「最善の体制とは、それ
によって、国家の管理者が最善の執政者となる体制であり、要するに最善のものであるよ
うな体制である」。

　（*）国家のこれらの形式は、たんなる侵入者であって、その権能をもたない権力者たちによ
　って変造されてきた（寡頭制や衆愚制といったものである）。くわえてまた、いわゆる混合国
　家体制も存在するわけであるが、あまりに長くなるだろうから、これらについて私はここで
　はまったく言及しないことにする。

第五十二節

　この機構〔国家〕をめぐる歴史的な証拠文書を追跡しようとしてみても、無駄というも
のである。つまり私たちは、市民社会の始まりをその時間点にまで遡ることはできない
（というのも野生人たちはおよそいかなる文書も、じぶんたちが法則〔法律〕のもとに服
従し〔て、国家を形成し〕た事情をめぐって作成していないからであり、そのうえまた粗
野な人間たちの本性からしてもすでに見てとられるところであるように、彼らが法律

〔法則〕のもとに服従しはじめたのは暴力によるものだろうと思われるのである〕。しかしこうした探究が、やむを得ないばあい現存の体制を暴力によって変更しようとする意図をもって企てられているならば、そのような探究は処罰にあたいするものである。なぜなら、そうした変革は人民〔の一部〕が徒党を組むことによってなされるほかはなく、したがって立法をつうじて生起するものであるはずがないからである。しかし暴動が既存の体制のうちで起こる場合、それはすべての市民的・法的関係の、したがってまたあらゆる法の顚覆である。すなわち市民的体制の変更ではなく、それをいったん解体し、そののちにより良い体制へと移行することであって、変容ではなく再生なのである。再生は一箇のあらたな社会契約を必要とし、あらたな契約に対して以前の契約は〔それはいまや廃棄されているのだから〕およそいかなる影響力も有していない。──しかしながら主権者にはそれでもなお現存の国家体制を変更することが可能でなければならない。それはくだんの体制が根源的契約の理念とじゅうぶん合致していない場合であるけれども、そのさいもやはり一定の形式は存続させておくことも主権者には可能でなければならないのであって、なぜなら当の形式は、人民が一箇の国家を形成するために本質的に必要なものだからである。ところでこの変更は、国家自身が先に挙げた三つの形式中のひとつの形式から他のふたつの形式のいずれかへとみずからを構成しなおすといったかたちで起こるものではありえない。つまり、たとえば貴族たちが合意のもとに専制に従属することにするとか、あるいは民主制へと溶解しようとするとか、またそれらの逆であるとか、そういったものではありえないということだ。それではあたかも主権者の自由な選択と恣意とによって、「どのような体制に主権者が人民を従属させようとするか」が左右されてしまうようなものだからである。その理由は、主権者がみずから民主制への変更を決定した場合であっても、主権者はやはり人民に不法を加えることがありうるという点にある。というのも、人民自身は民主制というこの体制を嫌悪するかもしれず、残りのふたつの体制のいずれかのほうがじぶんたちにはより有利であると考えるかもしれないからである。

国家の形式とはたんに、市民状態における根源的立法にとってその文字(*littera*)であるにすぎず(3)、したがってくだんの形式が存続しうるとすれば、それは、国家体制の機構に属するものとして、古来の永い慣習をつうじて(したがってただ主観的に)必然的なものと見なされている間にかぎられる。たほう例の根源的契約の精神(*anima pacti originarii*)は、憲法構成的な権力に対する拘束を含んでおり、それによって当該権力は統治の様式を例の〔根源的契約の〕理念に適合するようにさせ、ならびにまたかりに一挙になされうるものではないにしても、徐々に継続してそれを目ざして変更を加えて、問題の統治様式がただひとつ適法な体制、すなわち一箇の純粋共和制の体制に、その結果から、すれば一致するようにし、先行するあの古い経験的〔制定的〕な〔国家の〕諸形式を、それらがひとえに人民の臣従を生むことにのみ役だつものであるにすぎなかったかぎりで、根源的〔理性的〕形式へと解消させる、という責務を負うことになる。ひとりこの根源的形式のみが自由を原理とし、そればかりか自由をいっさいの強制の条件とするものなのだ。ここでいう強制はなんらかの法的体制にとって、それが本来の意味における国家の体制であるかぎり必要なものであって、この強制は〔純粋共和制という〕法的体制へと、文字に従うことによっても最終的には導いてゆくことになるものなのである。(4)――これがただひとつ永続的な国家体制であって、そこでは法則がみずから支配しており、どのような特定の人格にも依存することがない。これこそがいっさいの公法の最終的な目的であり、そこで実現される状態においてはじめて、各人に「各人のもの」が確定的に配分されることができる。ところが先に挙げたさまざまな国家の形式は、その文字に応じてそれぞれに異なった、しかも最高権力を身に帯びた道徳上の人格を代理すべきものであるかぎりで、たんに或る暫定的で内的な権利が認められるにすぎず、市民社会という絶対的・法的状態は容認されうるところではない。

真の共和制はしかしすべて人民の代議制であり、それ以外のものではありえない。代議制によってこそ、人民の名のもとにすべての国民が統合され、じぶんたちの代表者〔代議士〕をつうじてみずからの権利が配慮されるのである。しかし国家統治権者が、〔特定の〕人格でありながら（それは国王であっても貴族身分であっても、あるいは人民全員つまり民主制的統合体であってもかまわない）みずからをも代表させるようなことになれば、統合された人民はただちにたんに主権者を代表するだけではなく、むしろ人民が主権者そのものであることになる。なぜなら、根源的にはそれ（人民）のうちにこそ最高権力が存在するからであり、その権力から個々人のいっさいの権利が、個々人はたんに臣民（場合によれば国家官吏）であるにすぎないかぎりで、導出されなければならないからである。かくていまや設立された共和国にはもはや、統治の手綱を手ばなして、以前それを握っていたひとびとにふたたび引きわたす必要なぞはない。彼らこそいまや、あらたな諸制度のいっさいを絶対的な恣意によってもういちど破壊しかねない者たちなのである。

したがって判断力の大きなあやまりが、この時代の強力な支配者のひとりには(5)あったことになる。彼は国家の負った莫大な債務に困惑し、そこから脱しようとして、負債を人民に委ねようとした。この債務の重荷を、人民自身が良しとする仕方でみずから引きうけさせて、人民にそれを分担させようとしたわけである。あやまりというのは、人民はそこで当然のことながら、臣民たちへの課税にかんする立法権ばかりでなく、統治にかかわる立法権をも手中にしたことになるからである。つまり人民はいまや、政府が濫費や戦役であらたな債務を背負いこむのを防止することができるようになったのだ。(6) こうして君主の支配権は(たんに停止されただけではなく)完全に消滅し、人民へと委譲された。いまや人民の立法的意志のもとに、すべての臣民の「私のもの」「君のもの」が従属させられることになったのである。ひとは〔これに抗弁して〕以下のように言うこともできない。すなわち、このばあい国民公会のがわに暗黙の、それでもしかし契約に沿った約束が存在したと想定されなければならない、ということである。つまり国民公会はみずからをかならずしも主権へと組織しようとするものではなく、主権に代わってたんにその職務を遂行するだけであって、しかし職務を果たしたのちには、統治の手綱をふたたび君主の手中へと返還することになっている、などといった約束である。なぜなら、そうした契約はそれ自体そのものとしてなにものでもなく、無効だからである。公共体における最高の立法を可能とする権利は譲渡しうるような権利ではない。それはむしろもっとも全人格的な権利なのだ。(7) この権利を有する者はだれであれ、ひとり人民の一般意志をつうじて人民について裁量しうるだけであって、一般意志そのものにかんして裁量することはできない。一般意志はいっさいの公的契約の根源的根拠だからである。なんらかの契約が人民に義務を負わせて、みずから得た権力をふたたび返還させるようなものであるならば、そのような契約は法を与える権力〔立法権〕としての人民にはふさわしくないにもかかわらず人民を拘束するものとなるだろう。これは、「だれも二君に相まみえることはできない」という命題により矛盾となるのである。

第二章　国際法

第五十三節

ひとつの人民を形成している人間たちは、その領邦に生まれた者として表象される。[1] これは、そうした人間たちがあたかも共通の祖先から生まれた者(*congeniti*)であるかのような類推によることであって、彼らが実際にはそうでなくともかかわりがない。それでももしかし可想的・法的な意義においてその者たちは、共通の母(共和国)から生まれでたものとして、いわば一箇の一族(*gens, natio*)をかたちづくり、その成員(国民)はみな対等な身分・家柄であるとされる。その者たちは、じぶんたちの傍らで自然状態のもとに暮らしているような輩を蔑んで、彼らと混ざりあおうともしないだろうが、彼ら(野生人)のがわでもやはり、法律〔法則〕のない自由はみずから選んだものであるがゆえに、じぶんたちのほうが優れているものと思っており、おなじく人民の集団をかたちづくることがあっても、国家を形成することはない。相互関係のうちに置かれている諸国家の法（Recht der *Staaten*）【これをドイツ語では *Völkerrecht*〔諸人民の法〕と呼んでいるが、それはじゅうぶん正しいものとはいえず、むしろStaatenrecht〔諸国家の法〕（*ius publicum civitatum*）と呼ぶべきだろう】が、さて、私たちが国際法（Völkerrecht）の名のもとで考察しなければならないものである。ここではひとつの国家は道徳上の人格として、他の国家に対して自然的自由の状態にあり、したがってまた不断の戦争状態にあるものと見られる。だからそこではひとつには戦争への権利〔法〕が、もうひとつには戦争における法〔権利〕が、さらにはこの戦争状態から脱却するようたがいに強制しあう権利〔法〕、かくてまた持続的な平和を定礎する体制〔を求める権利〕、すなわち戦争後の法が課題となる。したがって国際法はただひとつの区別を、（たがいに対する関係のうちに置かれた）個々の人間ないしは家族間の自然状態における法に対して伴っているにすぎない。(2)すなわち国際法にあっては、一国家の他の国家全体に対する関係ばかりでなく、一国に属する個々の人格が他国に属する個々の人格に対する関係、ならびにまた全体としての他の国家そのものに対する関係も考察圏内に入ってくる、ということである。とはいえ、たんなる自然状態に置かれた個々人の権利に対する右に挙げたような区別は、このたんなる自然状態という概念からたやすく導きだされる諸規定以上のものを必要とはしていない。

第五十四節

国際法の要素は以下のとおりである。1諸国家は、たがいに対する外的な関係において見られた場合、(法律(法則)を持たない野生人がそうであるように)その本性からして法的ではない状態のうちに存在している。2この状態は一箇の戦争状態(強者の権利の状態)であって、それは現実の戦争や現実に継続する攻撃(敵対行為)が起こっていなくても変わることがない。こうした状態は(当事者の双方ともにこれを改めようとしないのだから)そのことでどちらか一方が他方に対して不法を加えるものではないとしても、やはりそれ自体そのものとして最高度に不法であって、たがいに隣接しあっている国家は、この状態から脱出するべく責務が負わされている。3それゆえなんらかの国際的同盟[1]が、根源的な社会契約の理念に従って必要であり、その同盟はたがいに他国の国内紛争に介入しあうためではなく、外部からの攻撃に対して防衛するためのものである。4ただし右にいう連盟は(市民的体制におけるような)主権的権力を含んでいてはならず、同等なものの関係(同盟関係)[2]のみを含むものでなければならない。すなわちその連盟[3]はいつ何時であれ解消されることが可能であって、したがってまたそのつど更新されなければならないことになる。——これはひとつの補助的な(*in subsidium*)法であり、その法は他の根源的な法のために、すなわち諸国家が相互に現実の戦争状態に陥ることをみずから防止するために存在する(アンフィクチオン同盟)[4](*foedus Amphictyonum*)。

第五十五節

相互に対して自然状態に置かれている場合、自由な諸国家は戦争への根源的な権利を有する(これはおそらく法的状態に近づく状態を設立するためのものである)が、その権利をめぐってはまずつぎのような問題が生じる。すなわち、国家はみずから自身の臣民に対してどのような権利を有するがゆえに、彼らを他国に対する戦争にさいして使用し、その財産、否さらに生命までもそこで消耗し、あるいは危険にさらさせて、そのさいしかも「じぶんたちがその戦争に従軍するのを欲するか、欲しないか」すら彼ら自身の判断に委ねることもなく、主権者の至上命令によって臣民たちを戦争に送りだすことが許されるのか、ということである。

この権利については、たやすく説明がつくように見える。つまり、「じぶんのもの」(所有物)については、これを欲するがままに[1]取りあつかうことができるという権利から、ということだ。しかも、或る者が実体からしてみずから制作したものにかんしては、当人が争う余地のない所有権を有している。――ここで示されているような演繹は、したがって、たんなる法律家にすぎない者がやってみせてくれそうな演繹である。

一定の地域には、自然産物でありながらも、しかし特定の種類の産物が多量に産出されるという点からすれば、同時に国家の制作物（*artefacta*）とも見なされなければならないものがいくつか存在している。その理由は、当の地域がくだんの産物をかくも多量に提供するのは、ひとつの国家が存在し、権力を有する一箇の正規な政府が存在する場合にかぎられるのであって、住民が自然の状態のままに置かれていたならそのようなことはありえない、という消息にある。――（たとえば）鶏（これは家禽のなかでもっとも有用な種類のものである）・羊・豚・牛そのほか多くのものは、飼料の欠乏のために、あるいは猛獣たちのせいで、私が住んでいる地域などではまったく見いだされないか、あるいはせいぜいごく稀にしか見かけられないといったことも考えることができる。それらが見いだされるのは、当該地域に政府が存在していて、住民たちにそれぞれの取得とその占有を保証してくれている場合にかぎられるのである。――まったくおなじことが住民の人口についても当てはまる。ちょうどアメリカの荒野においてはそうであるように、たとえその住民たちがきわめて勤勉であった（じっさいにはそうではないが）と仮定するとしても、人口はごく僅かなものでしかありえないだろう。そこでは住民たちがひどく疎《まば》らにしか住みついていないはずであって、その理由は、彼らとしてはだれにしても、その奉公人たちも含めて、大地にひろく散在するわけにはいかないということにある。その土地ではつねに、人間つまり野生人たち(2)や猛獣たちによって荒らされる危険にさらされているからである。その結果として、或る地域にいま現に生きているほど大人数の人間たちを支えるのに十分な生活の糧は、どのみち見いだされようもないわけである。――――さて、農作物(たとえばジャガイモ)や家畜については、それらはその産出量から見ても人間が造ったものであるから、「ひとはこれらを使用し消費し、消耗させて(殺させて)よい」と言うことができる。それとおなじように一見したところでは、ひとはまた国家における最高権力つまり主権者についても、こう語ってよいように思われる。すなわち「その者には権利によってじぶんの臣民たちを、その大部分がみずから自身の所産であるかぎり、狩猟にでも駆りたてるように戦争に向かわせ、行楽にでも引っ張りだすように戦場に赴かせることができる」ということである。

とはいえ、こうした権利根拠は(おそらく君主たちの念頭にも漠然としたかたちで浮かんでいるものかもしれないが)たしかにもちろん動物についてなら、それが人間の所有物でもありうるかぎりで妥当するけれども、しかしながらそれでもやはり人間に対しては、とりわけ国民たる人間にかんしていえばだんじて適用されてはならない。国家における人間はつねに共同して立法する成員として（たんに手段としてではなく、同時にまた目的自体そのものとして）見られなければならず[3]、人間はしたがってまたたんに戦争を遂行すること一般についてばかりではなく、特殊な戦争遂行のそれぞれにかんしてもその代表者たちを介してみずからの自由な同意を与えなければならない。ひとりこうした制約条件のもとでのみ国家は国民を、危険に満ちた任務にさいして意のままに用いることができるのである。

私たちとしては、だからおそらくこの権利を、人民に対する主権者の義務から（つまりその逆ではなく）導きださなければならないことだろう。そのさい人民はこの件にみずから同意を与えたものと見なされる必要がある。そうした資格において人民は、受動的である（じぶんを処理させる）にしてもやはり自発的でもあり、かつ主権者そのものを演じるのである。

第五十六節

諸国家の自然状態にあっては、戦争への権利（敵対行為への権利）が許容された仕方〔を定めるもの〕であって[1]、この権利によって一国はみずからの権利を他国に対抗して追求することになるが、それはすなわち、他国によって自国が侵害されたと信ずる場合に自身の実力をもって対抗するということである。なぜなら、そうした権利の追求が訴訟を介して（これをつうじてのみ、法的状態における係争は調停されることになるのだが）[2]なされることは、自然状態においてはありえないからである。――他国による侵害〔に数えあげられるものとして〕は、行動的侵犯のほかに（行動的侵犯とは最初の攻撃のことであり、これはまた最初の敵対行為から区別される）威嚇がある。つぎのふたつが、これに属するものとなるだろう。ひとつは先手を打っておこなわれる開戦準備であり、これを根拠として予防の権利（*ius praeventionis*）〔機先を制する権利〕が成立する。またもうひとつにはたんに、他の国家の勢力が（領土の獲得によって）脅威となる勢力（*potentia tremenda*）にまで強大化することである。[3]後者が弱小な国家にとって一箇の侵害となるのは、強大な国家がなんら行動に出ることなく、ただたんにその状態をつうじて起ることであるから、自然状態においてはこれに対する攻撃がたしかに適法的なものである。それにもとづいて成立するのが、したがって、相互に行動の点で接触しあうすべての国家間における勢力均衡の権利となるのである。

行動的侵犯は戦争への権利を〔相手方に〕与えるものであって、これについては以下の件を挙げておくことができる。行動的侵犯に属するものには専断的に償いを求める行為があり、〔たとえば〕或る人民が他の国家の人民から侮辱を受けたさいに見うけられる。

これは同害報復(*retorsio*)であり、当該の他国に(平和的な方法をつうじて)賠償を求めることなくおこなわれるものであって、形式という面からみてこれに類似しているのは、戦争が平和を破棄する事前通告(宣戦布告)なしに勃発する場合である。というのも、かりに私たちがおよそ法〔権利〕というものを戦争状態のうちに見いだそうとするなら、契約に類似したなにごとかが想定されなければならないからである。それはつまり、〔一方の〕宣言が他方によって受理され、かくて双方がそれぞれの権利〔法〕をそうした〔戦争という〕仕方で追求しようとする、ということなのである。

第五十七節

戦争における法(1)〔権利〕こそがほかでもなく、国際法のなかでももっとも多くの困難をはらむものであって、それについてすこしでも理解しようとし、法則〔法律〕を欠いたこの状態(*inter arma silent leges*)〔戦争のさなかでは法は沈黙する〕(2)のなかで法律〔法則〕なるものを考えようとすれば、自己矛盾に陥らざるをえないことになる。というのも、その権利〔法〕とは以下のようなものでなければならないだろうからである。すなわち、戦争がそれに従って遂行される原則は、諸国家の(たがいに対する外的関係における)あの自然状態から脱却して、一箇の法的状態へと参入することをなお依然として可能なものとしておくものでなければならない、ということである。

独立した国家間の戦争は、どのような場合であっても懲罰戦争（*bellum punitivum*）といったものではありえない。なぜなら、刑罰というものはひとえに上位者の（*imperantis*）下位者に（*subditum*）対する関係においてのみ生じるものだからであり、諸国家のたがいに対する関係はそのようなものではないからである。——それはしかしおなじく一箇の殲滅戦争（*bellum internecinum*）でもありえず、また征服戦争（*bellum subiugatorium*）でもありえない。後者の場合なら、戦争はひとつの国家を精神的に根絶するもの[3]ということになるだろう（当該国家の人民はいまや征服国家の人民とひとつに融合するか、あるいは隷属状態へと頽落するわけである）。というのも、国家が平和状態へと到達しようとする緊急手段が、それ自体として国家の法〔権利〕と矛盾するからではない。むしろ国際法の理念に随伴する概念はひとえに、外的自由の諸原理に従った敵対関係というものであり、これは「各自のもの」をそれぞれに維持するためであって、一国の勢力を増大させることで他国にとって脅威となりうるような取得の方法は、そこには含まれていないからなのである。

あらゆる種類の防衛手段が攻撃を受けた国家には許されている。ただし、その手段の使用が自国の臣民たちに国民である資格を喪失させるような手段はべつである。なぜなら、そのような手段を用いるばあい当該国家は同時にみずから自身を、国際法に従う国家間の関係において(他国と同等の権利に与るような)一箇の人格と見なされる資格のないものへと貶めてしまうからである。そうした手段に属するものとしては、以下のようなものが挙げられる。すなわち、自国の臣民をスパイとして使用すること、おなじく臣民を、否さらには外国人をも暗殺者や毒殺者として使用すること(こうした部類にはまた、いわゆる狙撃手、つまり個々人を待ち伏せして狙う者たちも属することだろう)、あるいはまたたんに虚偽の情報を流布するために彼らを使用すること、といったものである。つまりひとことで言うならば、そこで利用される卑劣な手段が、永続的な平和を将来的に樹立するために必要とされる信頼を破壊してしまうようなものである場合、ということなのである。

戦争中に許容されることがらには、制圧した敵国に対して物品を供出させ、軍税を徴収することは含まれるが、しかし人民から掠奪すること、すなわち個々の人物から「各人のもの」を奪いとることは許されない(これは強盗にもひとしいからである。その理由は、打ち負かされた人民ではなく、その人民を支配する国家こそがこの人民をつうじて戦争を遂行した、ということにある)。許されるのは、軍票[(4)]と引きかえに徴発をおこない、来たるべき平和を待って、地域や属州に課せられた負担をこれに比例して応分に割りあてうるようにしておくことである。

第五十八節

戦争後の法〔権利〕とは講和条約の時点での権利〔法〕、また当該条約の諸帰結にかんする法〔権利〕のことである。その権利〔法〕は以下の点に存する。すなわち、戦勝国のがわが諸条件を定め、それに従って敗戦国との合意のもとに講和締結に到達するべく折衝がおこなわれることになるが、その折衝はしかも、なんらかの権利が相手国からこうむった侵害を口実として戦勝国に帰属するものと称して、その権利を盾にとっておこなわれるのではなく、そういった問題は棚上げにしたままで、戦勝国の実力にもとづいておこなわれる、ということである。それゆえ、戦勝国は戦費の賠償を求めることはできない。というのも、その場合には戦勝国は「相手国による戦争は不正なものであった」と称しなければならないことになるからだ。ここではむしろ、かりにそのような論証を考えつくことができたとしても、戦勝国はそれでもこれを持ちだすべきではない[1]。というのも、そのようなことをしてしまえば、戦勝国は「相手国に対する戦争は懲罰戦争であった」と宣言することになり、かくて今度は〔相手国に対して〕侮辱を加えることになるだろうからである。ここで問題としている権利〔法〕にはまた、〔身代金をまったく求めない〕捕虜の交換も含まれているが、そのばあい〔双方の捕虜の〕数の相等性は顧慮されてはならない。

敗戦国あるいはその臣民は、国土を征服されることによって国民としての自由を喪失し、前者は植民地に、後者は奴隷に貶められるというわけではない。なぜなら、そうなるとすれば戦争そのものが懲罰戦争であったことになるが、これはそれ自体として矛盾しているからである。――植民地あるいは属州の人民は、みずから固有の体制を備え、立法・土地を有するとはいえ、その土地では他国〔本国〕に属する者たちがただの異邦人であるにもかかわらず、〔彼らの属する〕この本国〔他国〕が植民地あるいは属州の人民に対して最高の執行権を手にしている。そのような国家が母国と称されるのである。娘国〔植民地もしくは属州〕は母国によって支配されているとはいえ、それでもじぶん自身で〔その固有の議会をとおして、また必要であれば〔本国から派遣された〕総督の監督のもとに〕統治を執りおこなうことになる(*civitas hybrida*)〔混成国家〕。たとえば、アテナイと〔地中海〕諸島との関係がそうであったし、現在でも大英帝国とアイルランドの関係はそのようなものである。(2)

ましてや、奴隷の身分とその適法性とを戦争をつうじた一人民の征服から導きだすことは〔植民地の場合よりもいっそう〕不可能である。なぜなら、そのためにひとは、懲罰戦争なるものが存在したものと想定せざるをえないからである。とりわけもっとも不都合なのは世襲による奴隷であって、それがまったく理に悖っているのは、なに者かの犯罪に由来する罪責は継受されえないものだからである。

講和条約の締結にはまた恩赦が結びついているが、この件はすでに後者の概念のうちに含まれているところである。(3)

第五十九節

平和の権利〔法〕とは(1)以下のようなものである。すなわち、1　近隣に戦争があるときでも平和のうちにとどまる権利、あるいは中立の権利、2　締結された平和の継続を保証される権利、つまり平和を担保される権利、3　相互的な結合(同盟)を数か国のあいだで結んで、いっさいの外的もしくは内的なありうべき攻撃に対して共同して防衛する権利、がそれである。ただしこの最後のものは攻撃や内的な勢力拡大のための同盟であってはならない。

第六十節

一国の権利は、なんらかの不正な敵に対してはいかなる限界も持たない（たしかに質的には限界があるが、しかし量的には、つまり程度という点では限界がないということである）。要するに、侵害を受けた国家はあらゆる手段に訴えることが許されているわけではないにしても、だがしかしそれ自体として許容される手段を、「自国のもの」(1)を固守するためにはじぶんの力の及ぶかぎり利用してよい、ということである。――さてところで国際法にあっては、一般に自然状態ではそうであるように、それぞれの国家がみずからの係争案件について裁判官である。それではそのような国際法の概念に従うと、そもそもなにが不法な敵ということになるのだろうか？　なんらかの国家のみずから公的に（言葉によるものであろうと行為をつうじてのことであろうと）表明する意志が、つぎのような一箇の準則をあらわしている場合、その国家こそが不法な敵なのである。つまり「その準則が普遍的規則とされてしまう場合、そうした準則に従うことで（各国家に所属する）人民たちのあいだでいかなる平和状態も不可能となって、かえって自然状態が永遠化されざるをえない(2)」ような準則ということである。たとえば公的（に締結された）条約への違反などがその例であって、そういった違反にかんしては以下のようなことがらを前提しておくことができる。つまり、当該の違反はすべての人民の利害にかかわるものであって、人民たちの自由がその違反によって脅かされている、ということである。それゆえここで要求されているのは、こうした不法に一致して対抗し、くだんの国家からその不法をなしうる威力を剝奪することなのだ。――とはいえそういった一致団結も、この不法な国家の領土をたがいのあいだで分割しあい、ひとつの国家をいってみればこの地上から消滅させるためのものであってはならない。なぜなら、それはくだんの人民に対する不法にほかならないであろうからであり、当該人民もその根源的な権利を、すなわち結合して一箇の公共体となる権利を喪失することがありえないからなのである。なすべきことはむしろその人民にあらたな体制を採用させ、この新体制がその本性からして、戦争への傾向性を抑制するものとなるようしむけることなのだ。

ちなみに、「自然状態において不法な敵」という表現には重複がある。それというのも、自然状態はそれじしん一箇の不法状態であるからだ。正しい敵とは、抵抗すれば私のがわが不法を犯すことになるような者だろうが、そうした場合には、とはいえ当の者は私の敵となることさえありえないはずである。

第六十一節

さまざまな人民のあいだの自然状態とは、個々の人間のあいだのそれとまったく同様に、ひとがそこから脱出してなんらかの法則〔法律〕的状態へと参入するべき状態のことである。それゆえ、こうした参入が生起する以前には、諸人民の有する権利のすべてと、戦争をつうじて国家が取得もしくは保持可能となる「外的な私のもの」「君のもの」のいっさいは、ひとえに暫定的なものであるにすぎない。そうしたものはただ一箇の普遍的な国家連合においてのみ(ひとつの人民を国家とする連合と類比的な仕方で)決定的に妥当するものとされ、かくて真に一箇の平和状態が成立することになるだろう。ところがそうした国際国家があまりにひろく拡大されて広大な地域に及んでしまうと、国家連合の統治が、したがってまた各成員の保護すらもしまいには不可能となってしまわざるをえず、また他方ではそういった連合体の数が多くなればなったで、ふたたび戦争状態が招来されてしまうことになる。それゆえ永遠平和(これが国際法全体の最終的な目標である)とは、言うまでもなく一箇の実現不能な理念である。しかしこうした理念を目ざす政治的原則、すなわち永遠平和への連続的な接近のために寄与する国家の連合体を形成すべきであるという原則は、実現不可能なものではない。むしろそういった接近は人間と国家の義務に、したがってまたその権利〔法〕にもとづく課題であるかぎり、たしかに実現可能なものなのである。

平和を維持するためにいくつかの国家によって結成されるそうした連合は、常設的な国家間会議と呼ばれることができるものであって、それに加入することは隣接するどの国家に対しても開かれている。そうした会議が〔すくなくとも、平和の維持を意図した国際法上の諸儀礼にかんしていえば〕今世紀〔十八世紀〕の前半にハーグの諸国会議(4)というかたちでなお成立していた。そこにはヨーロッパの大多数の宮廷の大臣や、ごくちいさな共和国の大臣さえも出席して、一国が他国からこうむった攻撃にかんして提訴を持ちこんでいた。かくてヨーロッパ全体があたかも単一の連邦国家のように考えられて、この連邦国家を彼らは、諸国間の公的紛争におけるいわば仲裁裁判官と見なしていたのである。しかし後年にはこれとは打ってかわって、国際法はただ書物のうちにのみその跡をとどめて、〔諸国の〕官房からすがたを消し、あるいはすでに実力行使がおこなわれたあとから、〔実力行使を法的に正当化する〕さまざまな演繹〔を展開した文書〕というかたちで、古文書館の暗がりに引きわたされている。

ここで考えられている会議というのは、ところでただざまざまな国家のあいだで開かれる任意の、いつでも解消しうる会合のことにすぎず、〔アメリカ諸州の連合体のように〕一箇の国家体制にもとづき、それゆえ解消しえないような連合体のことではない。――ひとりこうした〔国際〕会議によってのみ、樹立されるべき国際公法の理念(5)が実現されうるが、その理念とは、諸国間の紛争を市民社会的な仕方(6)でいわば訴訟をつうじて、野蛮な方法〔野生人の仕方〕すなわち戦争によることなく裁定するというものなのである。

第三章　世界公民法

第六十二節

ここで問題となる理性の理念は、いまだなお友好的ではないにしても平和的で、しかも汎通的な共同を求めるものであって、それはこの地上のいっさいの諸人民に、彼らがたがいに実効的な関係(1)を結びうるかぎりでかかわっている。そうした理念はなにか博愛に発する（倫理的な）ものではなく、かえって一箇の法的原理(2)なのである。自然は諸人民のすべてを一括して（彼らの居住地が *globus terraqueus*〔地球〕としての球形であることによって）一定の限界内に封じこめることになった。かくて、地上の住人が生存することのできる土地の占有はつねにただ限定された一箇の全体に所属する一部分の占有として、したがって、それに対して地上の住人のだれもが根源的には一箇の権利を有している占有としてのみ考えられることができる。それゆえ諸人民はすべて根源的には土地の或る共同〔共有〕に属している。ただし、その共同は土地を占有し、したがってまたそれを使用する法的な共同(*communio*)ではなく、あるいはまた土地についてこれを所有する法的共同でもない。それはむしろ可能な物理的相互作用(*commercium*)〔交通〕の共同であり、すなわち一箇の汎通的な関係における共同であって、その関係によって一人民は他のすべての人民に対して相互的な交通を申しいれることができる。そこで諸人民はすべて一箇の権利をもって、ここにいう交通を申しこむことを試みうるのであり、外国人にはそれを理由として当の者を敵として遇する権能を与えられているはずもない。——この法〔権利〕は、〔各国〕諸人民の可能な統合に関係し、その統合は〔各国〕諸人民間の可能な交通にかかわるなんらかの普遍的な法則を目ざすものであるかぎり、世界公民的権利〔法〕(*ius cosmopoliticum*)と呼ばれることができる。

海洋は一見したところでは、諸人民を相互的な共同のいっさいから排除するものであるかに見えよう。それでもしかし海洋は、じつは航海という手段によってまさに諸人民の交通のためにもっとも好適な自然のたまものであって、(地中海がそうであるように)相互に隣接した海岸に恵まれていればいるほど、交通はそれに応じてますます活発なものとならざるをえない。とはいってもその海岸を訪問すれば、ましてしかもそこに植民して、その海岸と母国とを結合しようとすれば、同時にそのことで機縁が生まれて、私たちの地球のとある場所におこる悪事と暴虐とがあらゆる場所で耳に入ってくるようになる。こうした〔交通権の〕濫用がありうるとしても、それはしかし地球市民の権利(3)を廃棄しうるものではなく、彼らはその権利によって、すべてのひとびととの共同を求め、この目的のために地上のあらゆる地域を訪れようとする。とはいえこれは、他のなんらかの人民の土地に定住する権利(*ius incolatus*)ではなく、この定住権を得るためには或る特別な契約が必要とされるのである。

さて、問題はこうである。なんらかの人民はあらたに発見された土地において、隣接居住(*accolatus*)ならびに占有取得を、しかもその土地に以前からすでに住みついている人民〔先住民〕と隣りあうかたちで、そのうえ彼らの同意を得ることなく企てることが許されるか、ということだ。――

植民が先住民の居住地から隔絶した場所でおこなわれるため、双方のいずれもその土地の使用にさいして相手方に損害を及ぼすことがない場合ならば、植民をおこなう権利について疑問の余地はない。とはいえ、先住民が遊牧民もしくは狩猟民であって（ホッテントットやツングース、多くのアメリカ先住部族がそうである）、その生計が広大な荒野に依存している場合もある。そのようなケースであれば、植民は暴力によるのではなく、むしろひとえに契約をつうじて可能となるはずである。しかもその契約はそうした地所の割譲にかんしてくだんの先住民が無知であることを利用するものであってはならない。もっともこうした暴力行為すらも、一見したところではそれを十分に正当化する根拠を有しているかに見えるのであって、その根拠とは、それらの行為が結局は世界の福祉に帰着するといったものだ。すなわちひとつには、野生民族の開化によって、というものである（たとえばビュッシング(4)さえこうした口実によって、キリスト教がドイツに移入されたさいの流血沙汰を擁護しようとするのである）。もうひとつには、じぶんたちの国土を浄化するために堕落した人間たちを放逐し、しかもそういった人間やその子孫たちも世界の他の地域（たとえばオーストラリア）において矯正されることが期待される、といったところだろう。しかしそもそも、これらの善き意図と思いなされているいっさいをもってしても、そのために使用された手段にこびりついた不正の汚点を拭いさることなどできはしない。――これに対して反論が出てくることだろう。すなわち、それほどまでに憂慮して、暴力によって法律〔法則〕的状態を最初に定礎することをためらうならば、おそらく地球全体はなお法則〔法律〕なき状態にとどまっていたことだろう、というものである。にもかかわらずそうした反論もあの〔暴力を禁止する〕法条件を廃棄することができないが、それはちょうど、国家を革命しようとする者たちが口実を設けて「体制が腐敗しているばあい人民には、暴力をもってこれを改革し、かつおしなべてただ一度だけ不正をおこなって、その後はそれだけいよいよ確実に正義を樹立し、これを開花させる権利がある」と唱えても、そうした口実によってくだんの法条件を廃棄することができないのと選ぶところがないのである。

＊　＊　＊

結語

ひとは「或ることがらが存在している」のを証明しえないにしても、「それが存在しない」ことを証明しようと試みることはできるだろう。その双方のいずれについても証明しえないにしても（これは往々にして起こりがちなことである）、彼はそれでもこう問うてみることはできる。つまり「じぶんの関心を引く[1]のは、一方あるいは他方のどちらを（仮説として）想定することか？」ということだ。これはしかも、理論的観点もしくは実践的観点のいずれかにおいて、すなわちたんに或る種の現象（たとえば天文学者であれば、惑星の逆行ならびに停止という現象）を説明するためか、そうでなければ或る種の目的に到達するために想定されるということである。後者の目的はふたたびまた、実用的である場合(その場合はたんなる技術的目的である)[2]と、道徳的である、すなわちその目的をみずから準則として定立することがそれじしん義務であるような目的でありうる場合とにわかれる。——以下の件は自明だろう。つまり、この道徳的目的が実現可能であると想定すること(*suppositio*)はたんに理論的判断であり、かてて加えて蓋然的な[3]判断であって、その想定はここで義務とはされていない、ということだ。なぜならそのように(つまりなにかを信じるように)拘束する責務は、なにひとつ存在しないからである。[4]むしろそうした目的の理念に従って行為すること、しかもほんのすこしの理論的蓋然性もその目的が実現されうることにかんして存在しない場合であっても、それでもなおその不可能性もまたおなじように証明されえないかぎりではそのように行為することこそが、私たちに義務として課せられているところなのである。

さて、私たちの内なる道徳的・実践的理性は抵抗しがたい拒否権(*Veto*)を発動させて、「戦争はあるべきではない」と宣言している。それはしかも、戦争が自然状態に置かれた私とあなたとのあいだに起こるものであろうと、国家としての私たち、つまり対内的には法律(法則)的状態にありながら、対外的には(たがいの関係にあっては)なお法則(法律)を欠いた状態にある諸国家のあいだで生起するものであろうと、選ぶところがないのである。——なぜなら戦争は、各人がそれによってみずからの権利を追求すべき方法ではないからだ。したがって、問題はもはや「永遠平和は可能事なのか不可能事なのか？」(5)ではない。そして、前者であると仮定したばあい「私たちがじぶんの理論的判断においてみずからを欺罔《ぎもう》しているのではないか？」が問題でもない。むしろ私たちは、永遠平和があるいは不可能事であるとしても、それがあたかも可能事であるかのごとく行為しなければならないのであり、永遠平和の樹立と、そのためにもっとも相応しいと私たちには思われる体制（おそらくは、いっさいの国家をひとつの取りこぼしもなく統合した共和主義的体制がそれであろう）へと向かって努力しなければならない。後者は永遠平和を招来するためであると同時に、また救いなき戦争の遂行、すなわちこれまですべての国家が例外なく主要目的として、その内部的な制度をそれに振りむけてきた戦争遂行に終止符を打つためなのである。くわえてこの最後の件が、そうした意図の達成という点からすれば、これもまた変わらず一箇の敬虔な願望たるに止まるにしても、だからといって私たちとしてはみずからを欺罔することなくたしかに、絶えずそれに向かって努力すべしとする準則を採用することができる。なぜなら、その準則（を採用すること）こそが義務だからである。しかし反対に、私たち自身の内なる道徳法則を欺瞞的なものと考えることからは、嫌悪を呼ばずにはおかない願望が生まれてくるにちがいない。その願望とは、むしろすすんでいっさいの理性を欠くことを良しとして、みずからをその諸原則という点からして、他の諸動物の類とおなじく自然の同等のメカニズムのうちに投げこまれたものと見なそうとすることなのである。

こう言ってもよいだろう。つまり、この普遍的で永続的な平和を樹立することは、たんなる理性の限界内の法論にあってただの一部分ではなく、むしろその究極目的全体をかたちづくるものであるということである。なぜなら平和状態とはただひたすら、法則のもとで、相互に隣接している人間の一集団において「私のもの」「君のもの」が保障された状態であって、したがってまたその者たちが一箇の〔法的〕体制のもとでともに在るような状態であるからだ。この体制の規則はしかし、「これまでのところこの件についてもっとも上手くやってきた者たちの経験から、これを他の者たちにとっての規範とする」といった仕方で取りだされうるものではない。くだんの規則はむしろ、理性によってア・プリオリに、公的法則〔法律〕一般のもとにある人間たちの法的な結合という理想から取りだされなければならない。というのも、およそいっさいの実例は〔ただ解明を与えるだけで、なにごとも証明しうるものではないのだから〕ひとを欺きやすいものであり、それゆえ〔規則を取りだすためには〕どうあっても一箇の形而上学が必要となるからである。そうした形而上学の必要性については、これを嘲笑する者たちすら、それでも不注意なことにもみずから承認してしまっているのである。彼らがたとえば往々にしてそう口にしているように、こう主張する場合にはまさにそのとおりなのだ。《最善の体制とは、人間ではなく、かえって法則〔法律〕が支配するような体制のことである》。それというのも、およそ形而上学的に崇高なものとして、ほかでもないこの〔法則の支配する体制という〕理念以上のものがありうるだろうか？　当の理念はしかも彼ら自身の主張に従っても、もっとも確実な客観的実在性を有しており、その実在性はまた立ちあらわれてくる事例のさまざまについて容易に示されるところなのである。そのうえひとりこの理念のみが、革命によって飛躍的に、すなわち暴力的な転覆をそれまで存立してきた欠陥のある体制について企てるのではなく（なぜなら、その場合には端境期にいっさいの法的状態を殲滅する瞬間が生じるであろうからだ）――、むしろ漸進的な改革をつうじ、確乎たる原則に沿って試みられ完遂されるならば、連続的な接近というかたちで、最高の政治的善すなわち永遠平和へと導くものとなりうるのである。

付論(1)　法論の形而上学的諸原理に向けた解明的な注解

私がこの注解を起草することになった機縁は、その大半が一七九七年二月十八日付けの『ゲッティンゲン学報』第二十八号に掲載された、本書に対する書評にある。(2)この書評は洞察に満ち、また鋭い吟味を伴っており、そのさいしかも同時にまた同情と、《この〔法論の形而上学的〕諸原理が学に対する貢献でありつづけるだろうという期待》をもって執筆されている。私としてはここで〔その書評を〕手引きとして、この体系に評価をくわえ、さらにまたそれをいくらか拡張するために利用させて頂くこととしたい。

はやくも法論への「序論」(3)の冒頭で、明敏なるわが書評子はひとつの定義に戸惑いを覚える。――すなわち、「欲求能力とはなにか？」という件である。「欲求とは」、と本文では言われている。「表象をつうじて当の表象の対象にとってその原因となりうる能力のことである」。――この説明に対して、以下のような異論が対置される。《この説明は、欲求からの帰結についてその外的条件が捨象されると、ただちになにごとも語らなくなってしまう。――欲求能力は、しかし観念論者にとってもなにものかであるのであって、それは観念論者に対しては外界がなにものでもないにしてもかかわりがない》。私の回答はこうである。しかしまた、こういった憧憬もあるのではないだろうか？　つまり、なにか強烈で、しかも同時に無益であることが意識されているような憧憬（たとえば「あいつがまだ生きていてくれたら良かったのだが」といった憧憬）[4]である。そうした憧憬はたしかに行為を伴うわけではないけれども、それでもしかし帰結を伴わないわけではなく、たしかに外界の事物にではないにしても、とはいえなおも主体自身の内面には強力に作用する（たとえば病気にしてしまう）。なんらかの欲望がみずからの表象を介して原因であろうとする努力（*nisus*）である場合、たとえ主体のがわでも、この原因が意図された結果を生むのに十分なものではないことを見とおしていたにせよ、その欲望はそれでもなお原因性であって、すくなくとも主体の内面にあっては一箇の原因性となるのである。――ここで誤解を生むことになったのは、以下の件である。つまり、みずからの能力の意識は一般に（右に挙げた例の場合ではとりわけ）同時に外界にかんするかぎりじぶんには能力がないのを意識することでもあるから、〔法論で挙げた欲求能力の〕定義は観念論者たちには適用されることができないと考えることである。けれどもそれにもかかわらず、ここではひとえに原因（表象）の結果（感情）一般への関係が問題となっているのであるから、表象の対象にかんする表象の原因性（これは外的であろうと内的であろうと問うところではない）は、欲求能力の概念のうちで不可避的にともに考えられていなければならないのである。

1　法〔権利〕概念をあらたに企てることへの論理的な準備

法に通暁した哲学者たちが法論の形而上学的原理にまで上昇し、あるいは登攀しようと思うなら（この形而上学なくしては彼らの論ずる法学はことごとくたんに制定法にかぎられたものとなってしまうだろう）、彼らは法〔権利〕概念をめぐるじぶんたちの区分の完全性を確証しておくことについて、無関心なままこれを見すごしておくわけにはいかない。というのも法学は、この区分を欠いている場合にはなんら理性の体系であることができず、むしろたんにかき集められた集積となってしまうだろうからである。――さまざまな原理のトピカは、[1] 体系の形式のために完全なものでなければならない。すなわち、ひとつひとつの概念のためのトポス（*locus communis*）〔共通の場所〕が示されていなければならないが、そのトポスは、区分の体系的形式に従ってそれぞれの概念のために開かれているものなのである。あとになってから、あれこれの概念が、おのおののトポスに置かれていたものであるにもかかわらず、それ自体として矛盾するものであって、それぞれの場所から脱落してゆくことが明らかになったとしても、この件についてはかかわりがない。

法学者たちは、ところでこれまでのところふたつの共通のトポスを手にしてきている。物権〔物的権利〕のそれと債権〔対人的権利〕のトポスがそれである。ここでとうぜん問題となるのは以下の件だろう。すなわちなおふたつのトポスが、これら双方の概念をひとつの概念へと結合するというたんなる形式からすれば、ア・プリオリな区分の分肢として開かれているのであって、それらはすなわち債権的様相を帯びた物的権利〔物権〕のトポスならびに物権的様相を帯びた対人的権利〔債権〕のトポスということになるが、そうである以上は、詮ずるところ、そういったあらたに付けくわえられるべき概念もまた許されるべきであるのかどうか、さらにまたそれらの概念は、たとえ蓋然的にすぎないものであるにせよ、さしあたりは区分の完全な一覧表のなかに見いだされなければならないものであるのかどうか、ということである。後者にかんしては、なんの疑問もない。(2)

というのも、たんに論理的な区分(これは認識の内容を——つまりその客体を——捨象するものである)はつねに二分法だからであって、たとえばすべての権利は物的なものであるか物的なものでないかのいずれかである。ところがここで問題となっている区分、すなわち形而上学的区分については、四分法もまたありうる。なぜなら区分の単純な二分肢以外に、さらにふたつの関係が加わるからだ。そのふたつとはつまり権利を制限する条件にかかわるものであって、その条件のもとで一方の権利がもう一方の権利と結合することになるわけであるが、そうした結合の可能性にかんしては特別な探究が必要となるだろう。——対人的な様相を帯びた物権の概念は、あれこれ考慮するまでもなく脱落する。物件の人格に対する権利なるものは、およそ考えることもできないからである。ここで問われるべきは以下の件である。右に挙げたのとは逆の関係もまた同様に考えられないものなのか。あるいはこの概念、すなわち物権的様相を帯びた対人的権利(債権)という概念はたんに内的な矛盾を含んでいないというばかりではなく、それ自身また必然的な概念として(つまりア・プリオリに理性のうちで与えられた概念として)、「外的な私のもの」「君のもの」という概念に属しているものなのか。その概念の意味するところは、人格を物件と似かよった仕方で、そのあらゆる部分についてそう取りあつかうというわけではないにしても、しかしそれでもそれらの人格を占有し、多くの関係にかんしてこれらの人格を物件として処理する権利ということになるだろう。

2　物権的様相を帯びた債権〔対人的権利〕という概念の正当化

物権的様相を帯びた債権〔対人的権利〕の定義としては、ところで以下のものが簡にして要を得ている。つまり《それは、人間がじぶん以外の或る人格を「じぶんのもの」(*)として有する権利である》というものだ。私としては強調して「或る人格」と言う。なぜなら他の或る人間を、その者が犯罪によってみずからの人格性を喪失した（奴隷となった）場合に、私たちはたしかに「じぶんのもの」として有することができるだろうが、そうした物権にかんしてはここではしかし問題となってはいないからである。

（＊）私はここでもまた或る人格を「私のだれか」（die meinige）として（形容詞を用いて）「有する」とは言わずに、「私のもの」（das *Meine*）として（**τὸ** *meum* として、実詞〔名詞〕を用いて）「有する」と言う。なぜなら、私は「これは私の父である」と言うことができるけれども、それが示しているのはただたんにその者に対する私の自然的[1]な（結合の）関係一般にすぎないからである。たとえば「私には父がいる」ということだ。しかし私としては「私は父を「私のもの」として有している」と口にすることはできない。これに対して私が「じぶんの妻」という場合には、それが意味しているのはひとつの特殊な、すなわち法的な関係、つまり物件としての或る対象（それが一箇の人格であれ）に対する占有者の関係なのである。占有（物理的な占有）が、ところで、なんらかのものを一箇の物件として取りあつかうこと（*manipulatio*）を可能とする条件であって、それは当のものがべつの関連にあっては同時に人格としてあつかわれなければならないものであっても変わることがない。

さて、くだんの概念は《法学の天界におけるあらたな現象として》ひとつの *stella mirabilis*〔不思議な星〕（一等星にまで成長しつつあるが、以前はけっして見られなかった現象で、しかししだいにふたたび消滅し、おそらくはいつの日かまた立ちかえってくる現象）であるのか、それともたんに流星にすぎないのか。この件がいまや探究されるべきである。

3　例　解

外的な或るものを「じぶんのもの」として有するとは、それを法的に占有することである。占有とは他方、使用を可能とするための条件である。この条件がひとえに物理的な条件と考えられる場合、占有は所持と呼ばれる。――さて、適法的な所持はたしかにそれだけでは、そのゆえに対象を「私のもの」と称し、あるいは「私のもの」とするに足るものではない。とはいえ私がかりに、たとえどのような根拠によるものであるにせよ、与えられた権能をもって対象の所持を、じぶんの支配下から逃れ、もしくは奪いとられた対象についてあくまで主張しうるものとしよう。その場合この権利概念が（結果がその原因を示すような仕方で）しるしづけているのは、私がみずからの権能によって、その対象を「私のもの」として取りあつかい、しかもじぶん自身もまたそれを可想的に占有しているものとしてその対象に対してふるまって、かつ当該対象をそのように使用することができる、と考えていることなのである。

むろんここで「じぶんのもの」と言われているものは、或る他の人間の人格に対する所有権を意味する「じぶんのもの」ではない（なぜなら、人間はだんじてじぶん自身の所有者ではありえず、まして他の人格の所有者ではありえないからである）。たんに用益権（*ius utendi fruendi*）という意味での「じぶんのもの」を、つまり直接的にくだんの人格をあたかもそれが物件であるかのように、しかしその人格の人格性を毀損することなく、じぶんの目的のための手段として使用しうることを意味するにすぎない。

しかしこの目的は、使用を適法とする条件として、道徳的に必然的なものでなければならない。男性が女性を欲する場合、それが女性をあたかも物件であるかのように享受するためであれば、つまり直接的な満足を女性とのたんに動物的な交渉にさいして感受するためであるならば、他方でまた女性のがわが男性にわが身をそうした目的のために委ねることがあるとすれば、そうしたふるまいはかならず、男女の双方にみずからの人格性を放棄させずにはおかないものとなる〔肉的あるいは獣的な同居〕。すなわち、右にいう交渉は婚姻を条件とすることによってのみ可能なのであって、婚姻とは双方がみずからの人格そのものを他方の占有下へと相互に与えあうことであり、それが〔婚姻契約というかたちで〕まえもって締結されていなければならない。婚姻の結果として〔男女双方は〕、〔相手の〕身体の使用を一方の者が他方についておこなう場合でも、そのことでみずから非人間化することがないのである。(1)

こうした条件を欠くばあい肉体の享受は、その原則からして〔結果がつねにそうであるとはかぎらないにしても〕食人的なものとなる。口と歯によって食いつくされるのか、それとも女性のがわが、妊娠ならびにおそらくはその結果として生じる、当人にとって致命的なものとなりうる分娩によってそうなるのか、反対に男性のがわが、女性があまりに頻繁に男性の性的な能力を要求することで引きおこされる消耗によって食いつくされるのか、これはたんに享受の仕方において区別されるにすぎない。だから、一方のがわは、他方のがわが生殖器を相互的に使用するにさいして現実に一箇の消耗品(*res fungibilis*)となるのであって、したがってかりに契約によってみずからをそのような消耗品と化するとすれば、それは〔人間性の〕法則に背反する契約(*pactum turpe*)〔恥ずべき契約〕ということになるだろう。

おなじように、夫と妻が子どもを彼ら両者による製造品（*res artificialis*）として生むことができるのは、その双方がこの子どもならびにじぶんたち相互に対して、子どもを扶養すべき責務〔拘束性〕を引きうける場合だけである。子どもを生むということも、たしかにまたひとりの人間をあたかも一箇の物件であるかのように取得することであるとはいえ、それはただ形式という点から見て（なんらかのまったく物権的な様相を帯びた対人的〔債権的〕権利に適合するかたちで）ということであるにすぎない。(＊)両親の有する権利は、じぶんたちの支配下から連れさられた子どもについて、そのいかなる占有者にも対抗しうる権利（*ius in re*）(2)〔物権〕であり、同時にまたその権利は子どもに対して、いっさいの給付といっさいの命令に対する服従を強要しうる権利である。ただしこれはその命令が可能な法則的自由に背馳するものではない場合にかぎられる（*ius ad rem*）(3)〔物件への権利〕とはいえ、両親はしたがってまた、子どもに対する対人的権利〔債権〕を有するわけである。

（＊）ドイツ語の正書法では Ältern という語は *seniores*〔年長者〕を意味し、Eltern という語がこれに対して *parentes*〔両親〕を意味している。この両者は発音では区別されないとはいえ、意味という点ではまったく異なっていることになる。

最後に、子どもが成年に達して、彼らを扶養すべき両親の義務が終了しても、両親はなおその権利をもって、彼らをじぶんたちの命令に服すべき家人として家政の維持のために使用することができ、それは彼らの父権免除[4]のときにまで及ぶ。これは子どもたちに対する両親の義務でもあって、その義務は両親の権利の自然的な制限から帰結する。当の時点までは、子どもたちはたしかに家人であって、かつ家族に属するが、しかしいまや〔成年に達すると〕子どもたちは家族における奉公人(*famulatus*)に属することになる。したがって奉公人としては、契約による以外には、家長の「じぶんのもの」に(その使用人として)[5]加えられることはありえない。——同様にして、家族以外の奉公人が家長の「じぶんのもの」とされるのもまた物権的様相を帯びた対人的権利によってのことであり、こうした奉公人も召使(*famulatus domesticus*)〔家の僕婢〕として契約をつうじて取得されうる。そういった契約はたんなる雇傭契約(*locatio conductio operae*)ではなく、その人格を家長の占有に委ねる契約、すなわち人格の賃貸借契約(*locatio conductio personae*)である。[6]この契約は一点の相違によって雇傭契約から区別されるのであって、それは召使がいっさいの許容されたものを、それが家政の福利にかかわるかぎりでは、じぶんに注文され、指定された種別的な労務として課されたものではないとしても、それ〔の遂行〕を承諾する、ということである。これに対して、指定された労務のために雇庸された者（職人や日雇人）は、他者にわが身を委ねて「彼のもの」となることはなく、したがってまたけっして家人となるわけではない。――このばあい被雇用者は、当人に対して特定の給付を義務づけている他者の法的占有下にはない。この被雇用者を、それゆえ家長としても、同人がじぶんの家屋に居住する者（*inquilinus*）であったとしても、（*via facti*）〔その事実をもって〕物件として先占することはできず、債権にもとづき約束されたものの給付を要求するに止めなければならないが、その給付にしても同人に対して法的手段によって（*via iuris*）命令しうるものにかぎられる。――以上が、解明と弁護とを、やや見慣れない、あらたに付加されるべき権原を自然法学に導入することにかんして与えたものであるが、そうした権原はしかし暗黙のうちにつねに使用されてきたものなのである。

4　物権と債権との混同について

さらに、私が自然法にもとづく私法論における異端であると批難されたのは、また以下の命題によってであった。すなわち「売買は賃貸借を破る」（法論・第三十一節、一二九頁）[1]とする命題がそれである。

或るひとがみずからの家屋の賃貸借について、約束された居住期間の満了以前に賃借人に通告し、したがって同人に対して、その約束を破棄することができるように思われるのは、たとえその者〔賃貸人〕が約束の破棄を、転居のために通常必要とされる時間を与えるために解約にかんして民法上慣例として設けられる猶予期間を置いたうえで通告したにしても、一見したところでは、言うまでもなくなんらかの契約から生じる権利のいっさいに背馳するものであるかに見える。――しかしながらかりに、賃借人はみずから賃貸借契約を締結するさいに、以下の件を知っていた、もしくは知っている必要があったことが証明されうるものとしてみよう。すなわち、じぶんに対してなされた所有者である賃貸人の約束は、当然のこととして(つまり、契約時に明示的に表明されるのを要することなく)、したがって暗黙のうちに特定の条件と連結していたのであって、その条件とは「賃貸人がみずからの家屋を賃貸期間内に売却せざるをえないことが起こらないかぎりは」(もしくは、たとえば「賃貸人をみまう破産といった事情によって、みずからの家屋を債権者たちに引きわたさなければならなくなる」といった事由が生じないならば)というものであったとする。その場合ならば賃貸人は、それ自体としてすでに理性に従って条件を付されていたみずからの約束を破棄したということにはならず、賃借人のほうにしても同人に対して貸借期間満了以前になされた解約通知によって、みずからの権利にかんしてこれを短縮させられたということにはならないわけである。

というのも賃借人の権利は、それが賃貸借契約から生じるものであるかぎり、一箇の対人的権利なのであって、その権利がかかわるのは或る特定の人格が他者に対して給付すべきものであり(*ius ad rem*)〔物件への権利〕、物件のいかなる占有者にも対抗しうる権利(*ius in re*)〔物件における権利、物権〕、つまり一箇の物権ではないからである。

ところで賃借人としてもたしかに、じぶんが賃貸借契約を結ぶにあたってみずからに保証をつけ、なんらかの物権を家屋に設定しておくことも可能であった。すなわち、同人はただこの契約を賃貸人の家屋に離れがたく付着するものとして、登記(登記簿に記載)させておけばよかったのである。その場合なら賃借人は所有者の解約告知によっても、さらにはその死亡(自然的死亡であれ、あるいはまた市民としての死亡すなわち破産であれ)によっても、約定された期間の満了以前に賃貸借から排斥されるようなことはなかったわけである。賃借人がそれをなさなかったのが、じぶんがなにほどか自由を留保して、これとは別途になんらかの賃貸借をより有利な条件で締結するのを欲していたためか、あるいは所有者がじぶんの家屋にそういった *onus*〔負担〕を負荷するのを望まなかったからなのか、そのいずれであるにしても、ここから推定されるところはこうである。すなわち、双方のいずれのがわも、解約告知の時期については(この告知のために民法によって定められた猶予期間にかんしてはこれをべつとして)暗黙のうちに条件の付いた契約を結ぶことをたがいに意識していたのであって、その暗黙の条件によって両者は、契約をじぶんたちの都合に応じてふたたび解消しうることを見込んでいた、ということなのである。「売買をつうじて賃貸借を破る」という権能を確証するものとしてはまた、そうした純然たる〔条件のない〕賃貸借契約から生じる、或る種の法的な帰結を挙げることもできる。それはがんらい、賃借人が死亡したさいには、当人の相続人たちがそれでもやはり責務〔拘束性〕を負って、「賃貸借を継続すべきである」と要求されることはない、というものである。というのも、賃貸借とはひとえに或る特定の人格に対する拘束性〔責務〕なのであって、その責務〔拘束性〕は当人の死亡とともに消滅するからである（ただしその場合でも、法律で定められた解約告知の期間がつねに考慮に入れられなければならない）。同様に賃借人としての賃借人の権利もまたなんらかの特殊な契約がなければ、その相続人たちに移転することはありえない。おなじく賃借人はまた当事者双方が存命中であっても、明示的な同意が存在しないかぎり転借人を置く権能を有しえない。

5　刑罰権概念の究明に対する補遺

人間たちのあいだで国家体制が存立しているというたんなる理念に、すでに刑罰的正義という概念が随伴しており、その正義は最高権力に帰属している。そこで問題となるのはただ以下の件である。つまり、刑罰の様式は立法権者にとってはどのようなものであってもよく、その様式がひとえに手段として、犯罪〔各人にとっての「じぶんのもの」の占有について、国家による保全を侵害するかぎりでの犯罪〕を遠ざけるのに役だつものであればそれでよいのか、あるいはまたさらに加えて、虞犯《ぐはん》者の人格の内なる人間性に対する（すなわち人類に対する）尊敬にかんしても顧慮するものでなければならず、しかも純然たる法的根拠にもとづいてそれに顧慮するものでなければならないのか？　私がこのように問うのは、*ius talionis*〔同害報復の法理〕こそがその形式からしてもやはりつねに唯一の理念であって、それのみがア・プリオリに規定的な（つまり「くだんの〔犯罪抑止という〕意図を達成するための矯正手段として、なにがもっとも有効か？」という経験から取られたものではない）ものとして刑罰権の原理となる、と考えているからである。(*)——しかしながらつぎに挙げるような犯罪に対する刑罰(1)については、どのように取りあつかえばよいのだろうか。その犯罪とはどのような報復も許さないものであり、それも報復すること自体が不可能であるか、あるいはそれじしん人間性一般に対する犯罪として処罰されるべきものとなるはずのものだからであって、たとえば強姦といった犯罪、ならびに男色あるいは獣姦といった犯罪がそれである。前二者については宮刑によって〔スルタンの後宮における白人や黒人の宦官がそうである〕、第三の犯罪は、市民社会からの永久追放によって〔処罰されるべきである〕。最後のものについていえば、当人がじぶん自身を人間社会に〔住むに〕あたいしないものとした、というのがその理由なのである。――*Per quod quis peccat, per idem punitur et idem*〔ひとはその犯す罪とおなじものによって、おなじように処罰される〕。――右に挙げたたぐいの犯罪が反自然的なものと呼ばれるのは、それらが人間性そのものに対して犯されたものだからである。――そうした犯罪に対して〔右に挙げてみたように〕裁量にもとづいて刑罰を科することは、文字どおりにいえば、刑罰的正義という概念と背反するものである。ただし、そこで犯罪者が「みずからに不法がなされた」と訴えることはできないのであって、それはこのばあい犯罪者はみずからの悪行を我が身に被り、当人には、文字面からはともかくとして、それでも刑罰法規の精神に従って、他者に対してじぶんが犯したのとおなじことをみずから報復されることになるからである。

（＊） あらゆる刑罰のうちには、被告の名誉感情を〔正当な仕方で〕毀損するなにごとかが存している。というのも、刑罰は純然たる一方的な強制を含んでおり、それゆえ被告に対しては、ひとりの国民のひとりの国民として有する尊厳が、或る特殊な場合においてすくなくとも停止されるからである。刑罰を受けるさい被告は一箇の外的な義務に従わされるが、その義務に対して当人のがわはいかなる抵抗も許されていないのである。身分が高く、かつ裕福な者が罰金刑に処せられたとき、より多くの屈辱を感じるのは、身分が低い者の意志に屈従しなければならないことであって、それは金銭の喪失に勝っている。刑罰的正義（*iustitia punitiva*）は、この場合つまり可罰性の論拠が道徳的なものであるかぎり（*quia peccatum est*）〔罪が犯されたがゆえに、ということだ〕、その点で刑罰政策[2]から区別されなければならない。後者のばあい論拠はたんに実用的なものである（*ne peccetur*）〔罪が犯されないように〕うえに、経験にもとづくものなのであって、その経験とは「犯罪を抑止しようとするさいに、もっとも強力に作用するものはなにか？」をめぐるものなのである。それゆえ、前者は法概念のトピカ[3]のなかでまったくべつのトポス、すなわち *locus iusti*〔正義のトポス〕を占めるのであり、そのトポスはなんらかの観点において *conducibilis*〔有益なものの占めるべき〕トポス、すなわち効果的なもののトポスではなく、さらにまたたんなる *honesti*〔誠実の占めるべき〕トポスでもない。最後のものについては、そのトポスは倫理学のなかで探究されなければならないものとなるだろう。

6　取得時効の権利について

《取得時効》（*usucapio*）〔使用取得〕の権利は、一三一ページ以下[1]によれば、自然法によって基礎づけられる、とのことである。その理由として挙げられているのは、かりに私たちが、善意の占有によって、ここでそう名づけられている観念的取得が基礎づけられることを想定しないとするならば、いかなる取得もけっして決定的なかたちでは保証されないだろう、というしだいなのである（ところがじつはカント氏自身が、自然状態にあって取得はたんに暫定的なものにかぎられると想定し、それを理由として市民的体制の法理的な必然性をあくまで主張しているのだ。（中略）私がじぶんを善意の占有者として主張しうるのは、とはいえただ以下のような者に対してだけである。すなわち「じぶんが私よりも以前に当該物件の善意の占有者であった」ことを証明することができず、あわせてまた「みずからの意志によって占有者たることを中止したことはない」という事情を証明しえない者に対してのみ主張することができる、というしだいなのである）》。

――ここで問題となるのは、こういった件ではない。かえって問題は、私がみずからを所有者であると主張しうるのは、以下のような場合でも変わりがないかどうか、なのである。つまり、たとえだれか〔占有回復の〕請求者が「じぶんこそ当該物件のより先なる真の所有者である」と主張したとして、他方ではしかしそこでこの者が占有者であったことを突きとめることも、同人が所有者として占有者でありつづけたことを探りあてることもまったく不可能な場合であっても、ということだ。この最後の事情が当てはまる〔すなわち右の件を突きとめ、探りあてることが不可能となる〕のは、当人がなんら公的に有効な徴標も、みずからの占有が中断していないことにかんして(みずからの責によるにせよ、自身は責めを負わない事由によるものであるにせよ)じぶんでは提示しなかった場合である。ちなみにここで公的に有効な徴標とはたとえば、登記簿に記載したとか、あるいは市民の集会において所有者として投票したさいに、なんら異議を唱えられなかったとか、そうしたことがらを指しているのである。

というのは、そこで問題は「だれがみずからの適法的な取得を証明すべきであるか?」にあるからである。〔現在の〕占有者にこの責務〔拘束性〕(*onus probandi*)〔挙証責任〕を負わせることはできない。というのも当人は、本人の確定した来歴の及ぶかぎりでは該物件を占有しているからだ。先んじて物件の所有者であったと称する者がいたとしても、その者には中間期間が介在しており、その期間内に同人は私法的に相当などのような標識もみずからの所有にかんして与えていないのだから、所有者を自称する者はつぎつぎと継続してゆく占有者たちの系列からは法の原理に従ってまったく切りはなされてしまっている。なんらかの公的な占有作用をめぐるこのような不作為によって、当人は権原を欠いた請求者となっているのである(これに対してここでは、神学においてそうであるように、*conservatio est* ***continua*** *creatio*〔保存とは**継続的**な創造である〕と言われる)。たとえまたこれまで公示されていなかった請求者がひとりあらわれて、しかも後になってから発見された証拠書類を用意していたとしても、その請求者についてもやはりふたたび疑念が生じてくるはずである。つまり、さらに以前にさかのぼる請求者がそのうちすがたを見せて、みずからの請求権をより以前の占有にもとづいて主張することもあるのではないか、ということだ。――占有していた期間の長さはこの場合まったく問題とはならないのであって、それによって物件を最終的に時効取得すること(*acquirere per usucapionem*)〔使用取得によって獲得すること〕はできない。なぜなら「なんであれ不法とはいっても、それが長く継続してきたことによってついには一箇の法となる」と想定するのは不合理というものだからである。使用は(それがどれほど長期にわたるものであろうと)物件における権利〔物権〕を前提とするのであって、逆に後者が前者に基礎を置くなどと考えるなら、それは甚だしいあやまりというものだ。したがって取得時効(*usucapio*)〔使用取得〕は、それがなんらかの物件を長期間にわたって使用することによる取得と解されるなら、みずからのうちに矛盾をはらむ概念である。保持の仕方と解されるかぎりでの〔他者たちの私に対する〕請求権の消滅時効(*conservatio possessionis meae per praescriptionem*)〔消滅時効による私の占有の保持〕もまた、自己矛盾であることにおいてこれに劣るものではない。もっとも後者は前者とは区別される概念であって、それがかかわるのは領得の論拠であるということになるだろう。つまりこれは消極的なものにすぎない根拠をもって、すなわちみずからの権利をまったく行使しないこと、しかもみずからが占有者であることを公示するのに必要な権利の行使を、一度たりともおこなわないことをもって、当該物件の放棄(*derelictio*)と見なすことである。(6) 物件のこの放棄は一箇の法的行為であって、とりもなおさずみずからの権利を他者に対して行使することであるが、それがここでは本人の請求権を阻却して、当該請求権の客体を(*per praescriptionem*)〔消滅時効によって〕獲得させるために持ちだされているのであって、そこには一箇の矛盾が含まれているのである。

私が取得するのは、したがって、証拠を挙げることによってではなく、なんらかの法的行為をつうじてでもなく——私は証明することを要しないのであって——、私の取得は法則による(*lege*)ものなのだ。このことが意味するところはなんだろうか？　それはもろもろの請求権から公的に解放されることであり、いいかえれば私の占有が法則的に保証されることであって、そのために私としては証拠を挙げる必要がなく、私はただなんらか中断を含まない〔継続的な〕占有に依拠すればそれでよい。他方、自然状態における取得はたんに暫定的なものにすぎないが、この件は取得されたものの占有の保証という問題に対して影響を及ぼすことがない。ここでは、後者の問題が前者の問題に先行しなければならないからである。

7 相続について

相続の権利にかんするかぎり、わが書評子はその点ではみずからの慧眼を示して、私の主張の証明についてその核心を突くことをしていない。——一三五頁[1]で私は、以下のようなことなど言ってはいない。すなわち「どのような人間でも、なんであれじぶんに提供された物件をかならず受けとることがあるとすれば、その物件とは、それを受領することで利得を手にするだけで、なにものも失うことがありえない物件である」といったことである(というのも、そのような物件はまったく存在するわけがないからだ)。私が言っていたのは「だれであれ、提供されたものにかかわる権利を提供されたその瞬間、しかも避けがたく暗黙のうちに、そのうえ〔法的に〕妥当でまったく現実的な仕方で受けとることがあるとすれば、それはすなわちことがらの本性からして、撤回がまったく不可能であるようなとき、つまり提供者が死亡する瞬間に受けとった場合である」ということなのである。なぜならそのような場合には、要約者は撤回することができず、いっぽう諾約者はなんら特定の法的行為に及ぶことを要さずに、そのおなじ瞬間に受領者となるが、くだんの者が受けとるのは約束された相続財産〔そのもの〕ではなく、当該財産を受領もしくは拒絶する権利であるからだ。その瞬間に同人が、遺言書を開封することで知ることになるのは、じぶんがすでに相続財産を受領するに先だって、以前よりも富裕になっていたということである。なぜなら当人は排他的な仕方で、〔該遺贈財産を〕受領する権能を取得したわけであり、この権能はすでに資産を保有した状態のひとつだからである。——そのさい一箇の市民状態が前提とされることで、或るものが「だれか他者のもの」[3]とされるが、そのさい〔遺贈する〕本人はすでにこの世にはない。これは占有財産が死者の手から移転することであるけれども、そのこと〔遺贈が可能であること〕によってはなんの変更も、自然法の普遍的な諸原理に従った取得の可能性にかんして加わることがない。その原理を現に生じてくる事例に適用するさいには、市民的体制が根底に置かれなければならないにしても、この件に変わりはないのである。——つまり、こういうことである。物件は「それを受領するか拒絶するか」が無条件で私の自由な選択に委ねられている場合、*res iacens*〔休止物件〕と呼ばれる。なんらかの物件の所有者が私に或るもの、たとえば私がちょうど引きはらおうとしている家屋内の家具を無償で提供した（それが私のものとなることを約束する）としよう。そのばあい私が手にすることになるのは、物件の所有者が〔約束を〕撤回しないかぎり（これは、本人がその間に死亡したときには不可能である）、排他的な仕方で、提供されたものを受領する一箇の権利（*ius in re iacente*）〔休止物件における権利〕ということになる。つまり私だけがそのものを受領または拒絶することができ、それも私の望むがままに、ということである。しかも、この排他的に選択する権利を私が獲得するのは、なにか特殊な法的行為、すなわち「その権利が私に帰属することを欲する」とじぶんが宣言することによってではなく、当該の権利はそのような行為なくして（*lege*）〔法則によって〕手にされるのである。——私は、したがってその場合たしかにこう宣言することもできる。つまり、「私としては、この物件がじぶんに帰属しないことを欲する」（それを受けとれば、他のひとびとと面倒なことになるかもしれないので）ということである。しかし私が意欲することを得ないのは、排他的な仕方で、「当該物件を私に帰属させるか否か」の選択〔の権利〕を手にすることだ。なぜならこの権利（受領か拒絶かの権利）を私は、じぶんのがわの受領の意思表示をまったく介することなく、直接に〔相手がわからの〕提供によって持つことになるからである。それというのも、もしも私が選択〔する権利〕を持つことすら拒絶しうるとすれば、私としては選択しないことを選択することになるだろうが、これは一箇の矛盾となるからだ。選択するこの権利が私に移転するのは、ところで、被相続人が死亡した瞬間においてであって、故人の遺志（*institutio heredis*）〔相続人指定〕によって、私はなるほどまだ被相続人の財産からなにひとつ手にしているわけではないにもかかわらず、それでもなお純粋に法的（可想的）な占有を被相続人の財産もしくはその一部にかんして取得することになる。このばあい私が財産の受領を他者の利得のために放棄することはありうるけれども、そのことで財産の占有は一瞬たりとも中断されるわけではない。かえって、およそ相続は一箇の途切れることのない系列として、死にゆく者から指定相続人へと、後者の受領を介して移転する。かくして、*testamenta sunt iuris naturae*〔遺言は自然法に属する〕とする命題はいっさいの疑念を排して確立されるのである。

8　臣民のための恒久的基金にかんして国家の有する権利について

基金（*sanctio testamentaria beneficii perpetui*）〔遺言によって永続的に慈善をおこなう施設〕とは、自発的に設けられて、国家が認可した施設であって、国家の特定の成員で累代に及ぶ者たちのために、彼らがまったく死に絶えるまでその福祉をはかるべく設営されるものである。――そうした基金が恒久的なものと言われるのは、それを維持するための定款が国家の体制〔憲法〕それ自身と結びついている場合である（というのも、国家は恒久的なものと見なされなければならないからである）。基金がおこなう慈善事業はところで、〔一〕人民一般であるか、〔二〕ある特定の原則に従って統合された人民の一部であるか、〔三〕なんらかの身分であるか、あるいは〔四〕なんらかの家族とその末裔たちの恒久的な存続であるか、そのいずれかを目標とするものである。第一のものの実例をひとつ挙げるならば養育院であり、第二のものについては教会であり、第三のものにかんしては結社(宗教的な結社ならびに世俗的な結社)であって、第四のものの実例は長子相続財団(1)ということになるだろう。

これらの諸団体ならびにそれらの有する相続の権利をめぐっては、これを廃止することができないと言われている。その理由として挙げられるのは、そうした権利は遺贈によって指定相続人の所有するところとなっているものであって、そうした組織(いわば*corpus mysticum*〔キリストのからだ。通常は教会〕のようなもの)を廃棄することは、だれかから「当人のもの」を奪いとることともひとしい、というしだいなのである。

A

慈善施設が貧者や廃兵や病人のために設けられ、それが国家財産に基礎を置くもの(基金や養育院というかたちを採るもの)である場合には、それらは言うまでもなく解体されることができない。とはいえその字面ではなく、遺言人の意志がもつ意味を優先すべきであるとすれば、時代の状況に促されて、そういった基金を廃止することがすくなくとも形式という面からすれば望ましくなる、といったことは起こりうるところだろう。

――たとえばひとびとの見るところ、貧者や病者が(精神病院に収容されている者を除いて)よりよく、しかも安価に扶養されるためには、当人に援助金が一定の(その時代の必要に応じた)金額で与えられ、そのことで本人の希望するところに従って、親戚なり知己なりのもとに身を寄せうるようにしたほうが、むしろ――グリニッチの養育院のように――贅沢ではあるものの自由を著しく制限するような、人件費のかかる人員を配置した施設がそのために設けられるよりも望ましい、ということになった場合はそうなのである。――そのような場合であれば、国家が当該財団を享有する権能を具えた人民から「当人のもの」を奪いとるとは言うことができず、かえって国家はこれを促進するはこびとなるのであって、それも国家がその維持のためにより賢明な手段を選んだことによるわけである。(2)

B

聖職者たちが肉体的には子孫を残さないとき(カトリックの聖職者の場合)でも、彼らは国家の優遇策によって、地所ならびにそれに付属する臣民たちを占有する。これらは霊的国家(教会と呼ばれる)に所属するものとされるが、それは世俗のひとびとがじぶんたちのたましいの救いのために、遺贈によってこの霊的国家にその所有物として奉納したものであって、こうして聖職者は一箇の特殊な身分として占有財産を有しており、その財産はひとつの世代からつぎの世代へと合法〔則〕的に継受され、かつ当該財産は教皇の教書によって十分に証明されている。――さてここで、こう想定してもよいものだろうか？　つまり、聖職者が俗人に対して有するこういった地位は、世俗的国家の絶対権力によって聖職者から有無も言わせず剝奪されうるのであり、この件は或る者から「当人のもの」を暴力によって奪うことにはならない、と言ってよいのだろうか？　じっさいこれは、フランス共和国で信仰を持たない者たちが企てていることなのだ。(3)

そこで問題はこうである。すなわち「教会が国家に「国家のもの」として属しうるのか、それとも国家が教会に「教会のもの」として所属しうるのか？」ということである。なぜならふたつの最高権力がたがいに従属するといわれる場合、そこにはかならず矛盾が生じざるを得ないからである。――前者の（*politico-hierarchica*）〔政治＝教会的な〕体制だけがそれ自体として存立を保ちうることは、おのずと明らかである。なぜならすべての市民的体制はこの世のものだからであり、さらにその理由は、市民的体制が一箇の地上の権力（人間の権力）であって、それ自身ならびにその諸帰結が経験のうちで証明されるものである点にある。信心のある者たちにとっては、じぶんたちの王国は天国やあの世にあることになるが、そのような者たちであっても、そのひとびとに対してこの王国にかかわる(*hierarchico-politica*)〔教会＝政治的な〕体制が容認されているかぎりでは、世俗人たちの最高権力の支配下で現世の苦悩に服さなければならない。――したがって、ひとり前者の体制のみが成立することになる。

宗教とは(現象として見られるかぎり)教会の教義[4]に対する信仰であるとともに、そうした〔教会〕組織における貴族たる聖職者の権威に対する信仰である。あるいはまたこの組織が君主制(教皇制)であるとしても、宗教が国民的権力によって人民に強要されることも、それが人民から奪われることもあってはならない。もしくはまた(じっさい英国においてアイルランド民族がそうした扱いを受けているが)〔特定の〕国民が王室とは異なる宗教を信じているがゆえに、彼らが国家の官職ならびにそこから得られる利得から締めだされるようなこともあってはならないのである。

さて、敬虔で信心ぶかいある種のひとびとがいたとして、彼らが与ろうとする恩寵[5]は、教会が信者たちに対して、その死後にもなお生じるであろうことを約束するものであったとしよう。そのばあい彼らは恒久的につづくなんらかの基金を設立して、その基金をつうじて彼らの特定の地所がその死後に教会の所有財産となるべきものとし、かつ国家のがわでも、この特定の部分またはその全部を教会領として承認するものとしてみよう。それは祈禱、赦免、懺悔によって、つまり教会の任じた奉仕者(聖職者)が来世での運命にご利益がもたらされることを約束するものをつうじて〔恩寵に与ろうとするため〕のことなのであるが、そのような場合であっても、恒久的なものと思いこまれて設立されたそういった基金も、けっして恒久的に基礎を有するものではなく、むしろ国家のがわは教会から負わされたこの重荷を、おのれがそう欲するときに投げすてることができる。――というのも教会そのものはひとえに信仰のうえになりたつ制度であって、このような思いなしに発する迷妄が人民を啓蒙することで消滅してしまえば、同時にまたそうした迷妄にもとづいて〔ひとびとを〕恐れさせる聖職者たちの権力も崩壊してしまうからである。そのとき国家はまったき権利をもって、教会が所有財産と僭称していたものを接収することになるだろうが、その所有財産とはつまり遺贈をつうじて教会に寄進された土地のことなのだ。もっとも、それまで存続していた制度にもとづいて領地を保有していた者たちは、じぶんたちが生きているかぎりは損害を被ることのないよう、その権利にもとづいて請求することはできる。(6)

貧者たちのための恒久的基金であるとか、あるいはさまざまな教育施設であっても、それらがなんらかの、設立者がみずからの理念に従って構想した一定の形態を有するとなると、恒久的なかたちで設立されたものということはできず、土地がそのための負荷を負う〔当該施設によって土地が恒久的に占有される〕というわけにもいかない。むしろ国家は自身の自由によって、そうした基金を時代の要求に合わせて整備させることができるのでなければならない。――そのさいあくまで固執されるのが、こうした設立者の理念をいかなる面でも実行しようとすること〔たとえば貧困学生団体なら「慈善によって設立された教育基金の不足分は、布施を求める合唱をしてまわることでこれを補塡しなければならない」といったこと〕であるのは、なんら驚くにあたいしない。なぜなら〔基金や財団の〕設立者はたしかに善意に発することとはいいながら、しかしそれでも同時にいくらかは名誉心にも駆られてなんらかの基金〔や財団〕を設立したのであって、その欲するところは、基金〔のありかた〕(7)がだれかべつのひとの考えによって変更されてしまうことではなく、まさにじぶんこそがその基金のうちに不朽の名をとどめることだからである。このことで、とはいえ、ことがら自身のありかたが変わることはなく、また国家の権利、それればかりか義務が変更されることもない。その権利とは「およそいかなる基金〔財団〕であろうと、かりに当該財団〔基金〕が国家の維持、ならびにより善きものへのその進歩を妨げることになったなら、これを変更することができる」というものであって、そうした基金〔財団〕(8)はしたがってだんじて恒久的な基礎をもったものと見なされることができないのである。

C

一国の貴族身分は、その国が貴族制ではなく君主制のもとにある場合であっても、ある一定の時代にかぎって許容され、かつまた事情によっては必要な制度であるかもしれない。とはいえ、この身分について以下のように主張することはだんじて不可能である。つまりたとえば、それが「恒久的に基礎をもちうるものである」とか、「国家統治者であっても、こうした身分の特権を完全に廃止する権能を手にするべきではない」とか、あるいは「もしそのようなことをすれば、国家統治者は（貴族である）その臣民ひとりひとりから相続によって当人に帰属する「各自のもの」を奪いとることになると言われよう」[9]等々といったことである。貴族という身分は一時的に国家が認可した同業者組合なのであって、それは時代状況に適合するものとされなければならず、かくも永きにわたって停止されてきた普遍的人権[10]を毀損するようなものであってはならない。――というのも、国家における貴族の地位は国家体制（憲政組織）そのものに依存しているばかりではなく、たんにその偶有性のひとつであるにすぎず、ひとえに国家に内属することによってのみ現実に存在しうるにすぎないからである（およそ貴族を貴族として考えることができるのは国家においてだけであり、自然の状態にあってそれを考えることはできない、ということだ)。したがって、国家がその憲政組織(国家体制)を変更した場合には、そのことで貴族の称号と特権を喪失する者が「「じぶんもの」が奪われた」と主張することはできない。当人はその称号や特権を、たんに当該の国家形式が存続するという条件のもとで「じぶんもの」と称しえたにすぎないはずだからである。国家は、これに対して、くだんの国家形式を変更する(たとえば共和政体に改造する)権利を有しているのだ。——したがって身分結社も、その特定の徽章を身につける特権もだんじて、そういった占有にかかわる恒久的な権利を与えるものではない。

D

最後に長子相続財団についていえば、それは、相続人指定をつうじて或る財産占有者の定めるところが「累代にわたって継受されてゆく相続人の系列にあってつねに、家族のなかで(被相続人に)もっとも近い者が財産占有者たるべし」とするものである(これは世襲君主制の国家体制と類比的であって、後者では国邦領主がおなじ仕方で選ばれる)。そのような財団(基金)は、男系血族の総意によっていつ何時でも廃止されうるものであり、未来永劫にわたって——あたかもくだんの相続権が土地に付着でもしているかのように——変わらず存続すべきものではない。またこれについては「それを廃止することは、財団、ならびにその先祖たる創立者の意志に対する一箇の侵害となる」などと言われるものでもない。それればかりか、国家はここでもまた一箇の権利をもって、それればかりかその義務によって、みずからを改革すべき事由がしだいに姿をあらわしてくるのに応じて、国家の臣民たちのそうした連合組織を、総督にも比すべきものとして(王家と地方総督〔との関係〕に類比させて言えば、ということである)、一旦それが消滅したならば二度とふたたび出現することのないようにすべきなのである。

むすび

最後に(1)わが書評子は、公法という標題のもとに提示された諸理念、氏が言うところでは、それらについて《意見を述べる紙幅がもはや残されていない》理念にかんして、それでもなおこう論評していた。《私たちの知るかぎりではいまだいかなる哲学者も、いっさいの逆説的な命題のなかでももっとも逆説的な、以下のごとき命題を承認したことがない。その命題とはすなわち「最高統治権のたんなる理念が私に強要すべきところによれば、私の主人を自称するなんぴとにも私はじぶんの主人として服従しなければならず、そのさい「私に命令する権利をだれが同人に対して与えたのか」を問うてはならない」というものである。「最高統治権と〔最高〕統治者とを承認すべきである」ことと「〔特定の〕あの者あるいはこの者を、その存在がけっしてア・プリオリに与えられているわけでもないのに、ア・プリオリにみずからの主人と見なすべきである」ということは同一のことがらだとでも言うのだろうか?》――さてこの場合、それが逆説であることは認めたとしても、私が希望するのは、より立ちいって考察すれば、それがやはりすくなくとも邪説ではないと宣告されうることである。というよりもむしろ私の希望するところは、洞察力に優れているうえに、批難するに慎重で、学殖ゆたかなこの書評子に〔右に挙げたような意見対立があるにもかかわらず、氏は《この法論の形而上学的諸原理が全体としては学に対する貢献であると考えるのだ》後悔を感じさせないことなのである。なんといっても書評子は、この著作をすくなくとも再度の検証にあたいしないことはない試みとして、他の者たちの不遜で浅薄な批難から護ってくれたからである。

人民に対して命令し立法する最高権力を占有している者には服従しなければならず、しかもその服従は法理的に無条件的なものであり、その占有者の取得権原を公的に詮索するだけでも、つまり当の権原を疑って、その権原になんらかの瑕瑾がある場合にはくだんの占有者に抵抗しようとする、ただそれだけのことでもすでに処罰されるべきであって、ここで一箇の定言命法となるのは「あなたたちの上位者には〔それが内的な道徳に矛盾することのないすべての場面で〕、その者があなたたちに対して権力を有しているかぎりは服従せよ」であるというのが〔書評子にとっては〕同意しがたい命題として、否認されるわけである。――ところで、この原理は一箇の事実(〔権力の〕占取)を権利の条件として根底に置くものであるが、しかしこの原理ばかりでなく、人民に対する最高統治権という純然たる理念そのものが、人民の一員である私を強要して、あらかじめなんらの詮索を加えることなく法〔統治の権利〕と僭称されているものに服従させるという点も(法論・第四十九節)[2]、どうやら書評子の理性を憤激させるようなのである。

どのような事実(なされたこと)[3]も現象における(感官の)対象である。これに対して、ただ純粋理性をつうじてだけ呈示されうるもの[4]、つまり理念に数えあげられるべきであって、それに対応するいかなる対象も経験のうちに与えられることのできないもの、たとえば人間たちのあいだでなりたつ完全な法的体制といったものについていえば、それは物自体そのもの[5]なのである。

だからここでもし一箇の人民が、法則をつうじてなんらかの上位者のもとで統合されて現に存在している場合には、その人民は「最高権力を有する一箇の最上の意志のもとにおける人民の統一一般」という理念に適合したかたちで、経験の対象として与えられていることになる。とはいえ言うまでもなく、ただ現象において与えられているのみなのであるが、これはすなわち、語の普遍的な意味における一箇の法的体制が現に存在しているということなのである。かくして、たとえくだんの法的体制が大きな欠陥をいろいろと抱えこみ、さまざまな重大な誤謬に付きまとわれているものであって、したがってつぎつぎと重要な改善を必要とするものであったとしても、それでもなお、この体制に抵抗することはだんじて許されてはならないことであり、それは罰せられるべき所業なのだ。なぜならかりに人民がみずからの権能を、なお誤謬に満ちているこの体制、それでも最高の権威である体制に暴力をもって対抗するのを許すものと考えるとしたならば、人民はつぎのような権利さえ有しているものと夢想するかもしれないからである。つまりそれは、いっさいの権利を定める最高の立法の占めている位置に暴力を据えおく権利ということであって、そうなれば、自己自身を破壊する最高の意志を招来してしまうはこびともなるだろう。

国家体制一般の理念とは同時に、法概念に従って判断する実践理性が人民おのおのに対して下す絶対的命令であって、その理念は神聖にして抵抗を許さないものである。それゆえ、国家の組織にそれ自身としてあやまりがあったとしても、それでもなお国家内部のいかなる下位の権力であれ、立法権を有する国家の統治権者に対して実力行使を伴う抵抗をもって対抗することは許されない。むしろ国家に纏わりついている欠陥のさまざまは改革をつうじて、しかも国家そのものがみずから企てる改革によって徐々に取りのぞかれなければならない。というのもそうでなければ、〔欠陥の除去が〕臣民の有する反対の準則に委ねられることとなり、（その準則は専断的な選択意思によってことを進めるものとなるから）良い体制そのものはひとえに方向をもたない偶然をつうじてのみ実現されうるものともなるだろうからである。——《あなたたちに対して権力を有している上位者に服従せよ》とする命令をあれこれほじくりまわし、「いかにして上位者が当該の権力を手にするにいたったのか」を（必要となれば上位者を顛覆しようとして）穿鑿してはならない。というのも上位者は、すでに現にそこに存在し、そのもとであなたたちが生きているかぎりで、あらかじめ立法権を占有しているのであって、この立法権についてあなたたちが公的に理屈を捏《こ》ねることは可能であるにしても、しかしあなたたち自身が、対抗する立法者を僭称することは能くなしえないところだからである。

　人民の意志（これはそれ自体としては統合されておらず、したがって法則を欠いている）を無条件的に一箇の主権を具えた（つまり万人をひとつの法則によって統合する）意志のもとに服従させることは確乎たる所為であって、それはただ最高権力の先占をつうじてのみ開始されることが可能であり、したがってその所為によってはじめて一箇の公法が基礎づけられる。——この完全な権力に対してなおもなんらかの抵抗が容認される（しかもその抵抗によって右にいわれる最高権力が制限される）とすれば、それは自己矛盾というべきものだ。なぜなら、その場合にはくだんの最高権力は（それに対して抵抗が許されるのだから）合法的な最高権力、つまり「なにが公的に法であるべきであり、なにがそうではないか」をはじめて規定する権力ではないことになるからである。——したがって、ここで論じてきた原理はすでにア・プリオリに国家体制一般の理念、すなわち実践理性の概念のうちに存するのであり、それに適合するいかなる実例も経験のうちでは与えられえないとはいえ、それでもなお規範として、どのような体制であれこれに矛盾してはならないものなのである。

訳注

＊　以下、訳注で関連テクストを引用する場合、既存の邦訳を参照しているが、主として修辞上の理由からそれらの訳文どおりではない。『人倫の形而上学』本文については全集版を「アカデミー版」、Philosophische Bibliothek 版を「哲学叢書版」と称し、『純粋理性批判』は慣例により初版をA、第二版をBで頁数を示す。

序文

（1）（一九頁）カントの哲学的営為は「批判的な作業」と「理説的な作業」に分かれる。理論哲学については、前者が『純粋理性批判』で、後者が『自然科学の形而上学的原理』、実践哲学にかんしては、それぞれが『実践理性批判』と『人倫の形而上学』となる。なお、判断力をめぐっては『判断力批判』が両者を兼ねているとされる（『判断力批判』「序文」）。『自然科学の形而上学的原理』(*Metaphysische Anfangsgründe der Naturwissenschaft*)は一七八六年に公刊され、その翌年に『純粋理性批判』第二版、翌々年には『実践理性批判』が出版されている。ちなみに、この前後で「原理」と訳している語はAnfangsgrund.

（2）（一九頁）『純粋理性批判』「序論」は「だから私たちが以下でア・プリオリな認識のもとに理解するのは、あれこれの経験からではなく、端的にいっさいの経験から独立に生じる認識のことである。これに対立するのが経験的認識、すなわちただア・ポステリオリに、つまり経験によってのみ可能となる認識である。ア・プリオリな認識のうちしかし経験的なものがなにも混入していない認識を純粋なものと呼ぶ」(B 3)と語るが、「純粋」(rein)という語は、じっさいには「ア・プリオリ」とほぼ同義に使用されることが多い。カントのテクストにあって、形式的な対立は(経験をあいだに挟んで)「ア・プリオリ」(より先なるものから)対「ア・ポステリオリ」(より後なるものから)であるが、実質上は多くの場合「ア・プリオリ」(ないし「純粋」)対「経験的」というかたちを採る。

（3）（二一頁）ガルヴェ(Ch. Garve, 1742–98)はドイツ啓蒙に属する哲学者のひとりで、ライプツィヒ大学教授。カントとのあいだで直接的・間接的な応酬があり、「語の真の意味で一箇の哲学者であるガルヴェ氏」(Herr Garve, ein Philosoph in der echten Bedeutung des Worts)という表現には皮肉な響きがある。

（4）（三一頁）ラヴォアジェ(A. L. Lavoisier, 1743–94)は、フランスの化学者。いわゆる燃素説を批判して、燃焼のメカニズムと酸素の働きを解明した。ブラウン(J. Brown, 1735–88)はスコットランドの医師、エディンバラ大学でも教鞭を執った。

（5）（三五頁）「チュービンゲンの或る書評子」とはチュービンゲン大学教授だったフラット(J. Fr. Flatt)を指す、とされることもあるが未詳。カント哲学のオリジナリティを否定しようとする論調は『実践理性批判』「序文」で言及される「或る書評子」と共通しているが、後者はティッテル(G. A. Tittel, 1739–1816)を指すともされる。

(6)(二五頁)　ハウゼン(Ch. A. Hausen, 1693–1745)はドイツの数学者で、ライプツィヒ大学教授。

(7)(二五頁)　ヴォルフ(Ch. Wolff, 1679–1754)はドイツ啓蒙期の哲学者、ハレ大学教授。いわゆるライプニッツ＝ヴォルフ学派の代表者。本文中の主張の典拠として挙げられるのは『第一哲学すなわち存在論』であるが、原型は、空間とは「純粋に関係的な或るもの」(quelque chose de purement relatif)であるとしたライプニッツの立場。

(8)(二七頁)　ニコライ(Ch. Fr. Nicolai, 1733–1811)は、ドイツ啓蒙期の通俗哲学者。カントあるいはその追随者に対する痛烈な批判によって知られ、判断を「差しひかえられることだろう」(sich selbst bescheiden wird)には、これも皮肉な響きがある。

(9)(二七頁)　シャフツベリ(Anthony Ashley Cooper, Third Earl of Shaftesbury, 1671–1713)はイギリスの道徳哲学者。いわゆるモラル・センス論者のひとり。

(10)(二八頁)「本書の末尾のほうで」(Gegen das Ende des Buchs)とあるのは、ここでは「法論の形而上学的原理」の終末部分のこと。「法論」がまず一七九七年のはじめに出版され、つづけて同年のなかばに公刊された「徳論の形而上学的原理」とあわせて『人倫の形而上学』をかたちづくった。

(11)(二八頁)　初版にのみ見られる一文。第二版では削除されている。前注参照。

(12)(二九頁)「裁判所における」(vor einer Gerichtsbarkeit)は、第二版では「公的裁判の判決による」(durch den Ausspruch einer öffentlichen Gerichtsbarkeit)に改められている。

人倫の形而上学への序論

I

(1)(三一頁) たとえば「美しいもの」について感受される「快」のこと。「或るものが美しいか否かを区別するために、私たちは表象を、悟性をつうじて認識のために客観に関係づけるのではない。むしろ(おそらくは悟性と結びついている)構想力によって、主観と、主観の快もしくは不快の感情へと関係づけるのである」(『判断力批判』第一節)。

(2)(三四頁)「適意」は Wohlgefallen.「趣味」は Geschmack. ともに『判断力批判』第一部で規定される概念。前注参照。

(3)(三四頁)「傾向性」(Neigung)とは意志を規定する自然的で主観的な根拠のことで、カントは「行為がじぶんの傾向性によって避けがたく私たちに強制される」のは「ちょうど他人があくびをするのを見ると、あくびをしてしまうようなものである」と言う(『実践理性批判』第一部第一篇第一章第三節・注解二)。

(4)(三五頁)「作為または不作為」は、ここでは zu tun oder zu lassen.

(5)(三六頁)「選択意思」は Willkür.「意志」は Wille.「願望」は Wunsch. カントによる欲求能力の定義に対して、その定義がたんなる「願望」を排除できない、とする批判が寄せられた。これに応えてカントが説くところでは、ただの願望には、たとえば「おお、私に過ぎ去った歳月をジュピターが還してくれるなら」(ウェルギリウス)といった「生起したことを生起しなかったことにする」不可能な望みも含まれることになる(『判断力批判』「序論 Ⅲ」の原注)。

(6)(三六頁) 哲学叢書版では für sich. ここではアカデミー版の vor sich を採った。

(7)(三六頁) カントの原文では sie(女性代名詞)なので、テクストを尊重すれば「理性」(Vernunft)。男性代名詞(er)の間違いと取って「意志」(Wille)と訳す。

(8)(三七頁) いわゆる「定言命法」を参照。「あなたの意志の準則が、つねに同時に普遍的立法の原理として妥当しうるように行為せよ」(『実践理性批判』第一部第一篇第一章第七節)。なお「準則」は Maxime. 伝統的には「格率」と訳されてきた語。

(9)(三八頁) 前者はたんに「義務にかなっている」(pflichtmäßig)行為、後者が同時にまた「義務にもとづいている」(aus Pflicht)行為(『人倫の形而上学の基礎づけ』第一章)。カントによれば「倫理的価値」の本質は「道徳法則が直接に意志を規定すること」に帰着する。道徳法則が意志を規定する根拠(Bestimmungsgrund)とならず、行為がたんに法則に合致しているにすぎないとき、行為は「適法性」(Legalität)を含むだけである。これに対して道徳法則そのものが意志の規定根拠となる場合、行為は同時に「道徳性」(Moralität)を充足している(『実践理性批判』第一部第一篇第三章)。

(10)(三八頁) 「時間はすべての現象一般のア・プリオリな形式的条件である。空間はあらゆる外的直観の純粋形式であるから、ア・プリオリな条件としてはただ外的現象にかぎられている。これに対していっさいの表象は外的な事物を対象として有するにせよ有しないにせよ――それ自体としてはこころを規定するものなのだから――内的状態に属しており、この内的状態はたほう内的直観の形式的な条件に、したがって時間に属するものであることからして、時間はすべての現象一般にかんしてそのア・プリオリな条件なのである」(『純粋理性批判』B 50)。なおこの件は、A版におけるいわゆる「超越論的演繹論」(カテゴリーの客観的妥当性を正当化する理説)の前提として再確認されている(A 98f.)。

Ⅱ

(1)(三九頁)「べつの場所」とは『自然科学の形而上学的原理』のこと。「序文」の訳注(1)参照。

(2)(三九頁)ニュートン(I. Newton, 1643-1727)はイギリスの数学者・物理学者。本文でも言及されている、その主著のひとつは『自然哲学の数学的諸原理』。

(3)(四〇頁)「作為ならびに不作為」は、ここでは Tun und Lassen.

(4)(四〇頁)カントにあって「幸福」(Glückseligkeit)とは「いっさいの傾向性を総計において満足させること」(『人倫の形而上学の基礎づけ』第一章)であるが、「幸福の原理」は「意志の法則たるに堪えるような準則」を与えることができない。幸福の認識はたんなる「経験的な所与」にもとづくものとして各人の見解に依存するばかりでなく、その見解すら変化するからである。だから「幸福の原理は一般的な規則を与えることができるとはいえ、けっして普遍的な規則を与えることができない」。「言いかえるなら、平均すればたいていの場合あてはまる規則を与えることはできるが、つねにしかも必然的に妥当しなければならない規則を与えることはできない」(『実践理性批判』第一部第一篇第一章第八節注解二)。

(5)(四三頁)「賢明さ」はKlugheit. 賢明さの準則は同時に「自己愛」の準則であり、それはたんに「勧告」するだけである。これに対して「倫理性の法則は命令する」ものとなる(『実践理性批判』第一部第一篇第一章第八節注解二)。Klugheit は「もし〜ならば、…せよ」という「仮言命法」にかかわり、典型的には「もし幸福であろうとするならば」を前件とする。それは(「定言命法が問題となる)「道徳的」(moralisch)な次元に属することがらではなく「技術的」(technisch)な問題に所属するものとなるのである。注(8)も参照。

(6)(四四頁)『人倫の形而上学の基礎づけ』「序文」の整理によれば以下のとおり。

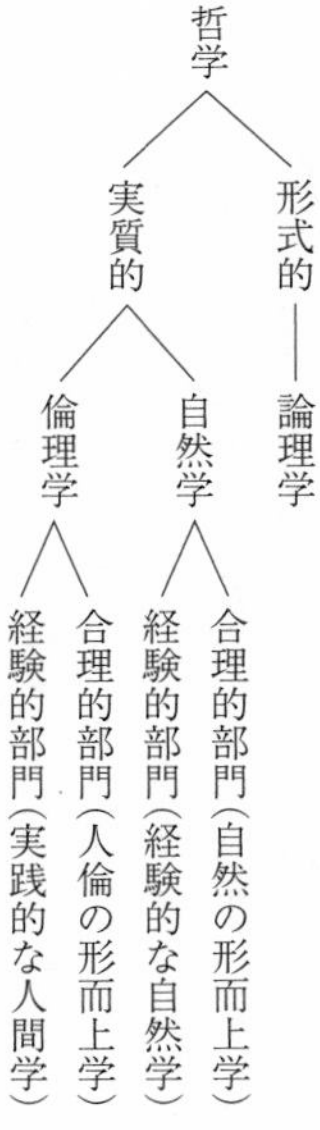

(7)(四六頁)カントは「学校概念」(Schulbegriff)としての哲学と「世界概念」(Weltbegriff)としての哲学とを区別する。前者は「知の体系的統一」であり、後者は「いっさいの認識が人間理性の本質的目的に対して有する関係についての学」である。これをカントはとくに「人間理性の目的論」とも呼んでいた(『純粋理性批判』B 866f.)。この意味においては「世界知」(Weltweisheit)こ

そがすぐれて「愛知」(Philosophie)そのものにほかならない。

(8)(四六頁)『判断力批判』「序論」のとくにIならびにIIでは、ひとしく「実践哲学」に所属するかに見えるふたつのことがら、すなわち「技術的に実践的」(technisch-praktisch)なことがらと「道徳的に実践的」(moralisch-praktisch)なことがらが区別されたうえで、つぎのように論じられる。「あらゆる技術的に実践的な規則(すなわち技巧や熟練一般の規則、あるいはまた人間とその意志に影響を与える熟練した在りかたである、賢明さの規則)は、それらの規則の原則が概念にもとづいているかぎり、ひとえに理論哲学に、その系として数えいれられなければならない。なぜならそういった規則は、自然概念(Naturbegriff)に従う事物の可能性にのみかかわっているからである」。自然概念に対立するのが「自由概念」(Freiheitsbegriff)であり、「自由概念との関係にあって意志の原理は法則と名づけられ、その法則から帰結することがらとともに、ひとり哲学の第二部門すなわち実践的部門をかたちづくることになる」。

(9)(四六頁)「技巧」はKunstの訳。これに対してTechnikを「技術」と訳す。

(10)(四六頁)「神業」はeine göttliche Kunst.「神のような技巧」。

III

(1)(四七頁) とりあえず「たんなる理性」-「内的行為」-「道徳性」対「他者の選択意思」-「外的行為」-「適法性」という対応となり、本節の主題を予示している。

(2)(四八頁)「責務」はVerbindlichkeit. 文脈に応じて字義的に「拘束性」とも訳す。

（3）（四八頁）fas と nefas はがんらい宗教的な儀礼に関連する概念。

（4）（四八頁）「或るものと無」は Etwas und Nichts.「存在と無」とも訳されるが、ここではそのまま訳しておく。『純粋理性批判』「超越論的分析論」末尾の「付録 反省概念の多義性について」では以下のように述べられている。「超越論的哲学が通常はそこからはじめられる最高概念は、一般に可能なものと不可能なものとの区分である。しかしいっさいの区分は区分された概念を前提とするものだから、さらにより高次の概念が示される必要がある。その高次の概念とは（蓋然的に捉えられ、その対象が或るものであるか無であるのか〔Etwas oder Nichts〕が決定されていないような）対象一般の概念にほかならない」（B 346）。

（5）（四九頁）「法理的」は juridisch.

（6）（四九頁）「受動的」は pathologisch.『実践理性批判』第一部第一篇第一章第八節の以下の一文を参照。「意欲の実質は法則と結びあう欲求の客体にほかならないけれども、この実質が実践的法則を可能とする条件としてその法則のうちに入りこむと、そこから選択意思の他律が、つまりなんらかの衝動や傾向性に従おうとする自然法則への依存が生じて、意志はじぶんでじぶんに法則を与えるのではなく、受動的な法則に理性的に従うためだけの指図のみをみずからに与えることになる」。見られるとおり、pathologisch は意志の他律（Heteronomie）に関係する概念で、その自律（Autonomie）に対立する。

（7）（四九頁）「傾向性や嫌悪」は Neigungen und Abneigungen.

（8）（五一頁）「約束」と「受諾」については「法論」の第十九節を参照。いうまでもなく「約束」と

「虚言」(履行するつもりのない約束)はカント倫理学のいわば特権的事例で、『人倫の形而上学の基礎づけ』第一章では「じぶんが苦境にあるとき、私は守るつもりもない約束をしてはいけないのだろうか」という問いが立てられ、徹底的に否定的に答えられる。

(9)(五一頁)「好意」はWohlwollen.「徳論」の第二十七節ならびに二十八節を参照。

Ⅳ

(1)(五三頁)ヴォルフに同名の著作があり、『道徳哲学あるいは倫理学』(*Philosophia moralis sive Ethica*)に先行し、それに対する予備学という位置を有している。

(2)(五三頁)「超越的」はtranszendent. カントによれば「超越論的理性概念」は「諸条件の総合における絶対的全体性」に向かい、「無条件的なもの」を目ざす。そうした全体性は経験のうちで与えられないから、「理性概念」の使用はつねに経験に対して超越的なものとなり、この件が「悟性概念」との差異を形成する。悟性概念つまり「カテゴリー」は経験に統一を与えるものだから、その使用は経験に対して「内在的」(immanent)であって、その適用範囲は「可能な経験に制限されている」。これに対して「超越論的理念は超越的なものであり、あらゆる経験の限界を超えている。経験にあっては、したがって超越論的理念に適合するような対象はだんじて現前することができない」(『純粋理性批判』B 382-384)。――理論理性の範囲内では、自由も「ただ超越論的理念としてのみ取りあつかわれる」。というのも「そのような自由をつうじて理性は、現象における条件の系列を、感性的に条件づけられていないものによって端的に発動させようと考えるけれども、そのさい理性は他方じぶんに固有な法則とのアンチノミーに巻きこまれることになる」からである(B 586)。

(3)(五四頁) 前注でも述べたように、理性は絶対的全体性、無条件的なものを目ざす。この「理性の原則」は「与えられた現象に属する条件の系列にあってその背進を命じる規則」となるが、「その原則はしたがって経験を可能とする原理でも、感官の対象の経験的認識を可能とする原理でもなく、かくしてまた悟性の原則でもない」。それゆえにくだんの原則は「理性の構成的(konsitutiv)原理ではなく、かえって可能なかぎり最大限に経験を継続し、拡張しようとする原則」となるのであって、その原則は「理性の統制的(regulativ)原理」となるほかはない(『純粋理性批判』B 536f.)。

(4)(五四頁) 『実践理性批判』における説明は以下のとおり。「悟性は(理論的認識において)対象との関係のうちに立つ。この関係のほかに悟性はしかし欲求能力への関係も有するが、欲求能力はそのゆえに意志と呼ばれる。さらにこの欲求能力は、純粋悟性が(このばあい理性とも名づけられる)法則のたんなる表象をつうじて実践的なものであるかぎりで純粋意志とも呼称されることになる。純粋意志の――あるいはおなじことであるが、純粋実践理性の――客観的な実在性は道徳法則にあってア・プリオリに、いわば一箇の事実によって与えられている。なぜならなんらかの意志規定は、それが不可避であるならば、たとえ経験的な原理にもとづいていない場合でも、それを事実と呼ぶことができるからである。意志の概念のうちには、ところで原因性の概念がすでに含まれており、したがって純粋意志の概念のなかには自由を有する原因性の概念が含まれている」(第一部第一篇第一章第八節注解二・Ⅱ)。

(5)(五六頁)「そうした規則と一致することを強制(強要)〔必然化〕されなければならない」は、zur Übereinstimmung mit dieser Regel *genötigt* (nezessitiert) werden muß.

(6)(五八頁)「作為あるいは不作為」はここではBegehung oder Unterlassung.

(7)(五八頁)「所為」はTat. 意志にもとづくTunを介して積極的に生みだされた行為。

(8)(五九頁)「心理学的人格性」は『純粋理性批判』「超越論的弁証論」の「誤謬推理論」(初版)「人格性にかんする第三誤謬推理」でも規定される。すなわち「異なる時間においてみずからの〈自己〉(Selbst)の数的同一性を意識しているものは、そのかぎりにおいて人格(Person)である」(A 361)。

(9)(六〇頁)ここではVerschuldungを「過失」と訳す。

(10)(六二頁)カントの原文では「自然的」(natürlich)。諸家に従いpositivと読む。

(11)(六二頁)「準則」はMaxime.「人倫の形而上学への序論 Ⅰ」の訳注(8)でふれたとおり、「格率」とも訳されてきた語。『純粋理性批判』「超越論的方法論」ではこう規定される。「実践的な法則は、それが同時に行為の主観的な根拠となるかぎり、すなわち主観的原則となるかぎりでは準則と呼ばれる。その純粋さと帰結にかんして倫理性を評価することは理念に従っておこなわれ、その法則は準則に従って遵守されることになる」(B 840)。『人倫の形而上学の基礎づけ』第一章の原注によれば「準則とは意欲の主観的原理である。これに対してその客観的原理(すなわち、かりに理性が欲求能力を完全に支配しているとするなら、すべての理性的存在者にとって主観的にも実践的原理として役にたつはずの原理)が実践的法則である」。べつの原注によると以下のとおり。「準則は行為することの主観的原理であって、だから客観的原理つまり実践的法則から区別されなければならない。準則が含むものは或る実践的規則であり、その規則を理性が主観の条件に従って(その条件とは多くのばあい主観の無知や、あるいはまた傾向性である)規定することになる。準則はかくて、主観がそれに従い行為する原則である。法則とはいっぽう客観的な原理であって、すべての理性的存在者に対して妥当し、理性的存在者がそれに従って行為すべき原則、すなわち命法なのである」。

(12)(六二頁) これが『人倫の形而上学』で挙げられる定言命法であり、原文は以下のとおり。Handle nach einer Maxime, welche zugleich als ein allgemeines Gesetz gelten kann!『実践理性批判』の定式は「人倫の形而上学への序論 I」の訳注(8)で挙げた。『人倫の形而上学の基礎づけ』では以下のとおり。「あなたの意志の準則が一箇の普遍的法則となることを、当の準則をつうじてあなたが同時に意欲しうる準則のみに従って行為せよ」。

(13)(六三頁) 「公準」は Postulat. 通常は「要請」とも訳され、『実践理性批判』におけるいわゆる「要請」論がその典型。「これらの要請は不死性、積極的に見られた自由、ならびに神の現存在の要請である。第一の要請は、道徳法則の充足の完全性に対して持続が適合しているという、実践的に必然的な条件から生じ、第二の要請は、感性界からの独立性と、みずからの意志を叡智界の法則に従い規定する能力〔を有していること〕という必然的な前提、すなわち自由を必然的に前提とするところから生じる。第三の要請は一方、こうした叡智界が最高善であるための条件の必然性にもとづいて生じる。つまり最高の自立的な善、すなわち神の現存在の前提をつうじて生じるのである」(第一部第二篇第二章Ⅵ)。『純粋理性批判』には以下のような用例がある。「ところで数学における要請とは実践的な命題のことを指すのであって、その命題は、それによってはじめて私たちに対象が与えられ、その対象の概念が産出されることになる総合以外のなにものも含んではいない。たとえば「与えられた線によって、与えられた点から一平面上にひとつの円を描くこと」といったものがそれであって、そうした命題を証明することはできない」(B 287)。

(14)(六三頁)「必当然的」は apodiktisch.「確然的」とも訳される。『純粋理性批判』の判断表では、判断の「様相」が「蓋然的」(problematisch)「断定的」(assertorisch)「必当然的」に三区分され(B 95)、カテゴリーとしてはそれぞれに対して「可能性 - 不可能性」「現存在 - 非存在」「必然性 - 偶然性」が対応する(B 106)。

(15)(六四頁) ちなみに、注(12)に原文を挙げたものとくらべて、welche が die に、als ein allgemeines Gesetz が als allgemeines Gesetz と変更されている。

(16)(六五頁)『純粋理性批判』に「あらゆる対象一般をフェノメノンとヌーメノンに区別する根拠について」と題する一章があり、そのなかでヌーメノンにかんして消極的意味と積極的意味が区別されている。ヌーメノンはつまり一方では「事物についての私たちの直観の仕方を捨象したさいの、私たちの感性的直観の客体ではないかぎりでの事物」であり、これが「消極的な意味でのヌーメノン」である(B 306f.)。この意味でのヌーメノンはまったく「矛盾を含まず」、むしろそれが思考されることは必然的ですらある。現象には物自体が対応するからだ(B 310)。これに対してヌーメノンのもとで「非感性的直観の客体」つまり知性的直観の対象が理解されているならば、それは「積極的な意義におけるヌーメノン」であって、これを理論哲学の範囲で積極的に思考することは許されない(B 307)。――第二版の「超越論的演繹論」の注記のひとつがしるしているように、「私は考える」という「自発性」によって「私」は一箇の「知性」あるいは「叡智者」(Intelligenz)と名づけられることが可能である(B 157f. Anm.)。このようなヌーメノンならびに叡智者の概念は、カントにあって実践哲学のなかではじめて積極的な働きを獲得することになる。注(4)に引いた『実践理性批判』の一節は以下のようにつづく。「この自由を有する原因性とは、言いかえれば自然法則によっては規定されえない原因性であり、その帰結として、どのような経験的直観も純粋意志の実在性を証明することはできない。とはいえ、にもかかわらずア・プリオリで純粋な実践的法則にあっては、その意志の客観的実在性が完全に正当化されるのである。それはもちろん(たやすく見とおされるとおり)理性の理論的使用のためではなく、たんなるその実践的使用のためである。さて、自由な意志を有する存在者の概念は、ヌーメノン的な原因(*causa noumenon*)の概念である」。なぜなら「法則の表象に従って行為する能力を具えた存在者は叡智者(Intelligenz)(理性的存在者)であり、この法則に従うそうした存在者が有する原因性はその存在者の意志である」からである(第一部第二篇第二章V)。

(17)(六八頁)「なすべきこと」はSchuldigkeit.

(18)(六八頁)「罪過」はVerschuldung. さきに「過失」と訳されたのとおなじ語(注9)。

(19)(六九頁)古典的論理学において「後件否定」(*modus tollens*)とは「AならばBである、Bでない、ゆえにAでない」(たとえば「神ならば不死である、Xは不死でない、ゆえにXは神でない」)という妥当な推論形式をさす。同様に「前件肯定」(*modus ponens*)は「AならばBである、Aである、ゆえにBである」(おなじく「人間ならば死すべきものである、Xは人間である、ゆえにXは死すべきものである」)という、これも妥当な推論形式。これに対して「後件肯定」「前件否定」はともに誤謬推理を導くものとなる。

(20)(六九頁)「(義務にもとづく)道徳的障害」はdas moralische Hindernis (der Pflicht). やや分かりにくいが、義務の重さに応じて加わってくる、行為の遂行への道徳的な圧力。

法論への序論

(1)(七一頁)「諸法則の総体」はInbegriff der Gesetze. ドイツ語のGesetzには(英語のlaw, フランス語のloiとおなじように)「法則」という意味と「法律」という意味がある。Gesetzを「法律」と訳しうる場合でも、多くの場面では「法則」と訳しておく。

(2)(七一頁)「法論」(Rechtslehre)は、ここではむしろ法秩序あるいは法体系と呼ばれるものに近い。そうした秩序はア・プリオリな知の体系によってのみ捉えられる。

(3)(七一頁)「真理とはなにか?」(Was ist Wahrheit?)が「有名な問い」と言われるのは、捕えられたイエスに対してピラトが発した問いとされるためであるが、この挿話はヨハネのみが伝えるものである(ヨハネ伝、第十八章第三十八節)。『純粋理性批判』ではつぎのように言われる。「古くからの有名な問い――論理学者を窮地に追いこむものと思いなされ、彼らをみじめな循環論法に陥れるか、あるいはじぶんたちの無知、つまりその技術全体の空しさを告白すべきところまで追いつめようと試みられてきた問い――がある。「真理とはなにか?」という問いがそれである」(B 82)。カントのいう「超越論的論理学」とは区別された「一般論理学」が真理一般への問いを立てることを禁じられているのは、以下の理由による。真偽が問われている対象は、それ以外の対象から区別されていなければならない。或る認識が、なにかべつの対象については妥当しうるなにごとかを含んでいたにせよ、認識は、それが関係している対象と一致しないならば端的に偽である。「ところが真理の普遍的な判断規準(Kriterium)とは対象の区別なく認識のすべてに妥当するものだろう」。そうであるかぎりで、真理一般の「徴表(Merkmal)を問うことはまったく不可能で平仄があわない」。したがってまた「真理については十分であるうえに普遍的な標識(Kennzeichen)を与えることも明らかに不可能である」(B 82f.)。

(4)(七二頁)「なにが合法的であるか」は Was Rechtens sei. ここでいう Rechtens は、前後からも明らかなとおり、実定法的な概念。後出の recht, Recht とは区別される。

(5)(七二頁)「その法律の欲するところが正しいかどうか?」は ob das, was sie wollten, auch *recht* sei, また「一般に法ならびに不法を認識しうるための、普遍的な基準とはなにか」は das allgemeine Kriterium, woran man überhaupt *Recht sowohl als Unrecht* (*iustum et iniustum*) erkennen könne. Kriterium 以下の名詞節を疑問文として訳している。なお、強調とイタリックは原文どおりではない。

(6)(七三頁) パイドロスは古代ローマの寓話作家で『アイソポス物語』が残されている。なお「木製の頭」は「キツネとお面」といわれる物語を受けたもののようである。

(7)(七三頁)「法の」と訳した語は、カントの原文では derselben. 女性名詞の「責務」(Verbindlichkeit)を受けなければならないが、desselben と読んで Recht を受けて訳す。

(8)(七五頁) 原文は handle äußerlich so, daß der freie Gebrauch deiner Willkür mit der Freiheit von jedermann nach einem allgemeinen Gesetze zusammen bestehen könne. この「法の普遍的な法則」(das allgemeine Rechtsgesetz)が、法論におけるいわば定言命法。

(9)(七九頁) カントの Recht 概念には基本的には倫理的な含意がつよく、これは当時のドイツ語圏における一般的用法につうじる。Recht は「正しいこと」「正義」であるとともに「権利」をも意味するのであって、単純な「法」概念には回収されない。

(10)(七九頁)『純粋理性批判』の一節を参照。「哲学的な認識とは概念からの理性認識であって、数学的認識とは概念の構成による理性認識にほかならない。或る概念を構成するとは、ところで概念に対応する直観をア・プリオリに呈示することである。概念を構成するためには、それゆえ経験的ではない直観が必要である。この直観は、かくて直観としては一箇の個別的な客観である一方、それにもかかわらず概念(普遍的な表象)の構成としては、当の概念のもとに属するすべての可能な直観に対する普遍的妥当性をその表象において表現するものでなければならない。たとえば私が一箇の三角形を構成するのは、この三角形という概念に対応する対象をたんなる構想をつうじて純粋直観にあって呈示するのか、あるいはまたそうしたのちに紙のうえにも経験的な直観として呈示するのか、のどちらかによっている。いずれの場合にしても、とはいえまったくア・プリオリに、そのための見本となるものをなんらかの経験から借りうけることなく呈示するのである」(B 741)。

(11)(八〇頁)「直」は das Rechte.

(12)(八〇頁)「ふたつの事例」とは、以下の「付論」で論じられる「衡平」(Billigkeit)と「緊急権」(Notrecht)のこと。

(13)(八〇頁)エピクロスがカント哲学体系のうちで占める位置は存外おおきなものがある。『純粋理性批判』末尾の「純粋理性の歴史」では、エピクロスとプラトンが並べられ(「私たちのいっさいの理性認識の対象にかんしていえば、哲学者たちの或る者たちはひたすら感覚論者であり、他のひとびとはもっぱら知性論者であった。エピクロスはもっとも卓越した感性の哲学者としてなまえを挙げられ、プラトンはもっとも優れた知性の哲学者と名ざされる」B 881)、『実践理性批判』第一部第二篇第二章では「最高善」の問題をめぐってエピクロス学派とストア学派とが比較される。なおカントがエピクロスをたんなる快楽主義者と見ていないことは明らかで、「エピクロス学派のひとびと」は「理性的で、生の最大の幸せを熟慮した」とも言われている(第一部第一篇第三章)。

(14)(八〇頁)エピクロスの神々は、透明で風が吹きぬける、ふたつの世界の中間に住まっている(キケロ『卜占について』第二巻第十七章第四十節)。そこは生滅のない「中間世界」(メタコスミア)(ディオゲネス・ラエルティオス『哲学者列伝』第十巻第八十九節)であり、「不滅で幸福な」

神々(同、一二三節)の場所である、とされる。

法論への序論に対する付論

(1)(八二頁) *Aequitas* はギリシアの正義思想から影響を受けた、ローマ法由来の概念。アリストテレスによれば「ポリスにおける正しさのうち、或るものは自然による正しさであり、或るものは法律による正しさである」(『ニコマコス倫理学』第五巻第七章)が、後者は成文法によって実現する形式的正義であって、その形式的適用がときに実質的に不正(不公平)を帰結するとき、前者によって実質的・具体的正義が導入されることもありうる。また、市民間に適用される「市民法」(*ius civile*)と、非市民にも適用される「万民法」(*ius gentium*)が区別される場合、前者は「法定」(*legitimus*)のことがらを示し、後者では「衡平」(*aequus*)が問題となる。——ゲルマン世界では、裁判権はかつて民会が有していたが、フランク王国の裁判制度において国王裁判所がその権利を取得した。そのばあい国王には、衡平を考慮し、厳格な法を緩和して情状酌量を与える権限が認められる(衡平裁判 *iudicium aequitatis*)。イングランド法では *aequitas* から equity という英語が作られて、衡平は common law を補うものとされる。本項の後半ではカントも「衡平裁判所」(Gerichtshof der Billigkeit)について言及して、それ自体として矛盾を含むものと認定することになる。

(2)(八二頁)「商事組合」は Maskopei. 元来はオランダ語から導入された言葉で、哲学叢書版では、現行ドイツ語の Handelsgesellschaft に当たると注記されている。

(3)(八三頁) ふつう正義の女神は目隠しをして秤を手にしているすがたで形象化される。

(4)(八四頁) 「国王」(Krone)が裁判官となることについては、前注(1)のフランク王国の事例を参照。

(5)(八四頁) キケロ『義務について』などにも見られる格言。

(6)(八四頁) カントの原文では *forum poli*. 諸家に従い、*forum soli* と読む。*polus* は「天」、*solum* は「地」の意。

(7)(八六頁) カルネアデスは紀元前二世紀半ばのアカデメイアの学頭。アカデメイアの懐疑主義的傾向に拍車をかけたひとりとされている。

(8)(八六頁) 「刑法律」は Strafgesetz. 先にはたんに「刑法」と訳したのと同一の語。

(9)(八六頁) 「〔刑法上〕無罪」と訳したのは unsträflich,「可罰的でない」と訳したのは unstrafbar.「不可罰性」は Straflosigkeit.

法論の区分

(1)(八七頁) ウルピアヌス(Domitius Ulpianus, 170–227)はローマの法学者。その所説の多くが、ユスティニアヌス期に成立した『学説彙篇』(*Digesta*)に採用されている。アカデミー版の注によれば、カントのいう「諸定式」はそのほか『法学提要』(*Institutiones*)にも見られるよしである。

(2)(八八頁)「彼らに対して同時に目的であれ」(sei für sie zugleich Zweck)については、いわゆる定言命法の法式(『人倫の形而上学の基礎づけ』第二章)のうち「あなたの人格やいっさいの他者たちの人格のうちにある人間性を、つねに同時に目的として取りあつかい、けっしてたんに手段として取りあつかわないように行為せよ」と定式化されるものを参照。「あなたの人格やいっさいの他者たちの人格のうちにある人間性」(die Menschheit *sowohl* in *deiner* Person, *als* in der Person eines jeden andern)とあるかぎり、みずからの人間性をもつねに同時に目的(Zweck)として取りあつかわなければならない。

(3)(八八頁)「B 法の一般的区分」「生得の権利はただひとつ存在するだけである」参照。

(4)(八八頁)「社交」はGesellschaft. 次項ではおなじ語を「社会」と訳している。

(5)(八八頁)「(内的)正しさの法則」「(外的)正しさの法則」については、第十六節ならびに第四十一節をも参照。

(6)(八八頁)「各人のもの」はdas Seine. この表現は「法論への序論」で既出であるが、カント所有権論の基礎概念。以下では「当人のもの」「じぶんのもの」とも訳す。

(7)(八九頁)「内的義務の原理から外的義務を包摂によって導出することを含む義務」(diejenigen, welche die Ableitung der letzteren vom Prinzip der ersteren durch Subsumtion enthalten)の内容は明らかでない。背景にあるのは、以下のようなカントの発想だろう。「正しい人間であれ」という義務は、内容的には「自由」であることと一致するが、みずからが自由であることは、その自由が他者たちの自由と両立することを要求する。自他の自由の両立可能性を保証するものは一定の「社会」である。よって「内的義務」から「外的義務」が「導出」され、ゆえに前者は後者を包摂している。

（8）（九〇頁）「生得的な「私のもの」「君のもの」」は Das angeborne Mein und Dein.「私のもの」「君のもの」は前注（6）にいう「各人のもの」を具体化する概念。

（9）（九一頁）裏返していえば、「不法」は「法的行為」についてのみ問われるということ。

（10）（九三頁）「この上位区分」（diese Obereinteilung）とは「生得的権利」と「取得された権利」の区分のこと。なお「序論的な叙述」とあるのは Prolegomenen.

人倫の形而上学一般の区分

（1）（九四頁）キケロ『義務について』参照。

（2）（九四頁）自由が存在しなければ道徳法則はありえず、道徳法則によってこそ自由が意識される。『実践理性批判』「序文」の原注を参照。「私はここでは、自由を道徳法則の条件と名づけている。一方この論述ではやがて、道徳法則が条件であって、その条件のもとで私たちははじめて自由を意識することができる、と主張することになるだろう。ここに不整合があるとあやまって考えないように、ただつぎの件に想起を求めておこうと思う。つまり、自由はたしかに道徳法則の存在根拠（*ratio essendi*）であるけれども、道徳法則は他方で自由の認識根拠（*ratio cognoscendi*）であるということだ」。

（3）（九五頁）「自然的」はここでは physisch. *homo noumenon, homo phaenomenon* については、「人倫の形而上学への序論 Ⅳ」の訳注（16）参照。

（4）（九九頁）「まったく空虚な概念によって」は durch seinen ganz leeren. seinen を einen と読む。

（5）（九九頁）「超越的」「内在的」という語については、「人倫の形而上学への序論 Ⅳ」の訳注（2）参照。

（6）（一〇〇頁）「建築術的」は architektonisch.『純粋理性批判』「超越論的方法論」の一節を参照。「私が建築術のもとで理解しているのは、体系の技術のことである。体系的統一とは通常の認識をはじめて学とするもの、すなわち認識のたんなる集積から一箇の体系をかたちづくる当のものにほかならない」（B 860）。

（7）（一〇〇頁）「自然法」は Naturrecht,「自然的な法と社会的な法」は das natürliche und gesellschaftliche Recht,「市民的な法」は das bürgerliche Recht. また「私法」は Privatrecht,「公法」は das öffentliche Recht. ちなみに「自然状態」は Naturzustand,「社会状態」は der gesellschaftliche Zustand,「市民状態」（以下では「市民的状態」とも訳す）は der bürgerliche Zustand,「市民社会」は die bürgerliche Gesellschaft.

法論・第一部　私　法

第一節

（1）（一〇三頁）「占有」は Besitz, これに対して「所有」が Eigentum. 第十七節を参照。一般にローマ法の伝統にかんしていえば、たんなる「外的物件の占有」(*possessio exterioum rerum*)と区別されるかぎりでの「所有」(*dominium*)とは、端的に「支配」を意味する。「物件における完全な権力」(*plena in re potestas*)としての所有には「使用」(*usus*)「収益」(*frutus*)「破壊」(*abusus*)(または「譲渡」)が含まれる。キリスト教では「地は神に属する」(詩篇、第二十四章第一節)と考えられ、主なる神のみがひとり「支配者」(*dominus*)であるとされるかぎりでは、人間には外的物件の使用権のみが属し、それはただ「人間の身体を維持するために」(*ad corporalem hominis sustentationem*)神が人間に許した支配となる(トマス『神学大全』第二/二部第六十六問第一項)。

（2）（一〇三頁）「感性的」は sinnlich, ここで「可想的」と訳したのは intelligibel. 後者は *noumenon* と同義的にも用いられ、その意味では「叡智的」と訳しておくこともできるが、ここでは「可想的」と訳しておく。なお「徳論」ではおなじ語を「叡智的」とも訳す。感性的な占有は同時に「物理的」(physisch)占有であって、この場合の physisch は「身体的」と訳すこともできる。つぎの段落にあるとおり、感性的占有は同時に「経験的占有」であり、空間的・時間的条件に依存するという意味では「物理的」であるが、身体との接触・近接関係に依拠するというかぎりでは「身体的」なものである。第七節ではこれが「法的」占有との対比において「じぶんの身体によって」(mit meinem Leibe)占有することとも言われている。——法論の場面における intelligibel あるいはヌーメノンの用法は、「人倫の形而上学への序論 Ⅳ」の訳注(16)に挙げた基本的用法とは距離があるが、感性的占有はだれかが物件を物理的に手にしていることを原型とするものであるから、それは経験的に感官によっても確認され、可想的で法的な占有は「所持」を離れ、占有者との接触や近接を欠いても成立するところから超感性的であり、したがって可想的であると考えることもできる。

(3)(一〇三頁)『純粋理性批判』「超越論的感性論」ではこう言われている。「空間は外的経験から抽《ひ》きだされた経験的概念ではない。というのも、或る感覚が私の外部にあるなにかと(すなわち、空間中で私がいるのとはべつの空間の場所にある或るものと)関係づけられるためには」、「空間の表象」がすでに根底に存している必要があるからである(B 38)。

(4)(一〇三頁)「理性的占有」は Vernunftbesitz.

第二節

(1)(一〇四頁)「無主物」という語にかんするカントの用法と一般的なそれとのあいだには違いがある。後者では「先占」(*occupatio*)が、*res nullius* の占有取得によって説明される。

(2)(一〇五頁) 形式と実質については『実践理性批判』の一節を参照。「実践的原理の実質(Materie)は意志の対象である。この対象は、意志を規定する根拠であるか、そうでないかのどちらかである。対象が意志を規定する根拠であるとすれば、意志の規則は経験的な条件に(規定する表象と快不快の感情との関係に)従うことになり、かくて実践的法則ではないことになるだろう。ところで、法則からいっさいの実質、つまり(規定する根拠である)意志のあらゆる対象を取りのぞくと、法則について残るのは普遍的立法のたんなる形式(Form)のみである」(第一部第一篇第一章第四節)。

(3)(一〇五頁)「力」は Macht,「支配力」は Gewalt.

第三節

(1)(一〇六頁) 一文について、諸版によって、目的語として代名詞 es を補い、etwas と読む。

第四節

(1)(一〇七頁)「究明」は Exposition. おなじ意味で Erörterung という語が用いられることもある。たとえば『純粋理性批判』「超越論的感性論」冒頭では空間概念の「形而上学的究明」(metaphysische Erörterung)が論じられる。「私がところで究明(*expositio*)のもとに理解しているのは、或る概念に属するものの(遺漏のないものではないにしても)明瞭な表象のことである。究明が形而上学的であるのは一方、概念をア・プリオリに与えられたものとして示すものを含んでいる場合である」(B 38)。なお、本段落末尾にあるとおり、以下の三つの規定はそれぞれ「実体」(Substanz)「原因性」(Kausalität)「相互作用」(Gemeinschaft)(これは Wechselwirkung とも呼ばれるがゆえに相互作用と訳す)という「関係」のカテゴリーに対応するとされるが(『純粋理性批判』B 106)、法論内部における具体的な内容については、第十節末尾「「外的な私のもの」「君のもの」の取得の区分」参照。

(2)(一〇七頁)「有体的」は körperlich. 有体的な物件とは、この国の民法で「本法ニ於テ物トハ有体物ヲ謂フ」と規定されるさいの有体物に当たるもの。十九世紀のドイツ私法では、物の概念が有体物、つまり空間の一部を占める事物に限定されていた。これはローマ法にいう「触れることのできるもの」(*res quae tangi possunt*)に相当する。

(3)(一〇八頁)「要物契約」とは一般に、契約当事者の合意に加えて、物件(Sache)の引き渡しなどの給付(Leistung)を俟ってはじめて成立する契約のこと。カント自身の規定については、第十九節、第二十一節などを参照。

(4)(一〇九頁)「全資産」は Habe und Gut. *obligatio activa* について、第二十節では aktive Obligation というドイツ語の表現が使われている。ここでは要するに「債権」のこと。将来回収可能と考えられた債権は資産のうちに算入されるからである。

(5)(一〇九頁)「可想的」占有(第一節・訳注(2)参照)は、私の物理的・身体的な占有(経験的占有あるいはたんなる「所持」(Inhabung))を超えることで空間的制約を越え、将来の給付に及ぶことで時間的制約をも越える、と説かれているわけである。

(6)(一〇九頁)後論されるように、カント法論では「妻」(Weib)「子ども」(Kind)「奉公人」(Gesinde)といった「他の人格」(eine andere Person)が「私のもの」(das Meine)と呼ばれる。その所論については、カントのいわゆる人格主義との両立可能性が問われることがある。

(7)(一〇九頁)「世帯」は Hauswesen.

(8)(一〇九頁)「純然と法的に」は bloß=rechtlich,「財産」と訳したのは、Habe.

第五節

(1)(二一〇頁)(　)内は初版ではたんに「不法」(Unrecht)。諸家の指摘するところでは、評者の批判を受けて第二版においてただひとつ実質的に訂正された箇所とされる。

(2)(二一〇頁)「名目的説明」はNamenerklärung. たとえば『判断力批判』には「崇高なものの名目的説明」と題された一節(第二十五節)があり、「数学的に崇高なもの」の定義が与えられている。同節の冒頭で与えられたその名目的説明は、崇高とは「端的に大であるものである」というものであるが、「端的に大であること」の考察を経て、節末尾で与えられる(実質的)説明は「崇高であるのは、それを思考することができるだけで感官のいっさいの尺度を凌駕しているこころの或る能力をあかすものである」というものとなる。そこでは「端的に大である」ことの適用条件が示されているわけである。――当面の場面で名目的説明と「実質的説明」(Sacherklärung)とを比べてみると、後者で強調されているのは「私が当のものを占有していない場合でも(くだんの対象を〔現に〕所持する者でなくとも)」(ob ich gleich nicht im Besitz desselben [nicht Inhaber des Gegenstandes] bin)という留保条件である。これは、或る概念の実質的説明は当の概念の「演繹」(Deduktion)のためにも充分なものであるとされる事情と関係している。演繹とは「概念の対象が可能であることの認識」であり、べつの言いかたをすれば、当の概念が対象に適用可能であることの説明であるからだ。当面の場面では、当の留保条件が、「各人のもの」という概念を「可想的占有」に対しても適用するのを可能とする条件を示しているわけである。『純粋理性批判』における範型的な説明によれば、演繹は「事実問題」(*quid facti*)ではなく「権利問題」(*quid iuris*)にかかわる。つまり或る概念を特定の対象に適用することが「合法的」であるかどうかに関係していることになる(B 116)。

(3)(二二頁) ここではじめて「可想的占有」が *possessio noumenon* と言いかえられるが、*noumenon* もまた「可想的」と訳されうる。この箇所での「可想的」は intelligibel であるけれども、この節末尾の「なんらかの対象を可想的に占有していること」(ein intellektueller Besitz eines Gegenstandes)では、可想的が intelligibel ではなく intellektuel.

(4)(二二頁)「物(件)自体そのもの」は Sache an sich selbst. ちなみに『純粋理性批判』でも物自体(Dinge an sich)という意味で Sache an sich と言われることもあり、また Dinge an sich はしばしば Dinge an sich selbst とも書かれている。この前後の所論については、「人倫の形而上学への序論 Ⅳ」の訳注(16)参照。

(5)(二二頁)『純粋理性批判』「初版・序文」によれば、「批判」とは「形而上学一般が可能であるか不可能であるかを決定し、また形而上学の源泉ならびに範囲と限界を規定すること」である(A XII)。ロックの問題設定を承けたもので、『人間知性論』の主題は「人間の知識の起源、確実性ならびに範囲」を探究することであった(第一巻第一章第二節)。

第六節

(1)(二三頁) 判断には主語と述語の関係が含まれており、判断「AはBである」は、述語Bが主語Aに含まれているとき「分析的」(analytisch)と呼ばれ、そうでない場合に「総合的」(synthetisch）と称される。「経験判断」（Erfahrungsurteile）は一般に総合的である。分析的判断を経験によって基礎づけるのは無意味だからである（『純粋理性批判』B 10f.）。批判哲学総体にとって問題となるのは、それゆえ、ア・プリオリでしかも総合的な判断である。カントの考えでは、数学であれ自然学であれ、その基礎的な部分にはア・プリオリな総合的判断が含まれ、またいっさいの形而上学はそのような判断からなるのだから、「純粋理性の一般的課題」は「ア・プリオリな総合的判断はいかにして可能か？」（Wie sind synthetische Urteile *a priori* möglich?）というものとなる（B 19）。

（2）（二三頁）「法の公理」（Axiom des Rechts）とは、「法論への序論」「C　法の普遍的原理」で言われている、各人の選択意思の自由が、万人の自由と普遍的法則に従って両立しうるような「行為あるいはその行為の準則」は正しい、とするもの。

（3）（二三頁）「経験的に法にかなった占有」は ein empirischer rechtmäßiger Besitz.

（4）（二三頁）以下の五つの段落は、カント自身が準備草稿から原稿を整えるにあたって、なにかの手違いでこの箇所に挿入されてしまったものと考える見かたがある（F・テンブルックによる問題提起）。第三段落は第九段落に接続するが、第三段落から第四段落への移行、また第八段落から第九段落への展開は唐突であると捉えるわけである。ここでは判断を保留し、哲学叢書版ならびにアカデミー版のテクストの順番のまま訳出しておく。

（5）（二三頁）哲学叢書版では Art（仕方）。アカデミー版により Akt と読む。

（6）（二三頁）「共同的占有」は Gemeinbesitz,「私的占有」は Privatbesitz. また「本来的」は angeboren で、直訳すれば「生得的」。これに対して、後出の「根源的に取得する」は erwirbt ... ursprünglich.

(7)(一一五頁)「土地」の「根源的共有」は ursprüngliche Gemeinschaft des Bodens. これに対して、その「原始的共有」と言われるさいの「原始的」は uranfänglich.

(8)(一一五頁)「歴史の証明」という語を含む訳文に対応する原文は、davon müßte uns die Geschichte einen Beweis geben. ゲルマン法制史上の事実からすれば、最古の経済法は土地法であり、土地の占拠(*sedes*)と分配にかかわる法的秩序を定めるものである。ただしこの件は定住の程度に依存することがらであって、確実な権利関係はまず動産について成立したと考えるのが妥当であり、また耕地について最初は個別所有権が存在せず、個別用益権のみが存在したと見るのが順当である。

(9)(一一五頁)「占有取得」は Besitznehmung. 占有取得とは「占有」を開始することであって、「取得」そのものではない。

(10)(一一六頁)「権利根拠」は Rechtsgrund. 以下ではただ「権原」と訳す場合もある。

(11)(一一七頁)「原則」は Grundsatz. したがって直訳すれば「根本命題」。

(12)(一一七頁)『純粋理性批判』「超越論的感性論」冒頭部によれば、「どのような仕方で、またいかなる手段をつうじて認識が対象に関係するにしても、認識がそれをとおして対象に直接に関係し、さらにはすべての思考が手段として求めるものは直観である」(B 33)。おなじく「超越論的論理学」劈頭部によると、「受容性」としての直観は「表象を受けとる能力」であり、「概念を生みだす自発性」が「対象を認識する能力」であって、「なんらかの仕方でじぶんに対応する直観を持たない概念も、概念を欠いた直観も、認識をもたらすことはできない」。言いかえれば「内容を欠いた思考は空虚であり、概念を欠いた直観は方向を見失っている」(Gedanken ohne Inhalt sind leer, Anschauungen ohne Begriffe sind blind)。それゆえ必要なのは、一方では「対象の概念を感性化すること」であり、他方では「対象の直観を悟性化すること」なのである(B 74f.)。

(13)(二八頁)「それに対応して」はkorrespondierend. 第二版では省かれている。

(14)(二九頁)「理性の一事実」はein Faktum derselben [=Vernunft].『実践理性批判』が「定言命法」を掲げる、おなじ第一部第一篇第一章第七節で理性の事実について語っている。定言命法とは「意志をその準則の形式にかんしてア・プリオリに規定する規則」であり、「そうした根本法則を意識することを、理性の一事実(ein Faktum der Vernunft)と呼ぶことができよう」。ただし「この事実はいかなる経験的事実でもなく、純粋理性にあって唯一の事実(das einzige Faktum der reinen Vernunft)であって、純粋理性はこの事実をつうじてみずからを根源的に立法的なものとして(私はかく欲し、かく命じる *sic volo, sic jubeo*)告知する」。

第七節

(1)(二九頁)「依存している」はabhängig ist. 第二版では逆にunabhängig ist.「空間的・時間的条件」と訳したのはvon jenen Bedingungenで、先行するvon Raum- und Zeitbedingungenを受けるものと考える。なお、カントの原文はvon Raum und Zeitbedingungenであるが、ここでは哲学叢書版の訂正に従う。

(2)(二〇頁)「持つことの概念」は Begriff des Habens. この Haben が狭義の「所有」(Eigentum)に対して、最広義の所有概念である。

(3)(二〇頁)「法が有する法則」は Rechtsgesetz.

(4)(二〇頁)「可想的関係」は ein intellektuelles Verhältniß. ここでの「可想的」は第一節・訳注(2)で説明されている意味。

(5)(二二頁)「じぶんの身体によって」は mit meinem Leibe. 第一節・訳注(2)で言及しておいた表現。

(6)(二二頁)「私の一身によって」は durch meine Person. ロックの身体・労働所有論における person と類似した用法と考えて、こう訳す。

(7)(二二頁)「私の所有と占有」は meine Habe und Besitz. なお、以下の「抹消されない」は nicht aufgehoben.

(8)(二三頁)アリストテレスによる矛盾律の定義は、「おなじものが同時に、おなじ関係のもとでおなじものに属し、かつ属しないことは不可能である」というもの(『形而上学』第四巻第三章)。『純粋理性批判』は矛盾律を「あらゆる分析的判断の最高原則」とするが、そのさいカントは「或るものが同時に存在し、かつ存在しないことは不可能である」(es ist unmöglich, daß etwas zugleich sei und nicht sei)という定式化を排除している。矛盾律は論理的・分析的原則であって、同時性という「時間関係」をそこに持ちこむことはできない、と考えるからである。「たとえば、青年である人間が同時に老年であることはありえない。一方でおなじ人間が或るときは青年であり、べつのときには青年でない、つまり老年であることは十分ありうる」(B 191f.)。

(9)(三三頁)「主体の財産」は Habe des Subjekts.

(10)(三三頁)「場所的にたがいに離れて暮らすこと」は、sich örtlich von einander zu trennen. ここで「権能」は家長のそれを指すとも考えられるが、広義の Befugnis, つまり家族の成員各人の移動能力という意味と考えて、「各人の」を補う。なお「廃棄されることがない」は、ここでは nicht aufgehoben wird.

(11)(三三頁) 前後の文脈からして、日本語訳としては、Kritik をここでは「批判〔的に吟味〕」と補足して訳したが、これはカントにおける Kritik という語が有する通常の意味。

(12)(三四頁)「テーゼとアンチテーゼ」は Thesis und Antithesis. このあとでおのおのが提示されるさいの「テーゼ」と「アンチテーゼ」は、それぞれ Satz と Gegensatz.

(13)(三四頁)「現象としての占有」は Besitz als Erscheinung,「純然と悟性によって思考可能」は bloß durch den Verstand denkbar.『純粋理性批判』においてアンチノミーとして挙げられるのは、1 世界ははじまりと限界をもつ／世界は空間的・時間的に無限である、2 世界には単純なものと合成されたものが存在する／世界には単純なものは存在しない、3 自由からの原因性が存在する／すべては自然の法則に従って生起する、4 世界には端的に必然的な存在者が属している／端的に必然的な存在者は存在しない、の四つであり、前二者は「数学的」アンチノミー、後二者が「力学的」アンチノミーと呼ばれる。このうち、「現象」と「物自体」の区別によって解決が図られるのは力学的アンチノミーのみである。たとえば第三アンチノミーについては、この区別にもとづいて「自然は自由にもとづく原因性とすくなくとも矛盾するものではない」ことのみが示される(B 586)。

(14)(三四頁)「第一の命題」は der erstere. これは一見したところでは「後者の命題」(der letztere)の書きまちがいであるかに見えるが、そうではない。アンチテーゼにいう「占有」のみが真の占有であり、真の占有は元来「可想的占有」を意味するからである。

第八節

(1)(三五頁)「所為」は Tat.「人倫の形而上学への序論 Ⅳ」の訳注(7)参照。ここでは占有する行為そのもののこと。

(2)(三五頁)「このような要求を宣言する行為」と訳したのは、diese Anmaßung. Anmaßung(僭称)には「なおそのような権利を伴わない不当な要求」という含みがある。

(3)(三六頁)「相互的な仕方で」は wechselseitig. 後出の「相互性」は Reziprozität.

(4)(三七頁)「市民的体制」は bürgerliche Verfassung.

第九節

(1)(三七頁)「人倫の形而上学一般の区分」の訳注(7)で示しておいたように、「自然法」は Naturrecht,「自然的法」は das natürliche Recht. 後者が狭義における自然法を指し、私法的な規定のみが含まれるのに対して、前者は公法的なそれも含む広義の自然法。

(2)(二八頁)「暫定的」は基本的には provisorisch, おなじく「確定的」は peremtorisch.

(3)(二八頁) ここでの「暫定的」は einstweilig.

(4)(二八頁)「正当である」は mit Recht. つまり「法にかなっている」、「権利がある」。

(5)(二九頁)「比較という観点からすれば」は komparativ. 暫定的な占有の「主張」(Behaupten)とそれに対する「抗弁」(Widersprechen)を比較すれば、ということ。

(6)(二九頁)「法的に正しい人間」は ein rechtlicher Mann.

(7)(三〇頁) ここでの「暫定的に……権限を与える」は vorläufig ... berechtigt.

(8)(三〇頁)「不当な要求」は Anmaßung. 前節・訳注(2)参照。

(9)(三〇頁)「実践的には廃滅され」は praktisch vernichtet sein. 実践的に廃滅するとは、対象からその使用可能性を剝奪することであり、選択意思の対象をあらゆる使用の可能性の外部に置くこと、つまり当該対象を「無主物」(*res nullius*)とすること。

第十節

(1)(三一頁) カントの原文は、Eine Erwerbung aber ist ursprünglich ist diejenige, welche. ... このままでは意味をなさないので、アカデミー版に従い、Eine ursprüngliche Erwerbung aber ist diejenige, welche ... と読む。

(2)(三二頁) カントの原文では und. アカデミー版に従い、nur と読む。

(3)(一三二頁) ラテン語 *possessio phaenomenon* に対応するドイツ語は、カントの本文には欠けているが、Besitz in der Erscheinung を補って訳す。

(4)(一三三頁)「領得すること」は Zueignung.

(5)(一三三頁)「可感的」は sensibel. それに対して intelligibel は「可想的」。

(6)(一三三頁)「先占」は Bemächtigung.「有体物」という用語については、第四節・訳注(2)参照。

(7)(一三三頁) die Priorität der Zeit を「時間の先行性」「時間的に先んじていること」というかたちで二重に訳す。

(8)(一三五頁) この区分については、第四節・本文ならびに訳注(6)参照。

(9)(一三五頁)「相互性」は Commercium. この語は Gemeinschaft ならびに Wechselwirkung とも同義で用いられる。第四節・訳注(1)参照。

(10)(一三五頁) *ius reale, ius personale, ius realiter personale* はカント独自の区分で、とりわけ最後のものはカントに固有の概念である。ローマ法にあって初心者向けの講義では、「人の法」(*ius personarum*)「物の法」(*ius rerum*)「訴訟の法」(*ius actionum*)が区分されて説明されるのが通常であったといわれる。前注(8)に挙げたのと同箇所を参照。

第十一節

(1)(一三六頁)「物件における権利」は Recht in einer Sache. 第一節・訳注(1)でふれたとおり、ローマ法では元来「所有」とは *dominium*(支配)あるいはその事実であって、ユスティニアヌス法典の段階では、土地所有権を含めた所有権一般が物権として総括されるには至っていない。*iura in re*(物権)は *iura in re aliena*(他人の物における権利)であり、*ius in re* を今日の「物権」の意味で用いたのは中世の学者であるといわれる。

(2)(一三七頁)「取りついて」は begleitend. なんらかアルカイックな所有概念にはこうした観念が随伴しているだろうが、カントはそうした事実問題(*quid facti*)には関心を持っていない。その結果カントとしては(「人倫の形而上学一般の区分 III」に見るとおり)すべての権利と義務を一箇の「人間と人間との関係」(Verhältnis von Menschen zu Menschen)(本書、九七頁)である「法的関係」として考えてゆくことになる。

(3)(一三七頁)「名目的定義」(Nominaldefinition)と「実質的定義」(Realdefinition)との差異については、第五節・訳注(2)参照。これまでも登場している「総体的占有」という語は Gesamtbesitz.

(4)(一三八頁)「物権」(Sachenrecht)は「物件における権利」(Recht in einer Sache)と同義的に使用されることが多いが、以下、それが「法律」(Gesetz)を指す場合には「物権法」と訳すことがある。

第十二節

(1)(一三九頁)「可動的なもの」は Bewegliches. いわゆる「動産」のこと。次段落の「可動的な物件」は bewegliche Sache,「不動産」は Immobile. 土地が「実体」、動産が「偶有性」(Accidenzen)とされるのは、動産が土地のうえに存在するのは偶然《アクシデンタル》的であるからである。

(2)(一四〇頁) たとえば樹木ならば、その「形態」(立木)を変えて、「実質」(材料つまり材木)として移動させうる。

(3)(一四〇頁) 動産は移動により価値を減じないものとされるが、ゲルマン法では木造家屋のように「松明で焼きうるもの」は不動産ではなく動産とされたといわれる。ちなみに、ドイツでは十三、十四世紀までは木造家屋が通例であり、とりわけ北ドイツでは十六世紀以後も木造の建造物が多かったよしである。

第十三節

(1)(一四〇頁) 本来的な無主物(*res nullius*)の存在を許容しないかぎり、すべての外的な対象は選択意思によって占有されうると考えなければならない、とする要請。

(2)(一四〇頁)「一箇の権利をもって……現にいることができる」は、haben ein Recht, da zu sein.

(3)(一四〇頁)「占席」は Sitz.

(4)(一四一頁)「地表は球面であるかぎり、そのあらゆる場所が一体である」は、Einheit aller Plätze auf der Erdfläche als Kugelfläche.

(5)(一四一頁)「地表上で散在する」は darauf so zerstreuen. 人間の「最初の欲求(premiers besoins)の自然な結果は、人間をたがいに遠ざけることであり、近づけることではなかった」(『言語起源論』第二章)とするルソー的な視点。

(6)(一四一頁)「法の諸法則」は Rechtsgesetze.

第十四節

（1）（一四一頁）「地上の或る特定の区画された場所」は、ein bestimmter abgeteilter Platz auf Erden.

（2）（一四一頁）「一定範囲に区画された土地」は、ein abgemessener Boden.

（3）（一四三頁）前節・訳注（1）参照。

（4）（一四三頁）「権利一般」は ein Recht überhaupt. あるいは「法一般」。

第十五節

（1）（一四四頁）「自然に由来する或る現実的な法の法則」は、ein wirkliches Rechtsgesetz der Natur.

（2）（一四四頁）ここで「権原」は Titel. ラテン語の *titulus* に当たるドイツ語で、先には Rechtsgrund としるされたもの。第六節・訳注（10）参照。

（3）（一四五頁）「市民的状態」「市民状態」はともに der bürgerliche Zustand.「人倫の形而上学一般の区分」の訳注（7）参照。

（4）（一四六頁）「海洋の自由か封鎖かをめぐる争い」は、der Streit über das *freie* oder *verschlossene* Meer.「公海自由の原則」をめぐる国際法上の論争。第十七節をも参照。オランダ人の法学者グロティウス（Hugo Grotius, 1583–1645）が航海の自由を主張して、貿易をめぐってオランダと競合関係にあったイギリスの法学者たちと争う。

（5）（一四六頁）カントの生地ケーニヒスベルク（現・カリーニングラード）は、バルト海に接する港湾都市で、琥珀の産地でもある。領邦国家ドイツの東北の辺境に位置しながら、ポーランドとリトアニアを流れるプレゴリャ川の河口を抱えることで、交易と商業によって栄えた。

(6)(一四八頁)「人倫の形而上学への序論 Ⅳ」でおなじ *res merae facultatis* という語が使われているとおり、「人倫的に無記なもの」(*indifferens*)ということ。

(7)(一四九頁)一般にギリシアでは空虚の存在が否定されており、これが「真空嫌悪」(*horror vacti*)と呼ばれるようになる。アリストテレスの報告する古代原子論者たちの主張はそれゆえにきわめて異端的で、パルメニデスの主張(「あるものはあり、あらぬものはあらぬ」)にも背反するものと見なされた。「レウキッポスとその友人デモクリトスは、充実したものと空虚なものがすべての構成要素であると主張し、前者をあるものと呼び、後者をあらぬものと呼んだ。(中略)だから「あらぬものは、あるに劣らずある」とも言われるが、それは「空虚のあるは物体のあるに劣らずある」という意味である」(『形而上学』第一巻第四章)。

(8)(一四九頁)「創造の目的」は der Zweck der Schöpfung. 洪水ののちに生き延びたノアの一族に対して、神は「産めよ、増えよ、地に満ちよ」と命じ、陸地・大洋のすべてを一族に与えることを約束する(創世記、第九章第一節以下)。人類が地表をあまねく覆うことが、その意味で創造の目的である。なお『判断力批判』第八十四節が「創造そのものの究極目的」を論じている。カントによれば、「究極目的」(Endzweck)とは「他のどのような目的も、みずからを可能とする条件として必要としない目的」のことである。ところで「道徳的存在者」であり、ヌーメノンとして考えられた人間については、もはや「なんのために(*quem in finem*)それが現実存在するのか」

を問うことができない。人間の現存在が「最高目的そのもの」(der höchste Zweck selbst)であり、そのかぎりで人間は「可能な範囲で全自然を服従させることができる」。世界の諸事物は「たがいに従属しあう目的の連鎖」によって結ばれているが、かりに人間が存在しないとすればその連鎖が閉じることはない。人間だけが「究極目的であることが可能」であって、「その究極目的に対して、全自然が目的論的に従属している」。かくして「人間こそが創造の究極目的」なのである。

(9)〔一四九頁〕「ジェスイット主義」は Jesuitismus. イエズス会は宗教改革の時代、これに対抗して結成されたもので、カトリック側の「反宗教改革」「対抗宗教改革」と呼ばれる動向を反映していた。バチカンに公認されたのち、プロテスタントに対して教皇体制を擁護する前線に立つとともに、高等教育機関の設立を重視し、また宣教活動を励行した。デカルトがイエズス会の学校で学び、またイエズス会士が植民地支配の尖兵ともなったことはよく知られている。とりわけ後者の側面が反対者からは嫌悪され、その手法が批判の標的ともなって、ジェスイット主義は欺瞞と不正の別名となるにいたる。パスカルは『プロヴァンシアル』のなかでイエズス会士について、「彼らは道徳を腐敗させようとしているわけではありません」と言いながらも、ヤンセン主義の立場から、ご都合主義と見える宣教方法を、口をきわめて罵っている。

第十六節

(1)〔一五一頁〕「なにが〔内的に〕正しいか、なにが法的〔外的〕に正しいか、またなにが合法であるか」

は、was recht, was rechtlich und was Rechtens ist.

(2)(一五一頁)「一方〔あたかも〕この〔市民的〕状態において〔存在しているかのように〕」と訳したのは、たんにIn diesem Zustand aber. 前後を考慮して、このように補って訳す。

(3)(一五一頁)「妥当なものとして」(ist, als gültig)は第二版では削除されている。

(4)(一五一頁)「許容法則」とあるところから、Gunst(恩恵、好意)を「許容」と訳す。

第十七節

(1)(一五四頁)「加工」はBearbeitung. ローマ法にいう「加工」(*specificatio*)は、他者の所有物で新たなものを作ること(*novam speciem facere*)を名詞化したもの。ローマ法学者のあいだでは、加工によって生じた新物の所有権にかんして争いがあり、ユスティニアヌス帝法が折衷説を採用して、新物が原状に回復される場合には材料の所有者が、そうでないときには加工者が取得すると規定した。注解で挙げられる「鍍金、私に帰属する素材とその他の物質との混合物」等の例の背景には、*specificatio*をめぐるこの論点がある。

(2)(一五四頁)いわゆる労働所有論。近代自然法思想にあってはロックのそれがよく知られているが、カントには『市民政府二論』について直接の知識はなかったとも言われる。

(3)(一五六頁)「機械的な資源をもって(中略)防御しうる」は、mechanisches Vermögen habe, ... zu sichern.「資源」と訳したのは、ここではVermögen(能力)。

(4)(一五七頁)「所有」はEigentum. おなじ言葉を以下、「所有物」「所有権」とも訳す。

(5)(二五七頁) ここでの *dominium, dominus* という語については、第一節・訳注(1)参照。人間がみずからの *dominus* であるとすれば、じぶんを奴隷として売ることも肯定される。なお「市民的統合の本性から生じる法的な諸効果にかんする一般的注解　D」参照。

(6)(二五八頁) アカデミー版の注によれば、*dominus directus, dominus utilis* という語は、カントが教科書として使用していたアッヘンヴァル(Gottfried Achenwall, 1719-72)の『自然法』(一部がアカデミー版カント全集第十九巻所収)に由来するもののよしである。封建領主と封臣、地主と永代小作人がその例となるが、一般には賃貸人と賃借人もそれに当たる。なおカントはラテン語の法学用語の多くを、アッヘンヴァルから借用しているようである。

第十八節

(1)(二五九頁)「債権」は das persönliche Recht. 直訳すれば「対人的権利」。「物権」に対して債権と訳しておく。

(2)(二六〇頁)「もしくは」(oder)を「ならびに」(und)と読む校訂者もある。哲学叢書版はひとつの可能性として報告し、アカデミー版では否定されている。

第十九節

(1)(二六二頁)「外形的儀礼」(die äußern Förmlichkeiten)はローマ法のいわゆる形式主義に由来し、また宗教的起源を有するものとされる。典型はたとえば握取行為(*mancipatio*)であって、所有権については、五人以上の市民の立ち合いのもと、動産の場合には該物件を摑みながら、所定の文言と所定の所作を伴うことで、その譲渡がなされる。この所定の文言が *solemnia verba* であって、これは法によって厳密に規定され、一語の変更も許されない。これが問答のかたちを採る場合にいわゆる問答契約(*stipulatio*)となり、これはもっぱら債権債務関係の発生にさいして用いられる。やがてこの形式主義はそのままのかたちでは維持不能となり、契約(*contractus*)による債権は、物件の供与により(*re*)、言語により(*verbis*)、あるいは文書により(*litteris*)、もしくは当事者の合意により(*consensu*)発生するとされ、この説明がユスティニアヌス帝の『法学提要』でも採用されるに至った。

(2)(一六三頁) この「可想的」は intelligibel. 直前の「純粋に可想的」は rein intellektuell.

(3)(一六三頁)「要物契約」については、第四節・訳注(3)参照。

(4)(一六四頁) 例として挙げられているメンデルスゾーン(Moses Mendelssohn, 1729–86)はかならずしもたんなる法学者とはいえず、ドイツ啓蒙期のユダヤ人哲学者。カントとのあいだで文通があり、また論争も交わされた。『純粋理性批判』第二版で大きく書きかえられた「誤謬推理」論は、メンデルスゾーン『フェードン』における所論の批判を含んでいる(B 413ff.)

(5)(一六四頁)『人倫の形而上学の基礎づけ』第一章における説明は以下のとおり。「だれであれ困難な状態にあり、ほかの仕方ではそこから脱することがかなわない場合には、真実ではない約束をしてもよい」という「準則」が「普遍的法則」となることをひとは意欲することができない。なぜなら「そうした法則に従うなら、そもそもいかなる約束も存在しないことになる」からである。

つまり当の準則は「自己破壊的」であることになる。「人倫の形而上学への序論 Ⅲ」の訳注(8)参照。

(6)(一六五頁)「対象の占有」は der Besitz desselben. やや遠いが、desselben を、注解直前の本文末尾に「対象(*promissum*)〔約束されたこと〕」とある、その Gegenstand と取る。

第二十節

(1)(一六五頁)「原因となること」「原因性」は、Kausalität を二重に訳している。

(2)(一六五頁) ここで「所有」は Habe. 第七節・訳注(2)参照。

(3)(一六五頁)「より資産を持つ者」は vermögender.

(4)(一六五頁) ここで「債権」は aktive Obligation. 第四節・訳注(4)参照。

(5)(一六六頁)「道徳的人格」は moralische Person. ここでは「自然的人格」に対して法人的な主体を指す。後出では「道徳上の人格」とも訳す。第三十六節・訳注(2)参照。

第二十一節

(1)(一六七頁) カントの原文では「設立され」(errichtet)。アカデミー版により entrichtet と読む。

(2)(一六七頁) ここで「一箇の物権」と訳しているのは、ein *dingliches* Recht.

(3)(一六八頁)「要物契約」については、第四節・訳注(3)参照。

第二十二節

(1)(一七一頁)「家政的なもの」は das häusliche.

(2)(一七一頁)「共同体」は Gemeinschaft であるが、「相互作用」という含みもある。第四節・訳注(1)、第十節・訳注(9)参照。

(3)(一七一頁)第四節・訳注(7)にもしるしたとおり、「世帯」は Hauswesen. 十八、十九世紀にかけてのドイツでは、いまだゲルマン的な家父長制的大家族制が残存していた。

(4)(一七一頁)「私たち自身の人格の内なる人間性が有する権利」は、das Recht der Menschheit in unserer eigenen Person.「法論の区分」の訳注(2)に挙げた、定言命法の法式を参照のこと。

第二十三節

(1)(一七二頁)第四節・訳注(6)参照。

第二十四節

(1)(一七三頁)「私たち自身の人格の内なる人間性への侵害」は、Läsion der Menschheit in unserer eigenen Person.「人間性」と「自然性」を結びつける、カントの思考では例外的な議論。

第二十五節

(1)(一七四頁)「法論の区分」の訳注(2)に挙げた、定言命法の法式に見られるとおり、カントの思考様式にあっては、「人格」／「物件」、「目的」／「手段」の二分法の両項が、それぞれに対応している。

(2)(一五五頁) 第二十二節・訳注(3)参照。

第二十六節

(1)(一五五頁)「占有において平等」「占有の平等性」はGleichheit des Besitzes.

(2)(一五六頁)「賃貸」はVerdingung. 賃貸契約は狭義の賃貸にかかわるものばかりでなく、雇用、委任などに関係するもので、一定の報酬(賃金等)の支払約束を伴う有償契約。ここでは「物化」という響きを随伴しているようにも思える。

(3)(一五六頁)「左手婚姻」(Ehe an der linken Hand)は、貴族の男性と身分の低い女性との結婚を指す。結婚式で夫が妻に左手を差しだす習慣からそう呼ばれる。ゲルマン法において婚資の授受を伴わない結婚に、「誘拐婚」(Entführungsehe)、「入婿婚」(Einheirat)、「恋愛婚」(Neigungsheirat)があり、最後のものがEhe zur linken Handとも称された。Neigungsheirat のNeigung はカント倫理学では「傾向性」と訳される語でもあり、Neigungsheirat のニュアンスはむしろ〝野合〟に近い。この箇所でカントは、フリードリヒ・ヴィルヘルム二世とリヒテンホルツの結婚を暗に指していると見る向きもある。

(4)(一七七頁)「人間の一箇の対のあいだの自然的な平等」は、natürliche Gleichheit eines Menschenpaares.

(1)(二七六頁)「婚姻による同居」は eheliche Beiwohnung. この項については *copula carnalis* というラテン語のほうが内実を表現している。

第二十七節

第二十八節

(1)(二九五頁)「能力を具え〔資産を手にし〕て」は、vermögend sind.

(2)(二八〇頁)カントにとって人間とは、この世界のなかに誕生することで「物質の、目的をもたないカオスという深淵」から「引きだされ」、生きているあいだは「自然」によって「ありとあらゆる災厄」にさらされたあげく、やがて死んでゆくことでそのおなじ深淵へと「投げかえされる」存在者でもある(『判断力批判』第八十七節)。

(3)(二八〇頁)三人称複数の代名詞 sie を補い、Eltern と読む。

(4)(二八〇頁)「世界存在者」は Weltwesen,「世界市民」は Weltbürger.

(5)(二八一頁)Absicht を補って読み、「見地」と訳しておく。

(6)(二八一頁)「時間という条件」(Zeitbedingung)を、理論的な見地においてこの場面で導入することから生じる矛盾について、『純粋理性批判』「第四アンチノミー」・反定立の証明が鮮やかに論じている。反定立は、世界の原因としての必然的存在者の存在を、世界の内にも外にも承認しないものであるが、「証明」の後半部分はこうである。——端的に必然的な「世界原因」が世界の外部に存在する、と仮定してみる。するとその原因は、世界の変化の系列を最初に開始するものとなるが、当の世界原因はまさにその時に作動しはじめるものでなければならないから「この原因性は時間に、まさしくそれゆえにしかし現象の総括に、つまりは世界へと属し」、世界の内部で作動するものとなってしまうだろう(B 481, 483)。

第二十九節

(1)(一八二頁)「父権免除」は Entlassung. ローマ法における *emancipatio* の訳語に合わせて訳す。ローマ法では一般に、父権は父または子の死亡もしくは人格消滅(たとえば父が捕虜になること)に伴って解消するが、また父が子を他家の養子とし、あるいは(たとえば奴隷として)売却したときにも消滅した。ここでカントは両親の権利を問題としているが、Entlassung は父権免除と訳し、また以下の *väterliches* Recht を「家父長権」と訳しておく。なお、第二十二節・訳注(3)参照。

(2)(一八三頁)「感謝」は Dankbarkeit.「徳論」の第三十二節ならびに三十三節を参照。

(3)(一八三頁)「物権的様相を帯びた債権〔対人的権利〕」は、ein auf dingliche Art persönliches Recht.

(4)(一八四頁)「先占し」は bemächtigen. 第十節参照。

第三十節

(1)(一六五頁) 以下、第三項の標題を除いて、第三十節の本文内にその表現は登場しないが、「家長権」は Hausherren=Recht. これに対して前節で「家父長権」と訳したのは väterliches Recht. 前節・訳注(1)参照。また次段落の「家長の支配する」は hausherrlich.

(2)(一六六頁)「主人」(*dominus*)は一般に、たんに「所有者」と訳すこともできる。第一節・訳注(1)参照。

(3)(一六七頁)「奴隷の身分」は Leibeigenschaft. Leibeigenschaft は「体僕奴隷」とも訳され、ゲルマン法では、人格的自由を喪失した終身奴隷のことを指す。

(4)(一六七頁)「不定の期間」は unbestimmte Zeit. 第二版では bestimmte Zeit(一定の期間)。アカデミー版は改悪とみなす。

第三十一節

(1)(一六九頁)「教説的」は dogmatisch.

(2)(一七〇頁)「寄託物」(Depositum)については、『実践理性批判』第一部第一篇第一章第四節で論じられている。「だれであれ、委託されたことをなんぴとも彼に証明しえない寄託物については、それが寄託物であることを否認してもよい」という準則は(実践理性の)「法則」たりうるか、という問題に対してカントは「そのような原理は、法則としてはじぶん自身を否定する」ことになる、なぜなら、それが法則となれば「およそ寄託物なるものは存在しないことになる」からだ、と主張していた。ヘーゲルが『精神現象学』のなかで当てこすっている事例。

(3)(一九一頁) アカデミー版の注記によれば、ここでカントが「ただ同種の」(nur der Spezies nach)と書いているのは「ただ同類の」(nur dem Genus nach)とするのが正しい。

(4)(一九一頁) アカデミー版の注記に従い、たんに haben とあるのを zu haben scheinen と補って、scheinen を「見える」と訳す。

(5)(一九三頁) アッヘンヴァルについては、第十七節・訳注(6)参照。アカデミー版の注記によれば、アッヘンヴァルは、「貨幣に固有で通常なその使用は譲渡することにある」(*pecuniae usum praecipuum et ordinarium consistere in alienando*)と規定している一方、それに先だち、貨幣とは物件の価値を「評価するために」(*pro mensura*)存在すると定義していた。

(6)(一九四頁) ここでは Ware を、文脈に応じて「財貨」または「商品」と訳す。

(7)(一九四頁) シェッフェルはドイツにおける穀量単位で、地方によって異なるが、だいたい五〇〜一八〇リットル。

(8)(一九四頁) dienen(役だつ)を補って訳す。

(9)(一九五頁)「財」は Güter.

(10)(一九五頁) アリストテレス以来の論点。アリストテレスによれば、「貨幣」は一方で富や財を形成するところから、それじたい有用なものと考えられる。貨幣はしかし他方では「まったく無意味なもの」であって、多量の貨幣を手にしていながら、パンがないために死んでしまうこともある。「飢えのために死んでしまうことになるのが富であるのは奇妙である」(『政治学』第一巻第九章)。

(11)(一九五頁)「労苦」はFleiß. 倫理的・宗教的な含意があるとともに、アダム・スミス的なtoil & troubleのニュアンスがある。

(12)(一九六頁) カントの原文ではKäufer(買主)。Verkäuferに匡して訳す。

(13)(一九六頁) フランス革命期に発行された紙幣。一七八九年に国有化された教会財産を財源として発行されたが、翌年には増発、兌換紙幣となったものの、やがて不換紙幣となり、信用を失って九六年には廃止された。

(14)(一九七頁) インドとアフリカ海岸に多く見られるタカラガイの一種で、両地方で貨幣として使用された。

(15)(一九八頁)「財物」はここではDinge. なお「価格」はPreisで、以下の「価値」はWert.

(16)(二〇〇頁) スミスの『国富論』にはこのとおりの原文はない。同書第一篇第五章では、以下のように言われている。「それ自体の価値がけっして変動しない労働だけが、いつどこでもそれによってすべての商品の価値が評価され、また比較されうる、究極にして真実の尺度である」。いわゆる労働価値説による商品価値論である。

(17)(二〇〇頁)「談話」はRede. 後出の「可視的な言語記号をつうじて」はdurch sichtbare Sprachzeichen. 書籍はあくまで音声記号を書記記号に置きかえたものであるという理解。

(18)(二〇一頁) 以下はカントの時代に盛んに論じられた問題への回答でもある。カントは一七八五年に独立の論文「書籍の偽版の不法性について」(Von der Unrechtmäßigkeit des Büchernachdrucks)も執筆している。Nachdruck には「偽版」以外に「翻刻」という意味もある。

(19)(二〇二頁)「使用窃盗」(*furtum usus*)とは、返還する意思を持ちながら、他者の財物を無断使用する犯罪。たとえば、質屋が質入れされた財物を一時的に無断で使用するような場合。

(20)(二〇三頁)「売買は賃貸借を破る」(Kauf bricht Miete)はプロイセン一般ラント法でも否定されており、むしろローマ法的な発想にもとづく格言であるといわれる。

第三十二節

(1)(二〇五頁)「基本法制」は Konstitution.

(2)(二〇五頁)「体制」は Verfassung. Konstitution も Verfassung も「憲法」という意味になる場合がある。

第三十三節

(1)(二〇六頁)ここで「時効による」の「時効」は Verjährung. これに対して、本項の標題にいう「取得時効」は Ersitzung.

(2)(二〇六頁)ローマ法のうちには、所有権の移転にさいして「合意」よりも「引渡」と「使用」を重視する流れがある。すなわち二九三年のディオクレティアヌス帝の勅法に「物件の所有権は引渡または使用取得によって移転し、たんなる合意によっては移転しない」(*traditionibus et usucapionibus dominia rerum, non nudis pactis transferuntur*)とあり、ユスティニアヌス帝法もこれを採用した。

(3)(二〇八頁)「公共体」は das gemeine Wesen.

(4)(二〇九頁)ここでの「時効」は Präskription.

(5)(二〇九頁)第二版では「付論」が追加され、その第6項に本項にかんする補足がある。本書、三六五頁以下参照。

第三十四節

(1)(二〇九頁)「財産の移転」は Übertragung ... der Habe und des Guts.

(2)(二一一頁)「独特な権利」は ein eigentümliches Recht.「所有権」(Eigentum)にかかわる「所有権的」(eigentümlich)な権利。

(3)(二一一頁)第二版の「付論」第7項、本書、三七〇頁以下参照。

第三十五節

(1)(二一三頁)*homo noumenon* については、「人倫の形而上学への序論　IV」の訳注(16)参照。

(2)(二一四頁)*homo phaenomenon* についても、前注におなじ。

(3)(二一六頁)「自然的」はここでは physisch. 後出の「物理的条件」の「物理的」も physisch.

第三十六節

(1)(二七頁)「交通」はVerkehr. これまで「交渉」「取引」「交換」とも訳している。
(2)(二七頁)「道徳上の人格」はmoralische Person. 個々の人格についてmoralische Person(道徳的人格)と称される場合とは異なって、たとえば会社や組合が法的人格(法人)と呼ばれるのと類比的な意味で「道徳的」な主体と見なされる人格のこと。
(3)(二八頁)「すり替えの誤謬」はFehler der Erschleichung. *subreptio* はもともとローマ法に由来する概念で、事実の隠蔽、虚偽の申立によって法的利益を獲得することを指した。その意味で *subreptio* は「窃取」と訳され、したがってErschleichungもそう訳することが可能である。『純粋理性批判』では「超越論的すり替え」という概念が、たとえば所与の現象からその条件へと遡ることを命じる原則をめぐってつぎのようなかたちで言及される。「この原則」は「感性界の概念をあらゆる可能な経験を超えて拡張する理性の構成的原理」ではなく、「可能なかぎり最大限に経験を継続し、拡張しようとする原則」、つまり「理性の統制的原理」である。この両者が取りちがえられることが「超越論的すり替え」であって、それによって「ただ規則として役だつにすぎない理念に対して客観的な実在性が与えられてしまう」のである(B 537)。構成的原理と統制的原理の差異については、「人倫の形而上学への序論　Ⅳ」の訳注(3)参照。

第三十七節

(1)(二九頁)以下、項目A、Bと項目C、Dとでは表題の示しかたに不整合があるが、原文のままに訳しておく。

(2)(二三〇頁) この「無償で」は umsonst, 本節冒頭の「無償で譲渡する」の「無償で」は unvergolten.

第三十八節

(1)(二三二頁)「使用貸借契約」と訳した原語は初版では Leihevertrag, 第二版では Leihvertrag.

(2)(二三五頁)「それだけで権能をもって下す」と訳したのは für sich zu fällen berechtigt.

第三十九節

(1)(二三六頁)「それ自身がおのずから」と訳したのは von selbst. 第二版ではたんに selbst.

(2)(二三六頁)「だれかの」と訳した語は、カントの原文では mir(私の)。哲学叢書版の指示に従い、意味上 jemandem と読む。

(3)(二三八頁)「〜までは」(*donec etc.*)は第二版では省略されている。

(4)(二三〇頁)「物件への権利」(*ius ad rem*)は物権、債権の中間的な形態として、ローマ法に端を発して、中世期には例外的にみとめられていたもの。債権は、債権者が債務者に対して一定の給付を請求する権利であって、目的物の追求権を伴わない。ただし *ius ad rem* が「信託遺贈」(*fideicommissum*)にかんしてのみみとめられる。すなわち、信託遺贈の目的物を譲渡された者に対して、信託遺贈受贈者は目的物を追求する権利、*ius ad rem* をもつ。

(5)(二三〇頁)「誤想によってあらたに所有者となった者」は der vermeinte neue Eigentümer.

(6)(二三二頁)「監督官庁の条例」は das Polizeigesetz. Polizei については「市民的統合の本性から生じる法的な諸効果にかんする一般的注解　B」の訳注(3)参照。

(7)(二三二頁)「一箇のア・プリオリな純粋原理に従って想定され」は nach einem reinen Prinzip *a priori* angenommen. あるいは「一箇の純粋原理に従ってア・プリオリに想定され」とも訳しうるが、この表現はいずれにせよ同義反復ともなる。「序文」の訳注(2)参照。

第四十節

(1)(二三三頁)「陳述において真実であり、約束において誠実であること」は、wahrhaft im Aussagen und treu im Versprechen zu sein.

(2)(二三四頁)ここで「迷信」は Aberglauben, 後出の(「宗教」Religion と対比される)「迷信」は Superstition.

(3)(二三四頁)マースデン(W. Marsden, 1754–1836)は、イギリス人の南洋群島探検家。東インド会社に所属し、マライ諸民族とりわけスマトラの言語その他を報告した者として、当時しられていた。『判断力批判』第一部第一篇第一章「分析論第一章に対する一般的な注解」でも言及されている。

(4)(二三六頁)「失うことのできない」(unverlierbar)は、第二版では「譲ることのできない」(unverleihbar)。

(5)(二三六頁)「約定的」は promissorisch,「確定的」は assertorisch. 後者はここでは判断の様相において「蓋然的」(problematisch)「必当然的」(確然的)(apodiktisch)と並ぶそれではなく、「約定的」が不定の未来に、「確定的」が不動の過去にかかわる。「人倫の形而上学への序論 Ⅳ」の訳注(14)参照。

(6)(二三七頁)「思いなすことと知ることとの中間物」は Mittelding zwischen Meinen und Wissen.『純粋理性批判』「超越論的方法論」に「思いなすこと、知ること、信じることについて」と題する一節があり、こう主張されている(B 848ff.)。「真とみなすこと」(Fürwahrhalten)には「思いなすこと」(Meinen)「信じること」(Glauben)「知ること」(Wissen)の三段階があり、そのうち「信じること」(信)は、「思いなすこと」(私念)と「知ること」(知)の中間にあって、「真とみなすこと」の根拠が主観的にのみ十分であり、客観的には不十分である段階である。ちなみに、なんぴとかの主張がたんなる「信じこみ」(Überrdung)であるか、あるいはすくなくとも主観的な「確信」(Überzeugung)すなわち「確乎たる信」であるかを決する「試金石」となるものが「賭け」(Wetten)なのである。

(7)(二三七頁)「おなじ軽率さによって裁判官もじぶん自身の意図を台無しにしてしまう」(und wodurch der Richter seine eigene Absicht vereitelt)は第二版では削除されている。

第四十一節

(1)(二三九頁)「保護的正義」は die beschützende Gerechtigkeit,「交換的正義」は die wechselseitige erwerbende Gerechtigkeit,「配分的正義」は die austeilende Gerechtigkeit.

(2)(二三九頁)「その実質からして」は der Materie nach. カントの原文では Materie noch auch(実質としてさらに)。底本ならびに哲学叢書版の示唆によって改める。

(3)(二三九頁)「法則に適っている」は gesetzmäßig. カントの原文では gesetzfähig(法則たりうる)。底本ならびに哲学叢書版の示唆によって改める。

(4)(二三九頁)「配分的正義」はここでも austeilende Gerechtigkeit. つぎの「一箇の配分的正義」は eine distributive Gerechtigkeit.

(5)(二四〇頁)「共存」は、ここでは Beisammensein.

(6)(二四〇頁)「仲間関係」は Mitgenossenschaft, 次行の「仲間」は Gesellen. 前後にいう「社会」は Gesellschaft で、もともとは「社交」という意味をもつ。

第四十二節

(1)(二四一頁)「併存」は、ここでは Nebeneinandersein.

(2)(二四三頁)これに対して、ヘーゲルのいわゆる「就職テーゼ」(Habilitationsthesen)第九項を参照。「自然状態は不法な状態ではない。それゆえにこそその状態から脱出しなければならない」(*Status naturae non est iniustus et eam ob causam ex illo exeundum*)。

(3)(二四三頁)のちにカントは一般的なかたちで「戦争中の法/権利」(Recht im Krieg)について論じている。「法論」の第五十七節参照。

第四十三節

(1)(二四六頁)「人民」と訳したのはVolk, これに対して以下で「民族」と訳されるのがStammvolk.

(2)(二四七頁)「万人の共通の関心」はdas gemeinsame Interesse aller, つぎの「公共体」はdas gemeine Wesen.

(3)(二四七頁)「国際法」はVölkerrecht,「諸民族からなる国家の法」はVölkerstaatsrecht,「世界公民法」はWeltbürgerrecht(*ius cosmopoliticum*)。*ius gentium*は、もともとローマ法では「万民法」のことで、市民間に適用される「市民法」(*ius civile*)に対して、非市民にも適用される法を指した。「法論への序論に対する付論」の訳注(1)参照。中世期でもおなじく諸民族に対して共通に適用される普遍法を意味したが、近世になっていわゆる国民国家が成立してゆくのに応じて「諸民族の法」「国際法」を意味するようになる。

第四十四節

(1)(二四九頁)「不正の状態」はein Zustand der *Ungerechtigkeit*, 後出の「無法の状態」はein Zustand der *Rechtlosigkeit*.

第四十五節

（1）（二五二頁）「実践的理性推論」は ein praktischer Vernunftschluß. いわゆる実践的三段論法のこと。たとえば、大前提「すべて甘いものは健康を害する」、小前提「このものは甘い」から、（一方では「すべて甘いものは快い」という一般的判断が存在するにもかかわらず、他方では「健康を害するものを食べるべきではない」とする普遍的準則から）結論「このものを食べるべきではない」が導かれる、とされる（アリストテレス『ニコマコス倫理学』第七巻第三章）。

第四十六節

（1）（二五二頁）ウルピアヌスによる定式化では、もともと *nulla iniuria est quae in volentem fiat*（これを欲する者に対してなされたことは決して侵害ではない）というかたちであったが、のちに法格言 *volenti non fit iniuria*（欲する者には不法はなされない）として定着したものの、ローマではなお一般原則として確立するには至らなかったといわれる。

（2）（二五二頁）「国家市民」は Staatsbürger. 他の箇所では「国民」と訳している。

（3）（二五三頁）「ひとえに〜かぎられる」と訳した nur は、第二版では削除されている。

（4）（二五三頁）「いかなる他者によっても代表されてはならない」と訳したのは、durch keinen Anderen vorgestellt werden zu dürfen.

（5）（二五五頁）「国家の同胞」は Staatsgenosse,「国家の市民」は Staatsbürger.

第四十七節

(1)(二五六頁)「これは」と訳したのは男性の関係代名詞derで、Oberhaupt(統治権者)を受けているものとみて、das(中性)と読む。

(2)(二五六頁)「根源的契約」はder ursprüngliche Kontrakt. ちなみに『判断力批判』第四十一節(「美しいものに対する経験的関心について」)で、「美しいもの」と、「社交」ならびに「伝達」との経験的なかかわりに関連して「根源的契約」(der ursprüngliche Vertrag)という表現が使用されている。「洗練された人間」とは「みずからの快を他者たちに伝達するのを好み、またそれに巧みな」者のことであって、まただれもが期待し要求するのは「あらゆるひとが普遍的な伝達を顧慮すること」であるが、「それはあたかも、人間性そのものによって命じられた根源的契約にもとづくものであるかのように期待され要求される」。

(3)(二五七頁)「国家は、あるいは国家に属する人間は」と訳したのは、der Staat, der Mensch im Staate. アカデミー版ではder Staatが削除されている。

第四十八節

(1)(二五七頁)「三つの道徳上の人格」は、so viel moralische Personen.「道徳上の人格」については、第三十六節・訳注(2)参照。

(2)(二五八頁) カントの原文ではsein Recht erteilend sein. 哲学叢書版ならびにアカデミー版に従い訂正して、動詞のseinを削除して訳す。

第四十九節

(1)(二五八頁)「執政府つまり政府」は *Directorium*, die Regierung.

(2)(二五九頁)「布告」は複数形で Dekrete, ここで「法律」も複数形で Gesetze. Dekret はラテン語の *decretum* に由来し、そのまま「デクレート」と言われることも「法令」と訳されることもある。ローマ法では元来いわゆる勅法の一種が *decretum*. 中世期には、たとえば早期の一例としては「グラティアーヌス教会法令集」(一一四〇年成立)が *Decretum Gratiani* と称され、聖教会(*sancta ecclesia*)にかんする教会世界法として、神聖帝国(*sacrum imperium*)のローマ世界法と並立された。

(3)(二五九頁)「専制的」は despotisch,「愛国的」は patriotisch,「家父長的」は väterlich,「祖国的」は vaterländisch. ちなみに、patriotisch も väterlich も vaterländisch も「父」を意味するラテン語 *pater* もしくはドイツ語 Vater に由来する。

(4)(二五九頁)「人民という支配者(立法者)」は Der Beherrscher des Volks (der Gesetzgeber). des Volks を同格の二格として訳す。原文はおそらく多義性を残しているが、カント国家論の基本構想では、国家の三権のうちで立法権が最高権力であって、「人民」が「立法者」であり立法権を掌握するかぎりでは、人民こそが国家の「支配者」となる。

(5)(二六一頁)「陪審員」は die Jury.

(6)(二六二頁)「健全さ」は Heil. 多く「福祉」と訳される。ラテン語中「健康」と訳したのは *salus*.

この警句はキケロ『法律について』中に見えるものの書き換えで、カントが「国家の」(*reipublicae*)としるした語は、キケロの原文では「人民の」(*populi*)。

(7)(二六二頁)一般的にはルソー『人間不平等起源論』を参照。また『エミール』第二篇冒頭部をも参照。

市民的統合の本性から生じる法的な諸効果にかんする一般的注解

A

(1)(二六四頁)「すべて上長は神より来たる」(Alle Obrigkeit ist von Gott)は、パウロ書簡中の表現によるもの。「すべてのひとは、上に立つ権威に従うべきである。なぜなら、神によらない権威はなく、およそ存在している権威は神によって立てられたものだからである。したがって、権威に逆らう者は、神の定めに背く者である」(ローマ書、第十三章第一節以下)。ちなみに「なぜなら、神によらない権威はなく、およそ存在している権威は神によって立てられたものだからである」の部分のラテン語訳は、*Non est enim potestas nisi a Deo: quae autem sunt, a Deo ordinatae sunt.* 一節は古代・中世教会にあってはもとより、宗教改革期、市民革命期、さらにドイツ教会闘争の時期から「革命の神学」「解放の神学」の季節に及ぶまで、くりかえし注解と釈義の対象ともなって今日にいたっている。

(2)(二六四頁)「国家における統治者」は、ここではder Herrscher im Staat. 後出の「支配者の機関」はdas Organ des Herrschers.

(3)(二六六頁)「いわゆる穏健な国家体制なるものは、国家の内的な法体制としては」と訳した部分は、die sogenannte gemäßigte Staatsverfassung, als Konstitution des innern Rechts des Staats.
(4)(二六六頁)「不可解なもの」は Unding.『純粋理性批判』「超越論的分析論」の末尾で、「或るもの」(Etwas)と「無」(Nichts)との区別にふれて、後者の一覧が与えられたうえで、Unding と Gedanking(思考物)との区別がふれられている(B 347ff.)。「人倫の形而上学への序論 III」の訳注(4)参照。
(5)(二六六頁)「賢明さ」については、「人倫の形而上学への序論 II」の訳注(5)参照。
(6)(二六七頁)「暴君放伐論」とは、権力は神から人民へ与えられ、君主権の淵源は君民の統治契約にもとづくものであるから、暴政をこととする君主は追放されるべきであるとする主張。しばしば言及されるのは十六世紀に登場したそれであるが、原型はすでにトマスに存在する。「暴政をつねとする政府は、正義ではない。というのも、哲学者(アリストテレス)が『政治学』第三巻ならびに『倫理学』第八巻で言っているように、そのような政府は、共同善ではなく、政府の特殊善のみを得ようとしているからである(*non ordinatur ad bonum commune, sed ad bonum privatum regentis*)。それゆえ、そのような政権を転覆することを叛乱行為であると規定することはできない」(『神学大全』第二/二部第四十二問第二項)。
(7)(二六九頁)チャールズ一世は一六四九年、清教徒革命にさいして処刑され、ルイ十六世は一七九三年、フランス革命のさいに処刑された。なお、一七九八年にいたってもなお、カントはフランス革命の意味そのものをすこしも疑っていない。その革命は「天賦に恵まれた国民による革命」

であり、そこに含まれるかもしれない「悲惨と兇行」にもかかわらず、また進行中の革命の成否のいかんとはかかわりなく、「それを目撃したすべてのひとびとのこころに、ほとんど熱狂にもひとしい共感を見いだした」ことを否定することはできない、とカントは言う(「学部の争い」第二部六)。

(8)(二六九頁)「直感的」は ästhetisch.

(9)(二七五頁)フランス革命にさいしての、オーストリアやプロイセンの動向を念頭に置いた論述。この件について、本書の国際法論で言及は見られないが、抵抗権の否認については、本書巻末「付論」の末尾「むすび」をも参照。

B

(1)(二七五頁)「領主」は Landesherr. Land はドイツ法制史上で特殊な意味をもち、そのまま「ラント」と称され、「ラント貴族」(Landadel)等の呼称が熟しており、Landesherr も通常は「ラント君主」または「領邦君主」等と訳される。ただしここでは一般的意味で使用されているので、たんに「領主」と訳しておく。

(2)(二七六頁)「集合の諸原則」は Grundsätzen der Aggregation.『純粋理性批判』「超越論的弁証論への付録」では、「多様性への関心」に向かうものが「種別化の原理」(Prinzip der Spezifikation)、「統一性への関心」へと向かうものが「集合の原理」(Prinzip der Aggregation)と呼ばれていた(B 694)。

(3)(二七五頁)「警察」と訳し、「監察」と補ったのは Polizei. カントの時代、「ポリツァイ」という語の意味内容は、なお現代ドイツ語のそれ(ほぼ「警察」と訳しうる)とは一致していない。カントののち、たとえばフィヒテでは、おなじ語について経済・家政活動に介入する側面が強調されており、よく知られているように、ヘーゲル『法哲学』で Polizei は「国家」の圏域内ではなく「市民社会」の場面で論じられることになる。――フランス語の police は一四〇〇年頃に形成され、ドイツ語の Polizei は一五〇〇年頃から用いられるようになった概念で、一方では、元来は裁判を除いてほとんどすべての国家活動を包括するものだった。他方で、ギリシアのポリスに淵源を有するおなじ概念が、polir に由来する politesse と意味じょう混合されることで、moeurs ないし Sitte, とりわけ風俗・風紀にかかわる一面をもつことになる。ここでのカントの Polizei の使用はその一例を示すものでもある。

(4)(二八〇頁) 光明会(Illuminaten)は一七七六年に元イエズス会士のヴァイスハウプトによって設立された秘密結社で、一七八四年にバイエルン政府によって禁止された。

(5)(二八〇頁) カントの原文 Die のあとに Aufsicht を補う。哲学叢書版は Befugnis(権能)を補っている。

C

(1)(二八二頁)「しだいに蓄積されてゆく基金(Bestände)」という表現のうち、「しだいに蓄積されてゆく」(nach und nach gesammelte)は第二版では削除されている。

（2）（二八二頁）カント原文中の sie を、哲学叢書版の注記に従い laufende Beiträge と取って「一時的な醵出」と訳す。

（3）（二八三頁）「思いなすこと」(Meinung)と「確信」(Überzeugung)との違いについては、第四十節・訳注（6）参照。

D

（1）（二八八頁）「賢明さ」(Klugheit)については「人倫の形而上学への序論 II」の訳注（5）参照。ここでは賢明さが権利(Recht)に、あるいは怜悧が正しさに対置されているわけである。

（2）（二八九頁）「思考物」(Gedankending)ではあるが「不可解なもの」(Unding)ではない。この「一般的注解 A」の訳注（4）参照。

（3）（二九〇頁）「世襲的」(erblich)という語は第二版では削除されている。

（4）（二九一頁）「家僕」は Untertan. ここまで「臣民」と訳してきたのとおなじ語。

（5）（二九一頁）「砂糖諸島」(Zuckerinseln)はおそらく西インド諸島のこと。十六世紀以来のスペインによる植民地支配下で、当地では砂糖栽培が過酷な搾取のもとに置かれた。

（6）（二九二頁）「定住した小作人」は ansässiger Untertan.

（7）（二九二頁）「地代」は Zins. Zins には「利子」という意味もある。

（8）（二九二頁）「ところでしかしまた」(nun aber auch)の「また」(auch)は第二版では削除されている。

(9)(二五二頁)「人格として従属する者」は ein persönlicher Untertan. つぎの「従属状態」は Untertänigkeit.

E

(1)(二五三頁) カントの原文 aber を、諸家に従って oder と読む。

(2)(二五三頁)「前者」(das erstere)に相当する文言は先行する本文中には存在しない。「公的犯罪」(öffentliches Verbrechen)と対比される「私的犯罪」(Privatverbrechen)を説明する一文が脱落しているものと推測される。

(3)(二五四頁)「市民的人格性」は die bürgerliche [Persönlichkeit]. これと対比されている「生得の人格性」は angeborne Persönlichkeit.

(4)(二五五頁) この「パリサイ派の格言」に対抗するたとえ話が、例の「九十九匹の羊と一匹の羊」である。マタイ伝、第十八章第十一―十四節、ルカ伝、第十五章第四―七節参照。

(5)(二五五頁)「ひとりの人間が死ぬほうが、全人民が滅びるよりはよい」は、Es ist besser, daß ein Mensch sterbe, als daß das ganze Volk verderbe.「正義が滅びるなら、人間が地上に生きることにはもはやなんの価値もない」は、wenn die Gerechtigkeit untergeht, so hat es keinen Wert mehr, daß Menschen auf Erden leben. この立場が、例の「正義はなされよ、よしや世界が滅ぶとも」(*fiat justitia et pereat mundus*)へと連なってゆくことになるが、このようなカントの定位には「創造の目的」「究極目的」を問う、批判哲学の最終的な問いがある。『判断力批判』

における この問題をめぐっては第十五節・訳注(8)参照。

(6)(二九八頁) かつてそうした労務が懲役刑に当てられ、要塞建築などに受刑者が徴用された。あとで「手押し車懲役刑」(Karrenstrafe)というかたちで登場するように、地位ある者にとっては不名誉な体刑のひとつ。

(7)(二九九頁) オーストリア継承戦争中の一七四五年、チャールズ・エドワード・スチュアートが、フランスからスコットランドに侵攻して王位奪回を謀ったものの、叛乱は翌年には鎮圧された。A・E・バルメリーノは、処刑された者たちのなかでも、きわだって毅然たる態度を示したといわれている。

(8)(三〇〇頁) ユヴェナリス(Decimus Junius Juvenalis, c. 50–c. 130)はローマの風刺詩人。ここで引かれている詩句は『実践理性批判』第二部「純粋実践理性の方法論」中でより長く引用されている。それによると、裁判において偽証することは「名誉よりも生命を重んじて」、その結果むしろ「ひたすら生きんがために生きるべき理由を失うこと」(*propter vitam vivendi perdere causas*)であるとされる。

(9)(三〇二頁) ベッカリーア(Cesare Bonesana Beccaria, 1738–94)はイタリアの経済学者・法学者。『犯罪と刑罰』(一七六四年)において、死刑の廃止と拷問の禁止を主張したことで知られている。歴史的にいえば、絶対主義国家における厳罰化の傾向への批判という意味をもつ理説。ちなみにルソーはおなじく契約論的な前提から死刑を肯定している。

(10)(三〇三頁) 「ヌーメノン的人間」については、「人倫の形而上学への序論 IV」の訳注(16)参照。

次行のフェノメノン的人間についてもおなじ。

(11)（三〇四頁）この表現の典拠としてよく上げられるのは、アリストテレス『分析論前書』第二巻第十八節。

(12)（三〇四頁）底本のアカデミー版に従って man を補う。哲学叢書版では es.

(13)（三〇六頁）以上のカントの議論は、ローマ法以来の伝統にもとづく。ヨーロッパ法系で犯罪は、加害者の準備が周到であり、被害者の防備が手薄であるほど重く罰せられた。それらの犯罪は不名誉な心情の発露を示すものと見なされて、たとえば夜間の窃盗・放火等はそれゆえに重罪となる。また中世でも公然たる略奪のほうが窃盗よりも罪が軽いと見られており、ダンテでも、窃盗犯は強盗犯よりも重い贖罪を科されていた。この前後ではしたがって、Mord をたんなる「殺人」ではなく「謀殺」と訳している。なお「殺人」「殺害」は Tötung.

(14)（三〇八頁）元首を傷つける犯罪。一般的には「不敬罪」(*crimen maiestatis*)。ローマ帝政期以降、その範囲は元首の権力ならびに尊厳を害するあらゆる行為を含むようになり、たとえば元首の命令にもとづかない軍事行動から、元首の肖像の破壊・毀損等までも包括する。古来の謀叛罪はこの犯罪のうち、とくに重要なものとなる。

第五十節

(1)（三〇八頁）第五十節のまえに置かれた標題「祖国および外地に対する市民の法的関係について」(Von dem rechtlichen Verhältnisse des Bürgers zum Vaterlande und zum Auslande)は、内容的にはこの第五十節にのみ関係しているが、原本に従って訳出する。

（2）（三〇九頁）ドイツ語の Provinz, フランス語の province ではなく、ラテン語の *provincia* の意味で用いる、ということ。とくに province は現在では「州」「地方」「田園地帯」という意味で使われるが、もともとは Provinz とともに *provincia* に由来する。ローマで *provincia* とはがんらい政務官（*magistratus*）の命令権、またその管轄を意味した。イタリア半島以外の征服地を統治するために法務官（*praetor*）が増設され、その法務官の管轄に属し、その管轄地域となるイタリア半島以外の特定の地域が *provincia* と呼ばれるようになり、この意味での *provincia* がふつう「属州」または「州」と訳される。

（3）（三〇九頁）カントの原文 Unterhauses を、諸家に従い Untertans と読む。

（4）（三〇九頁）Landesherr をここでは「国邦領主」と訳しておく。「市民的統合の本性から生じる法的な諸効果にかんする一般的注解　B」の訳注（1）参照。

（5）（三〇九頁）「本国臣民」は Landeskinder, これに対して「外地居住者」が Fremder.

（6）（三一〇頁）「相互関係」と訳したのは Gemeinschaft. カテゴリーのひとつとしての Gemeinschaft は Wechselwirkung とも呼ばれる（『純粋理性批判』B 106）。第四節・訳注（1）、第十節・訳注（9）参照。

（7）（三一〇頁）ここで「外国」と訳したのは Ausland で、標題ならびに本文で「外地」と訳したのとおなじことば。つぎの「異郷」は Elend.

（8）（三一〇頁）「法律の保護外に置くこと」は vogelfrei zu machen（鳥のように自由にすること）。

第五十一節

(1)(三二一頁) アリストテレス『政治学』以来の規定。「国制と統治権者集団はおなじものを意味し、統治権者集団は国家において最高の権限をもつものである以上、ひとりか、少数者か、多数者のいずれかが最高の権限を有していなければならない」。それぞれが「王制」「貴族制」「共和制」であり、おのおのの頽落形態が「僭主制」「寡頭制」「民主制」となる(第三巻第七章)。

(2)(三二一頁)「君主制的」は monarchisch, これに対して「専政制的」は autokratisch.

(3)(三二二頁) アカデミー版ではカントの原文に従い、und dann das とあるのを、哲学叢書版によって und dann dem に改める。

第五十二節

(1)(三二三頁) カントの原文は herauslangen. 諸家の指示により herauflangen に改める。

(2)(三二四頁)「変容」は Metamorphose,「再生」は Palingenesie.

(3)(三二五頁) しばしば典拠に挙げられるのはパウロ書簡。「神は私たちに力を与えて、あたらしい契約に仕える者とされた。それは、文字に仕えるものではなく、霊に仕える者である。文字は人を殺し、霊は人を生かす」(コリント人への第二の手紙、第三章第六節)。後出の「精神」(Geist, *anima*)はこの「霊」の訳。

(4)(三二六頁) この部分の原文は、dahin auch dem Buchstaben nach endlich führen wird. とくに

dahinが不分明であるが、ここでは「なんらかの法的体制」(eine rechtliche Verfassung)を指示していると取り、その内容は先行する「一箇の純粋共和制」(eine reine Republik)と考えておく。この前後でカントの論述の調子は総じて慎重である。

(5)(三七頁) ルイ十六世のこと。ブルボン朝最後の国王は財政破綻をまえにし、債務を逃れようとして三部会を招集する。それが一七八九年五月のこと、三部会はやがて国民公会となり、ついで憲法制定会議となった。一七九一年、かくて絶対王政が廃止され、九三年には王自身が断頭台に立たされる。

(6)(三八頁) 原文はdiese. 指示内容Regierung(統治)をここでは「政府」と訳す。

(7)(三八頁) Gesamtwillen. 直訳すれば「総体意志」または「全体意志」だが、全体意志(volonté de tous)から区別されたルソーの一般意志(volonté générale)を承けたものと考え、「一般意志」と訳す。

第五十三節

(1)(三〇頁)「その領邦に生まれた者」はLandeseingeborne.

(2)(三二頁) カント原文中のvon dem der Völkerを削除して読む。

第五十四節

(1)(三二頁)「国際的同盟」はVölkerbund. 第二章標題のVölkerrechtを「国際法」と訳したのに

準じて訳す。
(2)(三二頁)「同等なものの関係」はGenossenschaft,「同盟関係」はFöderalität.
(3)(三二頁) 前出の「連盟」はVerbindug. ここではVerbündungであるが、第二版ではVerbindugに改められている。
(4)(三三頁) 古代ギリシアのポリスのあいだで、相互防衛のため、宗教的背景のもとに結ばれた同盟関係。前六世紀のテーベのアンフィクチオニアにはじまるとされる。

第五十五節

(1)(三三頁)「実体からして」(der Substanz nach)は、「加工(Bearbeitung)によって」に対立する限定。後者については、第十七節・訳注(1)参照。
(2)(三五頁)「野生たち」はWilden. カントの原文では大文字で書きだされている。諸家のようにwildenと訂正すれば、この前後は「人間たち、あるいは野獣たちや猛獣たち」。
(3)(三六頁) 定言命法のこの方式については、「法論の区分」の訳注(2)参照。

第五十六節

(1)(三六頁)「他国に対抗して」(gegen einen anderen Staat)は第二版では削除されている。
(2)(三七頁)「法的状態における」(im rechtlichen Zustande)は第二版では削除されている。
(3)(三七頁) この前後で「勢力」と訳しているのはMacht. また直前で「実力」と訳したのはGe-

walt. Macht も Gewalt も多義的でときに「権力」とも訳されるが、『判断力批判』の「力学的崇高」論の冒頭では、以下のような規定が与えられている。「勢力(Macht)とは、大きな障害を凌駕している能力(Vermögen)である。そのおなじ勢力が一箇の威力(Gewalt)と呼ばれるのは、それじしん勢力を所持しているものの抵抗をも凌駕する場合である」。ちなみに『判断力批判』によれば、自然は「直感的(ästhetisch)判断」において、いかなる「威力」も有さない「勢力」とみられるとき「力学的に崇高」である(第二十八節)。ついでにおなじく『判断力批判』によれば、「将軍」は「政治家」よりも崇高であり(同節)、また「戦争」はそれが「きわめて恐るべき窮迫をもって人類に襲いかかり、おそらくはより大きな困窮によって、平和時においても戦争に向けられた不断の準備のために圧迫するものである」にしても、戦争によって「開化のために役だつあらゆる才能」が高度に発達してゆくことになる(第八十三節)。

第五十七節

(1)(三三八頁)「戦争における法〔権利〕」(Recht *im* Kriege)の強調は哲学叢書版による。
(2)(三三八頁)キケロに由来するとされる格言。類似した表現として、*inter arma silent Musae*(干戈を交えているあいだ芸術の女神たちは沈黙する)もある。
(3)(三三九頁)「ひとつの国家を精神的に根絶するもの」は eine moralische Vertilgung eines Staats.
(4)(三四〇頁)「軍票」と訳したのは ausgestellte Scheine. 軍票とは軍用手票の略称で、戦時に占領地で、軍隊が現地からの物資調達等のために発行する代用紙幣のこと。

第五十八節

（1）（三二頁）この箇所の「懲罰戦争」は Bestrafungskrieg. ほかは Strafkrieg.

（2）（三三頁）「母国」(Mutterstaat) に対して Tochterstaat を「娘国」と訳しておく。

（3）（三三頁）「恩赦」と訳される Amnestie はギリシア語の amnēstia に由来し、もともとは「忘れること」を意味している。

第五十九節

（1）（三三頁）「戦争における法」(Recht *im* Kriege)「戦争後の法」(Recht *nach dem Kriege*) が成句の一部を強調しているのに対して、「戦争への権利」(*Recht zum Kriege*)「平和の権利」(*Recht des Friedens*) の両者では全体に強調がある。

第六十節

（1）（三四頁）ここで「自国のもの」と訳しているのは das Seine.

（2）（三四頁）これが国際法におけるいわば「定言命法」を裏側から表現し、定言命法によって否定されるべき「準則」をあらわしているもの。原文は、eine Maxime ... nach welcher, wenn sie zur allgemeinen Regel gemacht würde, kein Friedenszustand unter Völkern möglich, sondern der Naturzustand verewigt werden müßte.

第六十一節

(1)(三三六頁) Völkerstaat を「国際国家」と訳す。第五十四節・訳注(1)参照。

(2)(三三六頁) この「連合体」は Korporationen(複数)、後出の「国家の連合体」は Verbindungen der Staaten(複数)、次段落一行目の「連合」は Verein(単数)。

(3)(三三六頁)『永遠平和のために』によると、永遠平和を保証するのは「自然」そのものである。自然は「偉大な技巧家」として、人間どうしの不和をつうじてむしろその融和を実現させるからである。自然はまず人間たちを場所的に分散させ、つぎに戦争を利用して人間たちが「自然状態」から「法的状態」へと参入することを強制する。「このような仕方で、自然は人間の傾向そのものにそなわる機構を通じて、永遠平和を保証する。なるほどこの保証は、永遠平和の到来を(理論的に)予言するのに十分な確実さはもたないけれども、しかし実践的見地では十分な確実さをもち、この(たんに空想的ではない)目的にむかって努力することをわれわれに義務づけるのである」(宇都宮芳明訳、岩波文庫、七四頁以下)。

(4)(三三七頁)「ハーグの諸国会議」と訳したのは Generalstaaten im Haag. ネーデルラント連邦共和国が一五八一年に成立し、それ以後ハーグで開催された Staaten General を指すものと推測されているが、不詳。ハーグが十七世紀の半ばからヨーロッパ外交の中心地となり、多くの国際会議の舞台ともなって、いくつもの国際条約がかの地で締結された。この伝統は、十九世紀末(一八九九年)に同地で第一回万国平和会議が開かれ、そこで採択されたいわゆる「ハーグ陸戦条約」

にまで及んでいる。

(5)(二三七頁)「樹立されるべき国際公法の理念」は、die Idee eines zu errichtenden öffentlichen Rechts der Völker. 第五十四節・訳注(1)、第六十一節・訳注(1)参照。

(6)(二三七頁)「市民社会的な仕方で」は auf zivile Art.

第六十二節

(1)(二三九頁)「実効的な関係」と訳したのは wirksame Verhältnisse.

(2)(二三九頁)ここでは「地球」と訳した *globus terraqueus* の *terraqueus* は、*terra*(大地)と *aqua*(水)の合成語で、「陸と海からなる」という意味。

(3)(二四一頁)「地球市民の権利」は das Recht des Erdbürgers.

(4)(二四二頁)ビュッシング(A. F. Büsching, 1724-93)はドイツの地理学者で、同時に自由主義的な神学者。

結　語

(1)(二四三頁)「関心を引く」は interessieren. ちなみに「関心」という観点は、カントの思考にとってかならずしも周辺的なものではなく、たとえば『純粋理性批判』I第二部第二部門「超越論的弁証論」第二篇第二章「純粋理性のアンチノミー」の第三節の標題は「これらの抗争における理性の関心(Interesse der Vernunft)について」であって、そこではアンチノミーの定立・反定立のそれぞれについて理論的・実践的得失が比較され、両者の対立は「プラトン主義」と「エピクロス主義」の対立(B 499)であるしだいが論定される。『純粋理性批判』における四つのアンチノミーについては第七節・訳注(13)、カントにおけるエピクロスの重みにかんしては「法論への序論」の訳注(13)参照。

(2)(三四四頁)「技術的目的」は、ここではKunstzweck.

(3)(三四四頁)「蓋然的」については、「人倫の形而上学への序論 Ⅳ」の訳注(14)参照。

(4)(三四四頁)信への義務がありえないのは、「信じること」(Glauben)は「私念」と「知」の中間にあって、その根拠は主観的にのみ十分であっても、客観的には不十分なものだからである。第四十節・訳注(6)参照。

(5)(三四五頁)「可能事なのか不可能事なのか」と訳したのは、ein Ding oder Unding sei. Unding については、「一般的注解 A」の訳注(4)参照。

付論

(1)(三四八頁)この「付論」(Anhang)は第二版で付加された。本書・第二版の原本では、手違い(カントの指示を版元が誤解したと推定されている)によって私法と公法とのあいだに挿入されていたが、現行諸版によって訂正されている。

(2)(三四八頁)「書評」の執筆者はゲッティンゲン大学の哲学教授であったF・ブーターベク(Friedrich Bouterbek, 1766-1828)であると推定されている。

（3）（三四八頁）じっさいには「人倫の形而上学への序論」「I　人間のこころの能力と人倫の法則との関係について」の冒頭。本書、三一頁。

（4）（三四九頁）この件については、「人倫の形而上学への序論　I」の訳注（5）参照。

1

（1）（三五〇頁）「トピカ」は Topik，後出の「トポス」は Platz（場所）。ともにギリシア語に淵源するもの。「トピカ」とは、さまざまな議論が展開されるさいの、その共通の論点、あるいは推論がそれにもとづく共通の前提にかんして、その区分や体系的配列を論じるもので、この論点もしくは共通の前提が「トポス」といわれる。アリストテレス『トピカ』に由来する概念。

（2）（三五二頁）「債権的様相を帯びた物的権利」は auf persönliche Art dingliches〔Recht〕，「物権的様相を帯びた対人的権利」は ein auf dingliche Art persönliches Recht. すぐ論じられるとおり前者は没概念、後者の概念については、第二十二節、第二十三節参照。

2

（1）（三五三頁）「自然的な関係」の「自然的」は physisch，後出の「物理的な占有」の「物理的」も physisch.

3

(1)(三五六頁) この箇所での「身体の使用」は körperlicher Gebrauch, 次段落冒頭の「肉体の享受」は der fleischliche Genuß.

(2)(三五七頁) *ius in re* という表現については、第十一節・訳注(1)参照。

(3)(三五七頁) *ius ad rem* については、第三十九節・訳注(4)参照。

(4)(三五八頁)「父権免除」(Entlassung, ラテン語で *emancipatio*)については、第二十九節・訳注(1)参照。

(5)(三五八頁)「その使用人として」は als seine Domestiken.

(6)(三五八頁) ここでの「召使」は Gesinde, 直前の「奉公人」は Dienerschaft. Gesinde は、この付論が関係する先行箇所(たとえば第四節、第二十三節、第三十節)で「奉公人」とも訳している。

4

(1)(三五九頁) 本書、二〇三頁。なお、第三十一節・訳注(20)参照。

5

(1)(三六三頁) 哲学叢書版に従って、「刑罰」(Strafen)のあとに「犯罪に対する」(für Verbrechen)を補う。

(2)(三六五頁) ここで「刑罰政策」は Strafklugheit, 直訳すれば「刑罰の賢明さ」。

(3)(三五五頁)「トピカ」については「付論　1」の訳注(1)参照。ここでは「トポス」がOrt. Platzも Ort も *locus* も「場所」という意味。

6

(1)(三六五頁)本書、二〇五頁以下。
(2)(三六七頁)「公的に有効な徴標」は、ここではöffentlich gültiges Zeichen.
(3)(三六七頁)「私法的に相当」は、ここではbürgerlich gültig.
(4)(三六七頁)「不作為」はUnterlassung. あるいは法的な「懈怠」(怠慢)。
(5)(三六七頁)トマスにも「事物の存在を保存すること」(*res in esse conservare*)とは、神の意志が「絶えずその事物に存在を与えること」(*semper eis esse dare*)であるとする理解があり(『神学大全』第一部第九問第二項)、この発想は近世スコラ哲学へと継受される。たとえばスアレスによれば、存在者は「みずから存在(*esse a se*)をもつものと他からの存在(*esse ab alio*)をもつものに分割されうる」(『形而上学討論集』第二十八問第一節第六項)が、後者は前者によって創造されるがゆえに、存在者の「保存」(*conservatio*)と「創造」(*creatio*)とは絶対的に異なるものではない(同、第二十一問第二節第三項)。
(6)(三六九頁)哲学叢書版に倣って、genommenを補って読む。

7

(1)(三七〇頁) 本書、二一〇頁。

(2)(三七一頁)「資産を保有した状態のひとつ」と訳したのは、ein Vermögensumstand. たとえば債務はマイナスの資産、債権はプラスの資産となるのと同様に、財産にかかわる権利(財産への権利)はそれじたい財産である。

(3)(三七一頁)「だれか他者のもの」は das *Seine* eines *Anderen*.

8

(1)(三七四頁)「長子相続財団」は Majorate. そのままマヨラートともいわれる。本項のDで論じられるもの。

(2)(三七五頁) ここで「財団」は Stiftung. この第8項の標題をはじめとして「基金」と訳しているのとおなじ語。

(3)(三七六頁) フランス革命後、主として一七九三年から九四年にかけて起こった、いわば政教分離運動のこと。そのさい、カトリック教会が保有していた大量の土地、権力、財産を国家が接収することが企てられた。

(4)(三七七頁)「教会の教義」は die Satzungen der Kirche, 直後の「聖職者の権威」は die Macht der Priester.

(5)(三七七頁) この前後はカントの原文が混乱していると見られているが、ここではいちおう底本であるアカデミー版の本文校訂に従って読んでおく。

（6）（三七八頁）哲学叢書版の指示に従って、カントの原文の ist als から als を除いて読む。

（7）（三七九頁）三人称男性代名詞 er が大文字で Er と書かれている。

（8）（三七九頁）哲学叢書版の指示に従って、und eine solche（Stiftung）を補って読む。

（9）（三八〇頁）「同業者組合」は Zunftgenossenschaft.

（10）（三八〇頁）「普遍的人権」は das allgemeine Menschenrecht. この語の唯一の使用例。

（11）（三八一頁）ここでは Landesherr を「国邦領主」と訳す。

むすび

（1）（三八二頁）ただし、前項つまり「付論」第8項は当該書評ではふれられていない論点をとり上げている。

（2）（三八四頁）本書、二六三頁。

（3）（三八四頁）「事実」は Faktum,「なされたこと」は Tatsache. Faktum はラテン語 *factum* が語源、*factum* は *facio*（なす）に由来する一方、Tatsache（Tat だけでなされたことの意。本書では所為と訳す。「人倫の形而上学への序論　IV」の訳注（7）参照）もふつう「事実」と訳される。

（4）（三八四頁）底本であるアカデミー版は vorgestellt. 哲学叢書版に従って dargestellt と読む。

（5）（三八四頁）「物自体そのもの」は単数形で、das Ding an sich selbst.『純粋理性批判』で「物自体」は一般に複数形で Dinge an sich と書かれることが多い。また同書でも Dinge an sich selbst

という表現がまま見られるが、邦訳ではselbstを訳さず、たんに「物自体」とされている場合もある。第五節・訳注(4)参照。

訳者あとがき

本書・カント著『人倫の形而上学　第一部　法論の形而上学的原理』は、I. Kant, *Die Metaphysik der Sitten*, Erster Teil. Metaphysische Anfangsgründe der Rechtslehre, 1797の全訳である。なお、おなじくZweiter Teil. Metaphysische Anfangsgründe der Tugendlehreは、『人倫の形而上学　第二部　徳論の形而上学的原理』という標題のもとに、宮村悠介氏の翻訳で本年四月に出版される予定となっている。

「凡例」にも記したとおり、本訳書の底本はアカデミー版カント全集第六巻（*Kant's gesammelte Schriften*, hrsg. von der Preußischen Akademie der Wissenschaften, Bd. VI, Berlin, 1914）に収録されたテクストであるが、フェリックス・マイナー社の哲学叢書（Philosophische Bibliothek）旧版ならびに新版をも適宜参照した。

第二部の「徳論」については、白井成允・小倉貞秀両氏の手になる邦訳が、『道徳哲学』という書名で、一九五四年に岩波文庫から出版されている。これに対し、本訳書によって、「第一部 法論の形而上学的原理」の邦訳がはじめて岩波文庫に収められるはこびとなった。「法論」「徳論」を合わせた『人倫の形而上学』全体の日本語訳は、これまで理想社、岩波書店が企画したそれぞれのカント全集に収められている(理想社版が吉沢伝三郎・尾田幸雄両氏、岩波書店版が樽井正義・池尾恭一両氏による共訳)とはいえ、前者については現在のところ絶版状態であり、後者にかんしても品切れ状態がつづいていた。

また、加藤新平・三島淑臣・森口美都男・佐藤全弘、四氏による共訳が、中央公論社(現在の中央公論新社)がかつて刊行していたシリーズ「世界の名著」中における『カント』の巻に、『プロレゴーメナ』『人倫の形而上学の基礎づけ』とともに収録されていたけれども、「世界の名著」はのちに「中公バックス」となり、『カント』もそちらに移行したものの、『人倫の形而上学』は、とはいえそれだけでも大部の著作だからだろうか、軽装版の「中公クラシックス」中の『カント』では割愛されている。加藤氏以下四名の法学者・倫理学者による名訳も、一般読者にとって今日では、古書として入手するか、あるいは図書館等で借り出して翻読するほかはない状況である。

今回の翻訳は、先人たちによるこれらの仕事から多くを学びながら、訳文の正確さと読みやすさに配意したほか、訳注を作成するうえでは、カントのその他の著作、とりわけいわゆる三批判書(『純粋理性批判』『実践理性批判』『判断力批判』)との関連を重視し、また法制史的な事項にも、訳者の能力のおよぶかぎりで注意しておいた。後者にかんしても、内外の先学たちの仕事から学ぶことに努めたのは言うまでもない。座右に置いて参照した文献の一々を挙げることはしないが、とくにしるしてこころより感謝する。なお、『人倫の形而上学』およびカント倫理学一般の成立史、ならびに「第一部　法論の形而上学的原理」「第二部　徳論の形而上学的原理」全体の内容にかんしては、つづけて出版される『人倫の形而上学　第二部　徳論の形而上学的原理』の巻末に収められる、訳者・宮村悠介氏による「解説」につくことで、その詳細を知ることができる。本書の読者におかれては、「第一部　法論の形而上学的原理」を理解するためにも、「第二部　徳論の形而上学的原理」に付せられる予定の、行き届いた「解説」をぜひ参照して頂きたい。

すこし奇矯に響くかとも懼《おそ》れるけれども、『人倫の形而上学』は、ある意味では哲学者最晩年に登場した、カントそのひとの《主著》である。哲学者本人にとって、批判書はあくまでカント固有の「形而上学」への途を掃き清める予備作業に過ぎず、カント哲学のいわば「本論」としては、理論哲学的には『自然科学の形而上学的原理』が、そして実践哲学(倫理学)の方面ではこの『人倫の形而上学』こそが、カント哲学体系の「教説」的な内容を与えるものであると見なしうるからだ。そうした判断の当否はいま措いておくとしても、『人倫の形而上学』が、老カントの、しかしなお衰えない批判的かつ思弁的な能力を十分にあかし立てる大著であることにかんしては、異論のありえないところだろう。訳者はこれまで、ふつうの意味ではカントの主著(群)とされる三批判書の新訳を試みてきたけれども、その経験を踏まえても、本書には固有の意味と魅力があると感じている。おなじくカント晩年の代表作『判断力批判』と並べてみても、本書に示されている老哲学者の思考力は、やはり賛嘆すべきものであると思われる。

＊

『人倫の形而上学』の新訳を、という話は、岩波書店編集部の清水愛理さんと熊野とのあいだですこしまえに持ち上がったものである。おなじく岩波文庫に入れて頂いた、カッシーラー『国家と神話』の新訳を上梓したあと、さっそく翻訳の作業に取りかかったが、途中でみずからの能力と体力の限界を感じはじめ、清水さんともご相談のうえ、第二部については、気鋭のカント研究者である宮村氏の手を煩わせてべつに翻訳して頂くことにした。原本の『人倫の形而上学』が、おのおのべつべつの単行本というかたちでまずは二巻本として出版されたように、この邦訳『人倫の形而上学』もその第一部・第二部がとりあえず独立の訳書として岩波文庫に収められるものである。さいわい熊野と宮村氏とは旧知の間柄でもあるので、たがいに緊密な連絡を取りあいながら最低限の形式的統一は試みたものの、二冊の訳書は各人の責任において、それぞれの翻訳者の名のもとに出版されるものであることを念のため書きそえておく。なお、宮村氏に第二部の翻訳をお願いする前後から、おなじく岩波書店編集部の古川義子さんに担当編集者を引きついで頂き、訳書公刊にいたるまでの作業について丁寧な仕事をして頂いた。これもしるして深く感謝する。

二〇二四年一月

熊野純彦

人名索引

人倫《じんりん》の形而上学《けいじじょうがく》 第一部　法論《ほうろん》の形而上学的原理《けいじじょうがくてきげんり》
カント著

2024年1月16日　第1刷発行

訳　者　熊野純彦《くまのすみひこ》

発行者　坂本政謙

発行所　株式会社 岩波書店
〒101-8002 東京都千代田区一ツ橋 2-5-5
案内 03-5210-4000　営業部 03-5210-4111
文庫編集部 03-5210-4051
https://www.iwanami.co.jp/

印刷・精興社　製本・牧製本

ISBN 978-4-00-336264-8　　Printed in Japan

読書子に寄す

——岩波文庫発刊に際して——

岩波茂雄

真理は万人によって求められることを自ら欲し、芸術は万人によって愛されることを自ら望む。かつては民を愚昧ならしめるために学芸が最も狭き堂宇に閉鎖されたことがあった。今や知識と美とを特権階級の独占より奪い返すことはつねに進取的なる民衆の切実なる要求である。岩波文庫はこの要求に応じそれに励まされて生まれた。それは生命ある不朽の書を少数者の書斎と研究室とより解放して街頭にくまなく立たしめ民衆に伍せしめるであろう。近時大量生産予約出版の流行を見る。その広告宣伝の狂態はしばらくおくも、後代にのこすと誇称する全集がその編集に万全の用意をなしたるか。千古の典籍の翻訳企図に敬虔の態度を欠かざりしか。さらに分売を許さず読者を繋縛して数十冊を強うるがごとき、はたしてその揚言する学芸解放のゆえんなりや。吾人は天下の名士の声に和してこれを推挙するに躊躇するものである。このときにあたって、岩波書店は自己の責務のいよいよ重大なるを思い、従来の方針の徹底を期するため、すでに十数年以前より志して来た計画を慎重審議この際断然実行することにした。吾人は範をかのレクラム文庫にとり、古今東西にわたって文芸・哲学・社会科学・自然科学等種類のいかんを問わず、いやしくも万人の必読すべき真に古典的価値ある書をきわめて簡易なる形式において逐次刊行し、あらゆる人間に須要なる生活向上の資料、生活批判の原理を提供せんと欲する。この文庫は予約出版の方法を排したるがゆえに、読者は自己の欲する時に自己の欲する書物を各個に自由に選択することができる。携帯に便にして価格の低きを最主とするがゆえに、外観を顧みざるも内容に至っては厳選最も力を尽くし、従来の岩波出版物の特色をますます発揮せしめようとする。この計画たるや世間の一時の投機的なるものと異なり、永遠の事業として吾人は微力を傾倒し、あらゆる犠牲を忍んで今後永久に継続発展せしめ、もって文庫の使命を遺憾なく果たさしめることを期する。芸術を愛し知識を求むる士の自ら進んでこの挙に参加し、希望と忠言とを寄せられることは吾人の熱望するところである。その性質上経済的には最も困難多きこの事業にあえて当たらんとする吾人の志を諒として、その達成のため世の読書子とのうるわしき共同を期待する。

昭和二年七月

《哲学・教育・宗教》〔青〕

- ソクラテスの弁明・クリトン　プラトン　久保勉訳
- ゴルギアス　プラトン　加来彰俊訳
- 饗宴　プラトン　久保勉訳
- テアイテトス　プラトン　田中美知太郎訳
- パイドロス　プラトン　藤沢令夫訳
- メノン　プラトン　藤沢令夫訳
- 国家　全二冊　プラトン　藤沢令夫訳
- プロタゴラス —ソフィストたち　プラトン　藤沢令夫訳
- パイドン —魂の不死について　プラトン　岩田靖夫訳
- アナバシス —敵中横断六〇〇〇キロ　クセノポン　松平千秋訳
- アリストテレス　ニコマコス倫理学　全二冊　高田三郎訳
- アリストテレス　形而上学　全二冊　出隆訳
- アリストテレス　弁論術　戸塚七郎訳
- アリストテレース　詩学　ホラーティウス　詩論　松本仁助・岡道男訳
- 物の本質について　ルクレーティウス　樋口勝彦訳
- エピクロス —教説と手紙　出隆・岩崎允胤訳

- 生の短さについて　他二篇　セネカ　大西英文訳
- 怒りについて　他二篇　セネカ　兼利琢也訳
- エピクテトス　人生談義　全二冊　國方栄二訳
- 人さまざま　テオプラストス　森進一訳
- マルクス・アウレーリウス　自省録　神谷美恵子訳
- 老年について　キケロー　中務哲郎訳
- 弁論家について　全二冊　キケロー　大西英文訳
- キケロー書簡集　高橋宏幸編
- 平和の訴え　エラスムス　箕輪三郎訳
- 方法序説　デカルト　谷川多佳子訳
- 哲学原理　デカルト　桂寿一訳
- 情念論　デカルト　谷川多佳子訳
- パンセ　全三冊　パスカル　塩川徹也訳
- スピノザ　神学・政治論　全二冊　畠中尚志訳
- 知性改善論　スピノザ　畠中尚志訳
- スピノザ　エチカ（倫理学）　全二冊　畠中尚志訳
- スピノザ　国家論　畠中尚志訳

- スピノザ往復書簡集　畠中尚志訳
- デカルトの哲学原理 —附 形而上学的思想　スピノザ　畠中尚志訳
- スピノザ　神・人間及び人間の幸福に関する短論文　畠中尚志訳
- モナドロジー　他二篇　ライプニッツ　谷川多佳子・岡部英男訳
- 市民の国について　全二冊　ヒューム　小松茂夫訳
- 自然宗教をめぐる対話　ヒューム　犬塚元訳
- エミール　全三冊　ルソー　今野一雄訳
- 人間不平等起原論　ルソー　本田喜代治・平岡昇訳
- ルソー　社会契約論　桑原武夫・前川貞次郎訳
- 言語起源論 —旋律と音楽的模倣について　ルソー　増田真訳
- ディドロ　絵画について　佐々木健一訳
- 道徳形而上学原論　カント　篠田英雄訳
- 啓蒙とは何か　他四篇　カント　篠田英雄訳
- 純粋理性批判　全三冊　カント　篠田英雄訳
- カント　実践理性批判　波多野精一・宮本和吉・篠田英雄訳
- 判断力批判　全二冊　カント　篠田英雄訳
- 永遠平和のために　カント　宇都宮芳明訳

プロレゴメナ	カント	篠田英雄訳
学者の使命・学者の本質	フィヒテ	宮崎洋三訳
シュライエルマッハー 独白		木場深定訳
ヘーゲル 政治論文集 全二冊		金子武蔵訳
哲学史序論 —哲学と哲学史	ヘーゲル	武市健人訳
歴史哲学講義 全二冊	ヘーゲル	長谷川宏訳
法の哲学 —自然法と国家学の要綱	ヘーゲル	上妻精・佐藤康邦・山田忠彰訳
学問論	シェリング	西川富雄・藤田正勝監訳
自殺について 他四篇	ショウペンハウエル	斎藤信治訳
読書について 他二篇	ショウペンハウエル	斎藤忍随訳
知性について 他四篇	ショーペンハウエル	細谷貞雄訳
不安の概念	キェルケゴール	斎藤信治訳
死に至る病	キェルケゴール	斎藤信治訳
体験と創作 全二冊	ディルタイ	柴田治三郎・小牧健夫訳
眠られぬ夜のために 全二冊	ヒルティ	草間平作・大和邦太郎訳
幸福論 全三冊	ヒルティ	草間平作・大和邦太郎訳
悲劇の誕生	ニーチェ	秋山英夫訳
ツァラトゥストラはこう言った 全二冊	ニーチェ	氷上英廣訳
道徳の系譜	ニーチェ	木場深定訳
善悪の彼岸	ニーチェ	木場深定訳
この人を見よ	ニーチェ	手塚富雄訳
プラグマティズム	W・ジェイムズ	桝田啓三郎訳
宗教的経験の諸相 全二冊	W・ジェイムズ	桝田啓三郎訳
日常生活の精神病理	フロイト	高田珠樹訳
純粋現象学及現象学的哲学考案 全二冊	フッセル	池上鎌三訳
デカルト的省察	フッサール	浜渦辰二訳
愛の断想・日々の断想	ジンメル	清水幾太郎訳
ジンメル宗教論集		深澤英隆編訳
笑い	ベルクソン	林達夫訳
道徳と宗教の二源泉	ベルクソン	平山高次訳
時間と自由	ベルクソン	中村文郎訳
ラッセル教育論		安藤貞雄訳
ラッセル幸福論		安藤貞雄訳
存在と時間 全四冊	ハイデガー	熊野純彦訳
学校と社会	デューイ	宮原誠一訳
民主主義と教育 全二冊	デューイ	松野安男訳
我と汝・対話	マルティン・ブーバー	植田重雄訳
アラン 幸福論		神谷幹夫訳
アラン 定義集		神谷幹夫訳
天才の心理学	E・クレッチュマー	内村祐之訳
英語発達小史	H・ブラッドリ	寺澤芳雄訳
日本の弓術	オイゲン・ヘリゲル述	柴田治三郎訳
ことばのロマンス —英語の語源	ウィークリー	寺澤芳雄・出淵博訳
ヴィーコ 学問の方法		上村忠男・佐々木力訳
国家と神話 全二冊	カッシーラー	熊野純彦訳
天才・悪	ブレンターノ	篠田英雄訳
人間の頭脳活動の本質 他一篇	ディーツゲン	小松摂郎訳
プラトン入門	R・S・ブラック	内山勝利訳
反啓蒙思想 他二篇	バーリン	松本礼二編
マキアヴェッリの独創性 他三篇	バーリン	川出良枝編
ロシア・インテリゲンツィヤの誕生 他五篇	バーリン	桑野隆編

論理哲学論考　ウィトゲンシュタイン　野矢茂樹訳

自由と社会的抑圧　シモーヌ・ヴェイユ　冨原眞弓訳

根をもつこと　全二冊　シモーヌ・ヴェイユ　冨原眞弓訳

重力と恩寵　シモーヌ・ヴェイユ　冨原眞弓訳

全体性と無限　全二冊　レヴィナス　熊野純彦訳

啓蒙の弁証法 ―哲学的断想　M・ホルクハイマー　T・W・アドルノ　徳永恂訳

ヘーゲルからニーチェへ　十九世紀思想における革命的断絶　全二冊　レーヴィット　三島憲一訳

統辞構造論　付『言語理論の論理構造』序論　チョムスキー　福井直樹　辻子美保子訳

統辞理論の諸相　方法論序説　チョムスキー　福井直樹　辻子美保子訳

快楽について　ロレンツォ・ヴァッラ　近藤恒一訳

古代懐疑主義入門　判断保留の十の方式　J・アナス　J・バーンズ　金山弥平訳

ニーチェ みずからの時代と闘う者　ルドルフ・シュタイナー　高橋巖訳

フランス革命期の公教育論　コンドルセ他　阪上孝編訳

フレーベル自伝　長田新訳

旧約聖書　創世記　関根正雄訳

旧約聖書　出エジプト記　関根正雄訳

旧約聖書　ヨブ記　関根正雄訳

旧約聖書　詩篇　関根正雄訳

新約聖書　福音書　塚本虎二訳

文語訳　新約聖書　詩篇付

文語訳　旧約聖書　全四冊

キリストにならいて　トマス・ア・ケンピス　大沢章　呉茂一訳

聖アウグスティヌス　告白　全二冊　服部英次郎訳

アウグスティヌス　神の国　全五冊　服部英次郎　藤本雄三訳

新訳　キリスト者の自由・聖書への序言　マルティン・ルター　石原謙訳

キリスト教と世界宗教　シュヴァイツェル　鈴木俊郎訳

水と原生林のはざまで　シュヴァイツェル　野村実訳

コーラン　全三冊　井筒俊彦訳

エックハルト説教集　田島照久編訳

ムハンマドのことば　ハディース　小杉泰編訳

新約聖書外典　ナグ・ハマディ文書抄　荒井献　大貫隆　小林稔　筒井賢治編訳

後期資本主義における正統化の問題　ハーバーマス　山田正行・金慧訳

シンボルの哲学 ―理性、祭礼、芸術のシンボル試論　S・K・ランガー　塚本明子訳

ジャック・ラカン　精神分析の四基本概念　全二冊　ジャック＝アラン・ミレール編　小出浩之　新宮一成　鈴木國文　小川豊昭訳

精神と自然　生きた世界の認識論　グレゴリー・ベイトソン　佐藤良明訳

人間の知的能力に関する試論　全二冊　トマス・リード　戸田剛文訳

開かれた社会とその敵　全四冊　カール・ポパー　小河原誠訳

《法律・政治》〔白〕

人権宣言集　高木八尺・末延三次・宮沢俊義 編
新版 世界憲法集 第二版　高橋和之 編
君主論　マキアヴェッリ　河島英昭 訳
フィレンツェ史 全二冊　マキァヴェッリ　齊藤寛海 訳
リヴァイアサン 全四冊　ホッブズ　水田洋 訳
法の精神 全三冊　モンテスキュー　野田良之・稲本洋之助・上原行雄・田中治男・三辺博之・横田地弘 訳
教育に関する考察　ロック　服部知文 訳
完訳 統治二論　ジョン・ロック　加藤節 訳
寛容についての手紙　ジョン・ロック　加藤節・李静和 訳
キリスト教の合理性　ジョン・ロック　加藤節 訳
ルソー 社会契約論　桑原武夫・前川貞次郎 訳
アメリカのデモクラシー 全四冊　トクヴィル　松本礼二 訳
リンカーン演説集　高木八尺・斎藤光 訳
権利のための闘争　イェーリング　村上淳一 訳
近代人の自由と古代人の自由・征服の精神と簒奪 他一篇　コンスタン　堤林剣・堤林恵 訳
民主主義の本質と価値 他一篇　ハンス・ケルゼン　長尾龍一・植田俊太郎 訳

外交談判法　カリエール　坂野正高 訳
危機の二十年 ―理想と現実―　E・H・カー　原彬久 訳
ザ・フェデラリスト　A・ハミルトン J・ジェイ J・マディソン　斎藤眞・中野勝郎 訳
アメリカの黒人演説集 ―キング・マルコムX・モリスン 他―　荒このみ 編訳
モーゲンソー 国際政治 全三冊 ―権力と平和―　原彬久 監訳
ポリアーキー　ロバート・A・ダール　高畠通敏・前田脩 訳
現代議会主義の精神史的状況 他一篇　カール・シュミット　樋口陽一 訳
政治的なものの概念　カール・シュミット　権左武志 訳
第二次世界大戦外交史 全二冊　芦田均
憲法講話　美濃部達吉
日本国憲法　長谷部恭男 解説
民主体制の崩壊 ―危機・崩壊・再均衡―　ファン・リンス　横田正顕 訳
憲法　鵜飼信成

《経済・社会》〔白〕

政治算術　ペティ　大内兵衛・松川七郎 訳
国富論 全四冊　アダム・スミス　水田洋 監訳　杉山忠平 訳
法学講義　アダム・スミス　水田洋 訳

コモン・センス 他三篇　トーマス・ペイン　小松春雄 訳
経済学における諸定義　マルサス　玉野井芳郎 訳
オウエン自叙伝　ロバアト・オウエン　五島茂 訳
戦争論 全三冊　クラウゼヴィッツ　篠田英雄 訳
自由論　J・S・ミル　塩尻公明・木村健康 訳
大学教育について　J・S・ミル　竹内一誠 訳
功利主義　J・S・ミル　関口正司 訳
イギリス国制論 全二冊　バジョット　遠山隆淑 訳
ユダヤ人問題によせて ヘーゲル法哲学批判序説　マルクス　城塚登 訳
経済学・哲学草稿　マルクス　城塚登・田中吉六 訳
新編輯版 ドイツ・イデオロギー　マルクス エンゲルス　廣松渉 編訳　小林昌人 補訳
マルクス エンゲルス 共産党宣言　大内兵衛・向坂逸郎 訳
賃労働と資本　マルクス　長谷部文雄 訳
賃銀・価格および利潤　マルクス　長谷部文雄 訳
マルクス 経済学批判　武田隆夫・遠藤湘吉・大内力・加藤俊彦 訳
マルクス 資本論 全九冊　エンゲルス 編　向坂逸郎 訳
トロツキー わが生涯 全二冊　森田成也・志田昇 訳

空想より科学へ —社会主義の発展　エンゲルス　大内兵衛訳
帝国主義論 全二冊　ホブスン　矢内原忠雄訳
帝国主義　レーニン　宇高基輔訳
国家と革命　レーニン　宇高基輔訳
ローザ・ルクセンブルク 獄中からの手紙　秋元寿恵夫訳
雇用、利子および貨幣の一般理論 全二冊　ケインズ　間宮陽介訳
シュムペーター 経済発展の理論 全二冊　塩野谷祐一・中山伊知郎・東畑精一訳
シュムペーター 経済学史 —学説ならびに方法の諸段階　中山伊知郎・東畑精一訳
租税国家の危機　シュムペーター　木村元一・小谷義次訳
日本資本主義分析　山田盛太郎
恐慌論　宇野弘蔵
経済原論　宇野弘蔵
資本主義と市民社会 他十四篇　大塚久雄　齋藤英里編
共同体の基礎理論 他六篇　大塚久雄　小野塚知二編
ユートピアだより　ウィリアム・モリス　川端康雄訳
社会科学と社会政策にかかわる認識の「客観性」　マックス・ヴェーバー　富永祐治・立野保男訳　折原浩補訳
プロテスタンティズムの倫理と資本主義の精神　マックス・ヴェーバー　大塚久雄訳

職業としての学問　マックス・ヴェーバー　尾高邦雄訳
社会学の根本概念　マックス・ヴェーバー　清水幾太郎訳
職業としての政治　マックス・ヴェーバー　脇圭平訳
古代ユダヤ教 全三冊　マックス・ヴェーバー　内田芳明訳
宗教と資本主義の興隆 歴史的研究 全二冊　トーニー　出口勇蔵・越智武臣訳
世論 全二冊　リップマン　掛川トミ子訳
鯰絵 —民俗的想像力の世界　C・アウエハント　小松和彦・中沢新一・飯島吉晴・古家信平訳
贈与論 他二篇　マルセル・モース　森山工訳
国民論 他二篇　マルセル・モース　森山工編訳
ヨーロッパの昔話 その形と本質　マックス・リュティ　小澤俊夫訳
独裁と民主政治の社会的起源 —近代世界形成過程における領主と農民 全二冊　バリントン・ムーア　宮崎隆次・森山茂徳・高橋直樹訳
大衆の反逆　オルテガ・イ・ガセット　佐々木孝訳

《自然科学》〔青〕

ヒポクラテス医学論集　國方栄二編訳
科学と仮説　ポアンカレ　河野伊三郎訳
ロウソクの科学　ファラデー　竹内敬人訳
種の起原 全二冊　ダーウィン　八杉龍一訳

自然発生説の検討　パストゥール　山口清三郎訳
完訳 ファーブル昆虫記 全十冊　山田吉彦・林達夫訳
科学談義　T・H・ハックスリ　小泉丹訳
メンデル 雑種植物の研究　岩槻邦男・須原準平訳
アインシュタイン 相対性理論　内山龍雄訳・解説
相対論の意味　アインシュタイン　矢野健太郎訳
アインシュタイン 一般相対性理論　小玉英雄編訳・解説
自然美と其驚異　ジョン・ラバック　板倉勝忠訳
ダーウィニズム論集　八杉龍一編訳
ニールス・ボーア論文集1 因果性と相補性　山本義隆編訳
ニールス・ボーア論文集2 量子力学の誕生　山本義隆編訳
ハッブル 銀河の世界　戎崎俊一訳
パロマーの巨人望遠鏡 全二冊　D・O・ウッドベリー　関正雄・湯澤博・成相恭二訳
ゲーデル 不完全性定理　林晋・八杉満利子訳
生物から見た世界　ユクスキュル・クリサート　日高敏隆・羽田節子訳
日本の酒　坂口謹一郎
生命とは何か —物理的にみた生細胞　シュレーディンガー　岡小天・鎮目恭夫訳

《ドイツ文学》〔赤〕

ニーベルンゲンの歌 全二冊　相良守峯訳
若きウェルテルの悩み　ゲーテ　竹山道雄訳
ヴィルヘルム・マイスターの修業時代 全三冊　ゲーテ　山崎章甫訳
イタリア紀行 全三冊　ゲーテ　相良守峯訳
ファウスト 全二冊　ゲーテ　相良守峯訳
ゲーテとの対話 全三冊　エッカーマン　山下肇訳
スペインの太子 ドン・カルロス　シルレル　佐藤通次訳
ヒュペーリオン —希臘の世捨人　ヘルデルリーン　渡辺格司訳
青い花　ノヴァーリス　青山隆夫訳
夜の讃歌・サイスの弟子たち 他一篇　ノヴァーリス　今泉文子訳
完訳 グリム童話集 全五冊　金田鬼一訳
黄金の壺　ホフマン　神品芳夫訳
ホフマン短篇集　池内紀編訳
影をなくした男　シャミッソー　池内紀訳
流刑の神々・精霊物語　ハイネ　小沢俊夫訳
ブリギッタ・森の泉 他一篇　シュティフター　宇多五郎訳　高安国世訳

みずうみ 他四篇　シュトルム　関泰祐訳
村のロメオとユリア　ケラー　草間平作訳
沈鐘　ハウプトマン　阿部六郎訳
地霊・パンドラの箱 ルル二部作　F・ヴェデキント　岩淵達治訳
春のめざめ　F・ヴェデキント　酒寄進一訳
花・死人に口なし 他七篇　シュニッツラー　番匠谷英一　山本有三訳
ゲオルゲ詩集　手塚富雄訳
リルケ詩集　高安国世訳
ドゥイノの悲歌　リルケ　手塚富雄訳
ブッデンブローク家の人びと 全三冊　トーマス・マン　望月市恵訳
トオマス・マン短篇集　実吉捷郎訳
魔の山 全二冊　トーマス・マン　関泰祐　望月市恵訳
トニオ・クレエゲル　トオマス・マン　実吉捷郎訳
ヴェニスに死す　トオマス・マン　実吉捷郎訳
講演集 ドイツとドイツ人 他五篇　トーマス・マン　青木順三訳
講演集 リヒァルト・ヴァーグナーの苦悩と偉大 他一篇　トーマス・マン　青木順三訳
車輪の下　ヘルマン・ヘッセ　実吉捷郎訳

デミアン　ヘルマン・ヘッセ　実吉捷郎訳
シッダルタ　ヘッセ　手塚富雄訳
ルーマニア日記　カロッサ　高橋健二訳
幼年時代　カロッサ　斎藤栄治訳
ジョゼフ・フーシェ —ある政治的人間の肖像　シュテファン・ツワイク　高橋禎二　秋山英夫訳
変身・断食芸人　カフカ　山下肇　山下萬里訳
審判　カフカ　辻理訳
カフカ短篇集　池内紀編訳
カフカ寓話集　池内紀編訳
ドイツ炉辺ばなし集 —カレンダーゲシヒテン　ヘーベル　木下康光編訳
ウィーン世紀末文学選　池内紀編訳
チャンドス卿の手紙 他十篇　ホフマンスタール　檜山哲彦訳
ホフマンスタール詩集　川村二郎訳
ドイツ名詩選　生野幸吉　檜山哲彦編
聖なる酔っぱらいの伝説 他四篇　ヨーゼフ・ロート　池内紀訳
暴力批判論 他十篇 —ベンヤミンの仕事1　ベンヤミン　野村修編訳
ボードレール 他五篇 —ベンヤミンの仕事2　ベンヤミン　野村修編訳

パサージュ論 全五冊 ヴァルター・ベンヤミン 今村仁司・三島憲一 大貫敦子・高橋順一 塚原史・細見和之 村岡晋一・山本尤 横張誠・與謝野文子 吉村和明 訳

ジャクリーヌと日本人 ヤーコプ 相良守峯訳

ヴォイツェク ダントンの死 レンツ ビューヒナー 岩淵達治訳

人生処方詩集 エーリヒ・ケストナー 小松太郎訳

終戦日記一九四五 エーリヒ・ケストナー 酒寄進一訳

第七の十字架 全二冊 アンナ・ゼーガース 山下肇 新村浩訳

《フランス文学》〔赤〕

ラブレー第一之書 ガルガンチュワ物語 渡辺一夫訳

ラブレー第二之書 パンタグリュエル物語 渡辺一夫訳

ラブレー第三之書 パンタグリュエル物語 渡辺一夫訳

ラブレー第四之書 パンタグリュエル物語 渡辺一夫訳

ラブレー第五之書 パンタグリュエル物語 渡辺一夫訳

ピエール・パトラン先生 渡辺一夫訳

エセー 全六冊 モンテーニュ 原二郎訳

ラ・ロシュフコー箴言集 二宮フサ訳

ブリタニキュス ベレニス ラシーヌ 渡辺守章訳

ドン・ジュアン —石像の宴 モリエール 鈴木力衛訳

いやいやながら医者にされ モリエール 鈴木力衛訳

守銭奴 モリエール 鈴木力衛訳

完訳 ペロー童話集 新倉朗子訳

ラ・フォンテーヌ寓話 全二冊 ラ・フォンテーヌ 今野一雄訳

カンディード 他五篇 ヴォルテール 植田祐次訳

ルイ十四世の世紀 全四冊 ヴォルテール 丸山熊雄訳

美味礼讃 全二冊 関根秀雄 戸部松実 訳

近代人の自由と古代人の自由・征服の精神と簒奪 他一篇 コンスタン 堤林剣 堤林恵 訳

恋愛論 全二冊 スタンダール 杉本圭子訳

赤と黒 全二冊 スタンダール 桑原武夫 生島遼一 訳

ゴプセック・毬打つ猫の店 バルザック 芳川泰久訳

艶笑滑稽譚 全三冊 バルザック 石井晴一訳

レ・ミゼラブル 全四冊 ユーゴー 豊島与志雄訳

ライン河幻想紀行 ユーゴー 榊原晃三編訳

ノートル＝ダム・ド・パリ 全二冊 ユーゴー 辻昶 松下和則 訳

モンテ・クリスト伯 全七冊 アレクサンドル・デュマ 山内義雄訳

三銃士 全二冊 デュマ 生島遼一訳

カルメン メリメ 杉捷夫訳

愛の妖精（プチット・ファデット） ジョルジュ・サンド 宮崎嶺雄訳

ボオドレール 悪の華 鈴木信太郎訳

感情教育 全二冊 フローベール 生島遼一訳

紋切型辞典 フローベール 小倉孝誠訳

サラムボー 全二冊 フローベール 中條屋進訳

未来のイヴ 全二冊　ヴィリエ・ド・リラダン 渡辺一夫訳
風車小屋だより　ドーデー 桜田佐訳
パリ風俗 サフォ　ドーデー 朝倉季雄訳
プチ・ショーズ —ある少年の物語　ドーデ 原千代海訳
少年少女　アナトール・フランス 三好達治訳
テレーズ・ラカン 全二冊　エミール・ゾラ 小林正訳
ジェルミナール 全三冊　エミール・ゾラ 安士正夫訳
獣人 全二冊　エミール・ゾラ 川口篤訳
氷島の漁夫　ピエール・ロチ 吉氷清訳
マラルメ詩集　渡辺守章訳
脂肪のかたまり　モーパッサン 高山鉄男訳
メゾンテリエ 他三篇　モーパッサン 河盛好蔵訳
モーパッサン短篇選　高山鉄男編訳
わたしたちの心　モーパッサン 笠間直穂子訳
地獄の季節　ランボオ 小林秀雄訳
対訳ランボー詩集 —フランス詩人選(1)　中地義和編
にんじん　ルナアル 岸田国士訳

ジャン・クリストフ 全四冊　ロマン・ローラン 豊島与志雄訳
ベートーヴェンの生涯　ロマン・ロラン 片山敏彦訳
ミレー　ロマン・ロラン 蛯原徳夫訳
フランシス・ジャム詩集　手塚伸一訳
三人の乙女たち　フランシス・ジャム 手塚伸一訳
狭き門　アンドレ・ジイド 川口篤訳
法王庁の抜け穴　アンドレ・ジイド 石川淳訳
モンテーニュ論　アンドレ・ジイド 渡辺一夫訳
ムッシュー・テスト　ポール・ヴァレリー 清水徹訳
精神の危機 他十五篇　ポール・ヴァレリー 恒川邦夫訳
ドガ ダンス デッサン　ポール・ヴァレリー 塚本昌則訳
シラノ・ド・ベルジュラック　ロスタン 辰野隆 鈴木信太郎訳
地底旅行　ジュール・ヴェルヌ 朝比奈弘治訳
八十日間世界一周　ジュール・ヴェルヌ 鈴木啓二訳
海底二万里 全二冊　ジュール・ヴェルヌ 朝比奈美知子訳
死霊の恋・ポンペイ夜話 他三篇　ゴーチエ 田辺貞之助訳
火の娘たち　ネルヴァル 野崎歓訳

パリの夜 —革命下の民衆　レチフ・ド・ラ・ブルトンヌ 植田祐次編訳
シェリ　コレット 工藤庸子訳
シェリの最後　コレット 工藤庸子訳
生きている過去　レニエ 窪田般彌訳
ノディエ幻想短篇集　ノディエ 篠田知和基編訳
フランス短篇傑作選　山田稔編訳
シュルレアリスム宣言・溶ける魚　アンドレ・ブルトン 巖谷國士訳
ナジャ　アンドレ・ブルトン 巖谷國士訳
ジュスチーヌまたは美徳の不幸　サド 植田祐次訳
とどめの一撃　ユルスナール 岩崎力訳
フランス名詩選　安藤元雄 入沢康夫 渋沢孝輔編
繻子の靴 全二冊　ポール・クローデル 渡辺守章訳
A・O・バルナブース全集 全二冊　ヴァレリー・ラルボー 岩崎力訳
心変わり　ミシェル・ビュトール 清水徹訳
悪魔祓い　ル・クレジオ 高山鉄男訳
失われた時を求めて 全十四冊　プルースト 吉川一義訳
シルトの岸辺　ジュリアン・グラック 安藤元雄訳

星の王子さま　サン＝テグジュペリ　内藤濯訳
プレヴェール詩集　小笠原豊樹訳
ペスト　カミュ　三野博司訳
サラゴサ手稿　全三冊　ヤン・ポトツキ　畑浩一郎訳

《別冊》

増補 フランス文学案内　渡辺一夫　鈴木力衛
増補 ドイツ文学案内　手塚富雄　神品芳夫
ことばの花束 ―岩波文庫の名句365　岩波文庫編集部編
ことばの贈物 ―岩波文庫の名句365　岩波文庫編集部編
愛のことば ―岩波文庫から―　岩波文庫編集部編
世界文学のすすめ　大岡信　奥本大三郎　川村二郎　小池滋　沼野充義編
近代日本文学のすすめ　大岡信　加賀乙彦　菅野昭正　曾根博義　十川信介編
近代日本思想案内　鹿野政直
近代日本文学案内　十川信介
ポケットアンソロジー この愛のゆくえ　中村邦生編
スペイン文学案内　佐竹謙一

一日一文 英知のことば　木田元編
声でたのしむ 美しい日本の詩　大岡信　谷川俊太郎編

《南北ヨーロッパ他文学》〔赤〕

ダンテ 新生　山川丙三郎訳
夢のなかの夢　タブッキ　和田忠彦訳
カヴァレリーア・ルスティカーナ 他十一篇　G・ヴェルガ　河島英昭訳
カルヴィーノ イタリア民話集 全二冊　河島英昭編訳
むずかしい愛　カルヴィーノ　和田忠彦訳
パロマー　カルヴィーノ　和田忠彦訳
カルヴィーノ アメリカ講義 ―新たな千年紀のための六つのメモ　米川良夫・和田忠彦訳
まっぷたつの子爵　カルヴィーノ　河島英昭訳
魔法の庭・空を見上げる部族 他十四篇　カルヴィーノ　和田忠彦訳
ペトラルカ ルネサンス書簡集　近藤恒一編訳
ペトラルカ 無知について　近藤恒一訳
美しい夏　パヴェーゼ　河島英昭訳
流刑　パヴェーゼ　河島英昭訳
祭の夜　パヴェーゼ　河島英昭訳
月と篝火　パヴェーゼ　河島英昭訳
ウンベルト・エーコ 小説の森散策　和田忠彦訳

バウドリーノ 全二冊　ウンベルト・エーコ　堤康徳訳
タタール人の砂漠　ブッツァーティ　脇功訳
ラサリーリョ・デ・トルメスの生涯　会田由訳
ドン・キホーテ前篇 全三冊　セルバンテス　牛島信明訳
ドン・キホーテ後篇 全三冊　セルバンテス　牛島信明訳
娘たちの空返事 他一篇　モラティン　佐竹謙一訳
プラテーロとわたし　J・R・ヒメーネス　長南実訳
オルメードの騎士　ロペ・デ・ベガ　長南実訳
セビーリャの色事師と石の招客 他一篇　ティルソ・デ・モリーナ　佐竹謙一訳
ティラン・ロ・ブラン 全四冊　J・マルトゥレイ　M・J・ダ・ガルバ　田澤耕訳
ダイヤモンド広場　マルセー・ルドゥレダ　田澤耕訳
完訳アンデルセン童話集 全七冊　大畑末吉訳
即興詩人 全二冊　アンデルセン　大畑末吉訳
アンデルセン自伝　大畑末吉訳
ここに薔薇ありせば 他五篇　ヤコブセン　矢崎源九郎訳
フィンランド叙事詩 カレワラ 全二冊　リョンロット編　小泉保訳
王の没落　イェンセン　長島要一訳

イプセン 人形の家　原千代海訳
イプセン 野鴨　原千代海訳
令嬢ユリェ　ストリントベルク　茅野蕭々訳
アミエルの日記 全四冊　河野与一訳
クオ・ワディス 全三冊　シェンキェーヴィチ　木村彰一訳
山椒魚戦争　カレル・チャペック　栗栖継訳
ロボット (R・U・R)　チャペック　千野栄一訳
白い病　カレル・チャペック　阿部賢一訳
マクロプロスの処方箋　カレル・チャペック　阿部賢一訳
灰とダイヤモンド 全二冊　アンジェイエフスキ　川上洸訳
牛乳屋テヴィエ　ショレム・アレイヘム　西成彦訳
完訳千一夜物語 全十三冊　豊島与志雄・渡辺一夫・佐藤正彰・岡部正孝訳
ルバイヤート　オマル・ハイヤーム　小川亮作訳
ゴレスターン　サァディー　沢英三訳
王書 ―古代ペルシャの神話・伝説　フェルドウスィー　岡田恵美子訳
中世騎士物語　ブルフィンチ　野上弥生子訳
コルタサル短篇集 悪魔の涎・追い求める男 他八篇　木村榮一訳